追溯中华古史的文明源流　　记录祖先圣贤的大道遗风

祖先，祖先

李琳之◎著

山西出版传媒集团
北岳文艺出版社
BEIYUE LITERATURE & ART PUBLISHING HOUSE

图书在版编目(CIP)数据

祖先,祖先 / 李琳之著. 一太原:北岳文艺出版社,
2017.6
ISBN 978-7-5378-5205-0

Ⅰ.①祖… Ⅱ.①李… Ⅲ.①文化史—研究—
中国—上古 Ⅳ.①K210.3

中国版本图书馆CIP数据核字(2017)第085830号

书名:祖先,祖先
著者:李琳之
策　划:续小强
责任编辑:贾江涛
书籍设计:张永文
印装监制:巩　璠

出版发行　山西出版传媒集团·北岳文艺出版社
地　址　山西省太原市并州南路57号
邮　编　030012
电　话　0351-5628696(发行部)
0351-5628688(总编室)
传　真　0351-5628680
网　址　http://www.bywy.com
E-mail　bywycbs@163.com
经销商　新华书店

印刷装订　山西万佳印业有限公司
开　本　710mm×1000mm　1/16
字　数　315千字
印　张　22
版　次　2017年6月第1版
印　次　2020年9月山西第2次印刷
书　号　ISBN 978-7-5378-5205-0
定　价　58.00元

大道远行　不忘初心（代序一）

王　杰

机遇总是留给有准备的人。

2017年1月25日，中共中央办公厅、国务院办公厅下发了《关于实施中华优秀传统文化传承发展工程的意见》，其中第三部分“重点任务”明确指出：要“加强中华文化研究阐释工作，深入研究阐释中华文化的历史渊源、发展脉络、基本走向……巩固中华文明探源成果，正确反映中华民族文明史，推出一批研究成果”。

李琳之先生在这一点上已经走在了时代的前面。

继《中华祖脉》和《家国往事》之后，李琳之先生又推出了《祖先，祖先》这部力作。同前两本书一样，《祖先，祖先》也是以“家国同构”的方式呈现在读者面前的一部历史散文集，其中还包括8篇学术演讲报告。这样一种家国情怀，正是李琳之先生一直以来的一种书写特色，这使得他的文字总是洋溢着一种暖暖的色调。

李琳之先生近几年来一直就埋头于中华文化的历史渊源和发展脉络的研究，而且收获颇丰。著名哲学家郭贵春先生就曾在《光明日报》撰文，高度评价李琳之先生《中华祖脉》一书，称之为“重新观照华夏文明源头的坐标”。我认为，《祖先，祖先》在此基础上又向前迈进了一大步，可以说是直接触摸到了中华文明原点的脉搏所在。

大道远行，不忘初心。

初心是什么？李琳之在《祖先，祖先》中告诉我们，对一个人而言，初心就是我们那颗纯洁无瑕的童心，就是明朝思想家李贽所说的“绝假纯真，最初一念之本心”；对一个民族来说，初心就是这个民族祖先们蹒跚起步时的本源思想，是这个民族文化滥觞的原点。

中国传统文化根深叶茂，博大精深，但概括起来，就四个字：一源三流。“一源”是指被尊为百经之首的《易经》。“三流”是指影响了中国两千年之久，在中国历史上占绝对统治地位的儒、释、道三家学说。

《易经》从表面上看是关于八卦的学说，是对卦辞和爻辞的解读，但其解读的全部方法和目的就是论“道”和明“道”。“道”是什么？“道”是无，无色无形，无影无踪，但它可以无中生有。老子就说：“天下万物生于有，有生于无。”老子又说：“人法地，地法天，天法道，道法自然。”这里的“道”就是指天地万物的本源和其生生不息的运动规律。所以，孔子才会说：“朝闻道，夕死可也。”

“道”的一切内涵均蕴藏于《易经》的八卦图中，但八卦图并非3300多年前周文王的发明创造。李琳之经过实地考察和研究，并从神话学、人类学、民俗学、社会学、天文学、历史学和考古学等角度，充分调研，大胆论证，最后得出了与古文献一致的结论：八卦图的实际发明人是七八千年前中华民族的始祖伏羲——伏羲最初可能是一个民族部落首领的名称，其后成为一个延续有两千年之久的氏族部落的符号统称。根据文献记载和考古发现，伏羲时代早期稍晚时候，正是由狩猎时代向畜牧时代转变，并且也在慢慢迈入自在农业时代。自在农业，就是完全根据平时的经验积累来进行春种秋收活动。这种盲目的农业活动显然会受到节令规律的制约。无常的歉收，会常常导致原始人的辛勤劳动付诸东流，所以，明确播种收获节令就成为原始人最为迫切的需求。伏羲部落在早期是一个长期迁徙的游牧部落，他们在这个过程中，对季节时令的变换，对北斗七星，对太阳以及其他恒星的移动之间相关的规律已经有了一个初步的、感性的认知和判断。现实的需求最终推动伏羲在进一步研究、总结的基础上，创制出了中国历史上第一幅用来指导农业生产和正方定位的时令图——八卦图。八卦最早就是伏羲用来观象测天、指代农时的八个节令符号。八卦授时又叫斗柄授时，战国时期的《鹖冠子·环流》是这样记载的："斗柄东指，天下皆春；斗柄南指，天下皆夏；斗柄西指，天下皆秋；斗柄北指，天下皆冬。"

另外，在远古时期，氏族部落首领除了靠血亲关系维持其至高无上的领导地位外，还要通过两种手段来控制其部属，一是垄断祭告祖先和天地的权利；二是垄断定方正位、授民以时的权利。这种统治的需要，也在一定意义上推动了伏羲八卦图的诞生。八卦图的诞生使得伏羲部落一跃而成为中华大地上最先进也最具人气的部落，以至于"近者悦，远着来"，伏羲部落联盟也由此初具雏形——这实际也就是中华民族的初级形态。

伏羲八卦图所蕴含的深刻思想，是明"道"和用"道"。"道"就是蕴藏在天地万物之间无时无刻不在起作用的客观规律。具体到伏羲那个时代，就是包容、和谐、伦理、有序。因为伏羲部落在长期迁徙过程中，不断地和当地土著居民融合，又不断地有人留下，或迁徙到别的地方去，这种不断融合和分化的过程，使得伏羲部落逐渐形成了"大道和谐"思想的最初萌芽。

伏羲创制八卦图近5000年后，周文王将八卦图做了进一步的提升、改进和文字阐释，后由孔子删定，遂成我们今天看到的《易经》。后世一些神道派教又把《易经》不断演绎、异化成一种占卜吉凶和预测未来的风水学说，那另当别论。

《易经》是中国文化的理论根源，是中华民族思想、智慧的结晶，是世所公认的"大道之源"。从某种意义上来说，中国传统文化所谓的"三教九流"都是它的子系分流。儒释道三教都是从《易经》所阐述的"道"的某一个侧面给予无限发挥，从而形成了自己的一整套理论学说。儒家关注的是社会，研究的是人和他人怎么相处的问题，这是人伦之道；道家关注的是自然，研究的是人和自然怎么相处的问题，这是自然之道；释，亦即佛家，关注的是人的内心，研究的是人如何顿悟万物的问题，这是人的内心之道。佛教最早虽然是从印度传过来的外来学说，但由于它在传播过程中早已被改造成适合中国本土的教派体系，尤其是其中传播范围最广、被中国人接受最多的禅宗，已经完完全全是中国特色的本土佛教了，所以，从本质上来说，被中国人改造接受的佛教，实际就是我们地地道道的本土文化。

儒家关注社会，佛家关注人的内心，道家关注自然，三者合一，就是伏羲八卦图，或者说就是《易经》所谓的“道”的全部。儒释道三家尽管关注的对象不同，立论的手法和角度也不同，但九九归一，三家学说的核心和目的都是明“道”用“道”，最后又回归于“道”。

大道远行，不忘初心。

这个初心就是李琳之先生在《祖先，祖先》一书中所揭示出的我们中华民族始祖伏羲创制八卦图所蕴含的大“道”思想。

追溯到文化源头，站到历史的制高点上，重新审视我们的传统文化，充分挖掘中华文明的不死因子，“构建有中国底蕴、中国特色的思想体系、学术体系和话语体系”，正是《祖先，祖先》这本书主旨所在，诚如李琳之先生所说：“我们找到的不仅仅是中华文明的煌煌8000年历史……我们找到的更是一把解开世界文化发展之谜的金钥匙，是一种中国文化的自豪和自信。”

2017年3月5日

（王杰，1963年生，山东淄博人。中共中央党校哲学部教授、博士生导师，中国实学研究会会长，领导干部学国学促进会会长，是领导干部国学论坛及领导干部学国学全国行活动发起人、倡导者，领导干部学国学官方公共微信平台创办人，中宣部核心价值观百场讲坛第29讲《传统文化与官德修养》宣讲人。主要著作有《儒家文化的人学视野》《先秦儒家政治思想论稿》《荀子注释》（合著）等。主编有《中国反贪历程》《领导干部国学大讲堂》《领导干部国学公开课》《中国古代治国理政箴言》等）

祖先行迹里的人间正道（代序二）

乔忠延

近年来李琳之的图书，一本一本相继摆上我的案几。《黄土魂》《感喟秋雨》《中华祖脉》《家国往事》，每一本到手我都认真阅读，爱不释手。如果要对他的散文归一个类型，我觉得多属于文化大散文。这么说，似乎有凑热闹之嫌。其实不然，李琳之是在声名鹊起的文化大散文沉寂后揭竿而起的。而且，他的文章一出手就不落俗套，无论是写作手法，还是所表现的思想，都是自我的，独到的。这就是我喜欢阅读的原因，阅读得一篇不敢拉下，一句不敢跳过，唯恐错过了闪光的亮点。一个作家有了个色，无论外界如何评价，文坛都无法忽略他的应有席位。

还沉迷于李琳之创设的文化散文氛围，他又发来了新著《祖先，祖先》。天下第一等好事莫过读书，何况先睹为快乎？小荷才露尖尖角，独占春色诵新篇，美哉，美哉！不过，这一次读得并不轻松，读得心里沉甸甸的。关键在于，这是一本探究之书，这是一本质疑之书，这是一本辨析之书，也是一本求真之书。该书的内容不算复杂，但从字里行间感受到的是一个作家的良知和担当。

国人喜欢炫耀伟大祖国历史悠久，文化灿烂。这毫无争议，问题在于如何看待和认识这悠久灿烂的资源。唐太宗李世民曾说，以铜为镜，可以正衣冠；以史为镜，可以知兴替；以人为镜，可以明得失。这说法国人普遍认同。以此逻辑推论，我们祖国历史悠久，打开往事，就可以镜鉴兴衰，就可以明辨是非，老马识途，何况人乎？遗憾的是，我们常常前路迷茫，不知所从，不得不摸着石头过河。内中原委是多方面的，但有一个致命的因素是通用的历史不是一面本真的镜子，而是一面哈哈镜，是一面扭曲了的镜子。就以李琳之笔下写到的炎帝、黄帝和蚩尤为例，在历史的教科书里蚩尤总是以反面人物的面目出现，黄帝则是正义的化身。真是这样吗？我和李琳之的观点不如相似，不一定，这是经过删削后的历史。所谓胜者王侯败者贼，大抵就是这个道理。黄帝胜利了，可以毫无顾忌地书写正史，可以把自己装扮得冠冕堂皇。而被肢解的失败者蚩尤只能被贬得荒唐恐怖，长得铜头铁额，三头六臂，这哪里还像人的模样？如此妖魔鬼怪，黄帝打败他、肢解他自然理所应当。但是，到了今天的山西运城历史上命定的解州，没有人读解州，平民百姓都众口一词地说是“害州”。为何说害？在他们眼里是黄帝把蚩尤害死了。一个“害”字可以看出对于蚩尤有两种完全不同的价值判断。在当地民众眼里，蚩尤尽管失败了，但他是正义的，因为盐池原来就是他们部族的。黄帝抢占蚩尤部族的盐池，才引发了这场大战。

在晋南民间还流行这样的医疗词语：发炎和消炎。追寻词语的本意，还是起自炎帝和黄帝的那场大战。黄帝胜利了，下面的小部落并不服气，时常起事反叛，这就是发炎。黄帝赶紧派士卒镇压，这就是消炎。有一种说法，蚩尤原本是炎帝属下的一个部落，他和黄帝大战也可以视为发炎和消炎之列。我多说这些话，是为了强调一个观点，寻求历史的真实面目，尽信书不如不读书。我非常兴奋地看到，李琳之对历史的追溯不仅没有拘泥于古人典籍里的成论，而且，十分注重对民间传说的搜集和辨析。据此，他才将位于山西阳城域内的析城山判定为古代的昆仑山，他才将中华文明的原点判定在析城山。我们对他的观点可以有不同见解，但是，他判定历史的方法却值得借鉴。更何况，他所做的判断是绝对不可忽略的一家之言。将蚩尤摆到与炎帝、黄帝同样的位置尊奉，不仅仅是个位置问题，事关整个民族价值观、世界观。价值观、世界观摆正了，历史才不会成为哈哈镜。以史为鉴，才可能明鉴兴替，才不至于总在懵懂中摸着石头过河。

由此我深切地感悟到，该书最珍贵的不是他发现的那些观点，而是他考察探究历史的方法。昔年顾颉刚提出的“疑古论”，推动了考古实证历史的进程，却也产生了不应有的虚无论断，似乎还没有被考古证实的历史就难以成立。更为严重的是忽视了传说，即口述历史。口述历史，虽然在长期的流传过程中难免误传，但是其中的蛛丝马迹恰是进入真实历史的幽径。况且，野史的真实程度往往不亚于正史。李琳之对口述历史的“大胆引用，谨慎求证”，恰是揭示上古文明的最好钥匙。

我对李琳之充满敬意，敬慕他的品格，敬慕他品格投射在纸卷上的作品。他的作品没有当今司空见惯的华丽外饰，有的只是真挚的倾诉。这似乎与新时期以来从西方克隆效仿的所谓新颖手法距离不小，也就缺少了新潮的奇异质地。不过，李琳之完全不必玩这种招数，他书写的人事和精神足以触及人心，自然不用玩弄外在的花活。却有一峰忽然长，需知不动是真山，他以我手写我心，而不是靠外在花样蛊惑世人。清水出芙蓉，天然去粉饰。文字与史料浑然一体，与思想浑然一体，朴实无华，却意味无穷。为此，由衷地写下这点感慨，愿读者走进该书，去洞明新的天地。

2017年3月9日

（乔忠延，1950年生，山西临汾人。作家、学者，是赵树理文学奖、冰心散文优秀奖、澳门全球华人散文征文奖、《人民日报》征文奖、山西“五个一工程”奖等奖项得主。出版有《远去的风景》《万古乾坤》《感天动地关汉卿》《乔忠延客体散文》《只取千灯一盏灯》等63部作品）

目录

上编　叩问祖先

中编　慎终追远

下编　薪传有自

上编

叩问祖先

远处，山腰里那个『绝地天通』，已经被逶迤山体上的层层金黄覆盖得无影无踪。历史与苍茫连成了一片，传说同大山融为了一体。我独坐莽苍，把自己置入遥远的上古，静静地聆听着祖先亡灵如怨如泣的诉说。

祖先的背影

一

运城在中国的版图上是一个很神奇的地方。她位于山西省西南部，巍巍屹立的吕梁山、中条山和浩浩东去的黄河把她圈成了一个女人饱满的乳房形状，而运城盐池恰恰就像是那个饱满乳房上浑圆的乳头——这个乳头的周围布满了中华原始文明的累累痕迹：4000多万年前，人类文明的第一缕曙光在这里冉冉升起——寨里村文化遗址发现的“世纪曙猿”化石，将人猿进化史向前推进了1000多万年；180万年前，人类文明的第一把火在这里熊熊燃起——西侯度文化遗址出土的火烧骨，将人类用火记录向前推演了100多万年；1.6万年前，中华农耕文明的第一朵花儿在这里徐徐绽放——下川遗址出土的石磨盘、锛形器等原始农具，向我们展示了河东（运城古名，意即黄河之东）先民最早的农作技术……我们记忆中的“三皇五帝”也都在此留下了迷离的背影：汾阴脽上，女娲抟土造人，炼石补天；人祖山上，伏羲观象察法，演绎八卦；神农镇上，炎帝创制耒耜，遍尝百草……还有尧都平阳，舜都蒲坂，禹都安邑……

运城人常常自诩运城为“古中国”，这未免有点夸大，但以运城为核心，包括临汾、晋城和陕西渭南、河南三门峡部分地区在内的黄河中下游地区肇始了中华8000年文明的历史，总还是不虚的。

是啊，这是每走一步都能踩出一段远古故事的神奇土地。

这一切，都和那个被视作养育了中华民族远古文明的乳头——运城盐池有着密不可分的关系。7000多万年前，一次剧烈的地壳升降运动在制造出世界屋脊喜马拉雅山脉时，也在遥远的河东大地上留下了一个大面积的沉积洼地，周围的河水、海水和积下来的雨水裹挟着大量的钾盐、食盐、镁盐、石灰盐和硫酸盐，哗哗地流进了她的胸膛，天长日久就形成了一个狭长的总面积达130多平方公里的天然盐池。

5000年前，就是在这个神秘的乳头边沿，被后世称为中华民族始祖的黄帝、炎帝同"邪神"蚩尤打了一场旷日持久、惊鬼泣神的战争，这是中国有史以来记载的第一场战争，也是一举奠定中华后世文明格局的里程碑式的战争，史称"涿鹿之战"（一说在河北涿鹿）。

关于这场战争，古代的、现代的众多研究者喋喋不休地说了很多，但众人都不能否认的一个基本事实是，这场战争的本质就是双方为了争得那个源源不断地流淌着带有浓浓咸味汁液的神秘乳头——盐是人类生存的基

谁控制了盐池，谁就控制了部落的生存命脉。因此，有史记载的中国第一场战争就因此而爆发。图为运城盐池。

本条件，显然控制了上帝赐予的这个天然盐池，就等于控制了其他部落的生存命脉，等于有了向天下发号施令的资本实力。

这块土地的主人是蚩尤。他和他的九黎部落联盟那时还控制着江淮一带和山东、河南、河北的部分地区。他的部落联盟，发明了谷物种植，已经开始由采集、渔猎向农业发展。他们能够制造出精美的陶器和青铜器，发明制造了当时最先进的金属兵器。他又首创法规，实施了刑事法。他原本和炎帝族是亲密的部落联盟，但他们势力范围的飞速扩展引起了老牌“帝国主义”炎帝的不安。终于在他们向河南东部和山东一带扩展时，他们和原本掌控这一带的炎帝部落发生了战争。结果，掌握着最先进兵器制造技术的蚩尤部落不费吹灰之力便击败了炎帝部落。

面对着武器精良、咄咄逼人的蚩尤部落，炎帝再不敢轻易出战。但炎帝是不甘于这种失败的，于是，他的目光转向了另一股新兴的势力——黄帝部落。黄帝部落原本崛起在西北青甘一带，后来随着势力的壮大，兵分两路向中原挺进。一路沿黄河而下，一路在北边通过北京延庆和河北涿鹿朝中原渗透（《上党神农氏传说与华夏文明起源》224页，刘毓庆著，人民出版社，2008年11月第1版）。当炎帝部落和蚩尤部落发生战争时，胸怀大志的黄帝在远方正瞪着一双睿智的眼睛，兴致勃勃地观察着双方的龙争虎斗。

几百年来炎帝部落一直是一支独大，按说，炎帝能够明白黄帝的勃勃野心，向他求救，无异于引狼入室，但是愤怒的火焰已经让他失去理智，他咽不下这口气：他宁愿让利于外人，也不愿把自己的地盘拱手相让于“叛逆作乱”的蚩尤。

炎帝的联盟请求正中黄帝下怀，双方一拍即合。

这场影响了后世5000年历史格局的战争就此打起。如果按照正统教育的逻辑推理下来，这显然是一场侵略和反侵略的战争，但是有了炎帝的联盟，黄帝祭起的旗号就变成了讨逆，理由是蚩尤“不用帝命”（司马迁《史记》）。黄帝率领以熊、罴、狼、豹、雕、龙、鸮等为图腾的氏族部落，向蚩尤族宣战。蚩尤则携带着战胜炎帝部落的余威，轻而易举地就集结了九黎81个支族（一说72族），以保卫家园的名义向黄帝主动发起了攻击。黄帝命应龙利用他们位处上流（《山海经》中曰灵山）的条件，在河流上筑土坝蓄水，准备以蓄水冲击蚩尤寨，以阻挡蚩尤族的进攻。

战争打得极其惨烈，大小战役据说先后进行了72次，战火燃遍整个冀州即今山西、河北和山东的大部分地区，真正是流血漂杵，赤地千里。

战争爆发时适逢浓雾和大风暴雨天气，来自多雨环境下的蚩尤族习以为常。他们头戴铜盔，手举各种铜制兵器，像猛虎下山般呼啸着杀向敌人。黄帝族虽然是一支英勇善战的游牧部落，但在恶劣天气下却被装备精良的蚩尤士兵冲击得七零八落，以至于屡战屡败，士气一落千丈。后来天气放晴，黄帝在困顿下受到北斗星座的启示，才辨明东西南北，勉强冲出大雾，捡了一条性命。

皇甫谧在《帝王世纪》中说，黄帝在残喘之际，某晚偶做一梦，梦见天空忽然刮来一场大风，把大地上的尘垢吹了个一干二净，又梦见有人手执一柄千钧重的弓弩，驱赶着上万群羊。黄帝醒来，叹息说：风为号令，实为执政者。垢去土，是后。天下是不是有姓风名后的人呢？千钧重的弓弩，那必得是有异力的人才能举起。驱赶着万群羊，就是能管理好天下百姓。天下是不是有姓力名牧的人呢？黄帝按图索骥，还真在“海隅”和“大泽”找到了叫风后和力牧的那两个人，当即晋风后为相，提力牧为将。

风后绘制了八阵图，力牧则研制出了战车。黄帝又得九天玄女的帮助，制作了80面夔皮鼓，夔是东海中的神兽，“状如牛，苍身而无角”，“入水则必风雨，其光如日月，其声如雷”，黄帝用其皮蒙鼓，用雷兽之骨作鼓槌，“声闻五百里”。（《山海经·大荒东经》）

黄帝军事实力明显加强，于是提兵再战。

风后是运城盐湖西侧社东村土生土长的当地人，对当地的地理环境及蚩尤的兵力部署等情况了若指掌。双方休整再战时，风后号令部众一律在头侧插槐花叶儿作为识别敌我的标记。蚩尤识破风后的计谋，将计就计，也命令部下全部在头侧插上槐花叶儿。结果两家交兵，黄帝族还是大败而归。风后吸取教训，第二次让部下在头侧插上了大同小异的皂角叶儿。战斗打响，正直太阳当头高照，皂角叶坚挺如初，而槐花叶则晒成了卷儿，露出了背面的白色。蚩尤部敌我不分，自相残杀，乱作一团。黄帝部的人趁机擂响战鼓，驱开战车，直冲敌营，蚩尤部在鬼哭狼嚎中一败涂地——发生在远古时期的这场战争，给当地百姓留下了极深的烙印，以至于晋南民间直到新中国成立时，每年谷雨前后还有在自家门上插一枝皂角叶以辟邪的习俗，而那个驰名神州大地的千年渡口风陵渡据说就是风后去世后的陵墓。

蚩尤被生擒活捉。

黄帝想想自己生平所向披靡，战无不胜，没想到这场战争打得如此残酷，如此艰难，如此狼狈！再想想蚩尤部下将士众多，蚩尤要是阴魂不散，死而复生，他黄帝刚到手的天下岂不又要大乱？黄帝又惊又恐，索性一咬牙，就令部下把蚩尤身首分解，分葬各处。

蚩尤被肢解的景象非常悲壮，而且，这种悲壮辐射到了整个蚩尤所统治的那片辽阔土地的上空。

蚩尤被肢解的地点就在现今运城盐池边上，运城因这个惨烈的事件而在古代被称为解州。蚩尤轰然倒下后，血流如注，汩汩流向盐池，整个盐池因此变成了瘆人的赤红色，弥漫着经久不散的血腥气味。成书在战国时代的《孔子三朝记》最早记载了这个令人触目惊心的景象：

> 黄帝杀蚩尤于中冀，蚩尤股体身首异处，而其血化为卤，则解之盐池也，因其尸解，古名其地为解。

蚩尤的头在刽子手手里穿行数百公里后，被葬在现山东省寿张县阚乡城的蚩尤冢中，他的肩胛部分被埋在又一个几百公里之外的山东省巨野县蚩尤肩胛冢中。他的其余肢体则就地掩埋在紧挨着盐池的中条山北麓下，那个他发号施令的大本营即后人称之为蚩尤城（村）的旁边。

蚩尤是不甘于失败的，他的灵魂充满了愤怒和怨气。《山海经·大荒南经》说，蚩尤被黄帝残忍杀害后，戴在他身上的枷锁被取下扔到了山野里。这副布满残红血迹的枷锁居然在那片山野生根发芽，最后长成一片血一般红的枫树林，后人谓之血枫林，民间传说那象征着蚩尤永远无法消除的悲愤；《皇览·冢墓记》说，寿张县阚乡城中的蚩尤冢，高七丈，当地居民常常在十月祭祀。这时候，往往会有一道红色的雾气从蚩尤坟墓的顶上冲出来，直达云霄，好像是挂着的一面旌旗，当地民众称为“蚩尤旗”。他们说，那是不甘心失败的英雄吐出的冲天怨气。余秋雨先生在《蚩尤的后代》一文中说，由此开始，连天象学中也有了“蚩尤旗”的名称，特指一种上黄下白的云。

二

由黄帝奠基的中华煌煌5000年文明格局从此起步，而蚩尤成了第一个反派形象。

在我儿时的记忆中，老师给我们讲起这段故事的时候总是说，黄帝和蚩尤是正义和邪恶两种力量的代表。黄帝光明俊朗，蚩尤阴暗丑陋；黄帝协和万邦，教民耕种，他种下的是中华民族绵延不断的文明种子，蚩尤呢，嗜血成性，滥杀无辜，蚩尤种下的是仇恨的种子。

我那时就想，蚩尤和黄帝都一样是部落联盟的首领，怎么一个是恶魔，一个就成了圣人呢？何况，蚩尤还是为了保家卫国才不得已打了这场战争，难道他就因为战败就成了我们这个民族的千古罪人了吗？我把我的疑问说给老师听，老师支吾了半天才说，这些事情都是史书上写的，人们就这么一直传了下来。你的疑问也是我的疑问，我没法解答你，你长大了自己去看书找答案吧。

我那时很小，古文基础很薄弱，也找不到那些相关的典籍史料。这个疑问一直伴随我长大之后，才慢慢地有所领悟：原来我们后人看到的历史多半是胜利者自我溢美的不实之词，那漂亮的面具后面总是隐藏着那么一张让我们不忍直视的真实面孔。

蚩尤战败后，一方面被黄帝视为“恶魔”肢解，一方面又被封作“战神”四处张贴画像。图为蚩尤像。

当然，作为我们的伟大先祖，黄帝的胸襟还是很博大的，当他处死了蚩尤后，他知道蚩尤部族众多，杀肯定是杀不完的，说不定还会再次引起战乱，于是他实行了协和万邦的怀柔政策，伸开双臂接纳了前来投降他的蚩尤部众。他甚至还提拔第二代蚩尤做了他的总参谋长（《史记·夏本纪》）。但蚩尤曾经的九黎部落不是都甘心降服于他的，天下仍然纷乱不宁。黄帝知道蚩尤的余威犹在，遂尊被他肢解的蚩尤为兵主，命人画出蚩尤形象四处悬挂以威慑天下，同时高举战刀，把那些拒不投降的蚩尤旧部赶过黄河、赶过长江，最后赶到了荒无人烟的深山老林里。

这就出现了一个很有意思的场景，一方面黄帝把蚩尤封作战神，另一方面又在道统上把蚩尤打到了十八层地狱，谓之恶魔。其实，仔细想想，这挺符合统治者的利益诉求。统治者说给天下百姓的话，大都是表面文章，是为了让天下人心服口服的冠冕堂皇的粉饰性语言。反倒是留给后继者即说给自家人的体己话才可能更有人情味，更可靠些。黄帝去世前就曾这样谆谆告诫他的继承者：

谨守吾正名，毋失吾恒刑，以示后人。（《黄帝四经》）

黄帝的继承者知道这个“正”的重要性，那是正统，是他们得以统治天下而必须维护的根本。所以为了维护这个根本，他们就开始不遗余力地刻意营造一些子虚乌有的神话，给自己的先祖涂抹上了一层又一层绚丽的色彩。黄帝作为华夏文明的正统始祖就这样直线上升到了“圣”“神”的行列。仅看他的形象，就让后人眼花缭乱，叹为观止：他出行时，左右两边六条蛟龙，护卫着大象驾辕的专列；鹤身人面、一条腿的神鸟毕方担任副驾驶；铜头铁额、飞沙走石的神兽蚩尤担任清道夫；腾蛇在地下保驾，凤凰在天空护航；两骖如舞，龙凤呈祥，警车开道，风雨除尘，前呼后拥，大合鬼神。（《祖先》，易中天著，浙江文艺出版社2013年5月第1版，105页）

真个是威风八面、不可一世！

蚩尤呢，就悲催多了。黄帝手下的造字官仓颉一开始造字时，就把他比作虫，比作动物，因为蚩尤这个词语最初的意思就是指贪吃的、出没草丛的野猪。相反的，黄帝一词最初被赋予的涵义是开辟鸿蒙，引申义为发布“区分良莠”纲领的人。一正一邪，一明一暗，其中包含着多少玄机啊！

夏商周三代时，蚩尤还被比作野兽“饕餮”画在彝器上。这怪兽只有一个狰狞可怕的脑袋，却没有身子，脑袋的两旁贴附了一对肉翅膀。因为他贪吃无厌，所以，最后只剩下一个被砍下的吃人的头。

到了春秋时期，孔子为了打造黄帝这个圣人的光辉形象，宣扬他儒家学说克己复礼的正统论，对早他两千多年的蚩尤更是肆意贬斥：蚩尤这个人，是普通人中最贪婪不过的一个：见利而忘义，在利益面前，就是连他的亲爹娘也不会顾及的，所以，就害了他的自身！蚩尤，是一个贪得无厌的人，他还能做出兵器？（语义自《大戴礼记·用兵》）孔子干脆连蚩尤制造兵器的发明权都给剥夺了。

以孔子在中国后来两千多年的文圣地位，自然是一言九鼎。

历史的长索在圣人手中轻轻一抖，后面的一切就都变了模样。连以严谨著称的南北朝时期科学家祖冲之在描述蚩尤的形象时，都不能不受到正统说教的影响：

> 人身牛蹄，四目六手，耳鬓如剑戟，头有角，与轩辕斗，以角抵人，人不能向。（《述异记》）

好一个可怕的怪物！你能把他和先祖、和英雄联系起来吗？你敢把他和先祖、和英雄联系起来吗？

三

两年前，我应邀参加了由中共山西省委宣传部和中国先秦史学会在运城举办的“古中国论坛”。论坛间隙，主办方组织专家们到盐池边上的池神庙参观考察。

这个池神庙所占面积不大，里面除过竖立着几十通自唐以后历朝历代的几十通石碑外，就是几间前些年刚修葺过的宏大庙宇。里面冷冷清清，难得看见一个游人。

导游介绍说，中国各地的盐都都以宿沙氏为保护神，但运城盐池却没有自己固定的保护神。它最早的保护神虽然也是宿沙氏，但唐朝时却又搞了一个来历不明的灵庆公。

我悄悄问站在我身旁的老同学、中国国防大学教授朱康有：你是当地人，你听说过这个灵庆公没有？

朱教授说：当地人大都不知道这个盐神，我也是后来才知道的。

这时就听导游继续说：为什么运城盐池就没有一个固定的明确的神呢？这大概和蚩尤有一定的关系。因为蚩尤是这一带最有威望的早期主人，黄帝在斩杀蚩尤后，为了安抚民心，也曾在盐池旁边建祠予以祭祀，这不能不让人有所联想，除了他，恐怕谁都没有做这个盐神的资格。

听到这里，我忽然想起发生在脚下这片土地上的一个真实而又荒唐的故事。

1000多年前，宋太祖赵匡胤实施“陈桥兵变”、黄袍加身，一直被人认为是一件不光彩的事，其后继者因找不到祖上统治天下的正统理论依据，压力山大。为此，宋太祖之后的几任帝王先是把祖上历史追溯到儒家圣人孔子的老师李耳那里，他们觉得不过瘾，不够权威，之后干脆就把始祖直接推演到了轩辕黄帝那里。

这个推演的过程颇有意味。明代的刻画图本《三教源流搜神大全》卷三做了详细记载。

宋真宗大中祥符五年（1013年）秋高气爽时一个月朗星稀的夜晚，一神人自空中翩翩降至皇宫，对宋真宗上奏说：臣乃上天直符使者。玉帝敕令，后八日圣祖轩辕（黄帝）将降临皇宫。神人言罢即升天而去。

宋真宗次日即令太监打扫宫室，设祭礼。八天后，黄帝果真自天上翩然而至。宋真宗诚惶诚恐地跪拜于前。

黄帝说：我乃往昔人皇氏也，其后为轩辕，即汝赵宗之始祖也。我来即欲告汝，需善修国政，抚育下民。

话音未落，黄帝就不见了踪影。

群臣得知此盛大喜事，集体伏拜恭贺曰：陛下圣德所感，圣祖降于宫阙。

随后，真宗昭告天下梵宫，并建圣祖宝殿，大行祭祀礼仪。

就在宋真宗煞有其事地“认祖归宗”后不久，解州盐池出现异情。原来，解州盐池因“阪泉”水旺而浑，导致“盐花不生”。盐池产量一落千丈。解州盐池一直是宋王朝最重要的财政收入来源，几乎占到其国库收入的三分之一。当地官员不敢懈怠，赶忙把灾情直接报往朝廷。

宋真宗很重视，立即派使臣前去核查。使者调查后回京上奏：据当地百姓说，盐池异常恐是蚩尤作怪为患。宋真宗于是又派身边大臣吕夷简前往解州盐池去祭祀蚩尤以消弭祸患。

吕夷简祭祀后的那天晚上，很奇怪地梦见一位身披铁甲的神人，怒气冲冲地对他说：吾乃蚩尤是也，上天令吾主盐池，现天子竟在此地为吾仇敌轩辕建立祠堂，吾如何能平？是以搅浑盐池，使盐花不生。今警告尔等，即刻毁掉祠堂，否则祸患无穷！

吕夷简惊出一身冷汗，次日赶快动身回朝向宋真宗禀报了此事。

宋真宗一时惶恐不安，却无计可施。

大臣王钦若见状，就启奏说，蚩尤是邪神，（江西）信州龙虎山三十代天师张继先能镇宅驱邪，可以诏令他前来完成使命。

张天师立刻奉命前来，上殿跪禀宋真宗：蜀汉关羽将军忠勇绝伦，死后已成真神。请陛下祷告而召见之，令他去讨伐蚩尤必胜无疑。

关公随着宋真宗和众大臣的祷告声果然披甲仗剑，浮空而下，拜于阶前：臣谨奉诏书。容臣会岳渎阴兵，并力为陛下清荡之。若臣与蚩尤对战，必待七日，方得剿除。伏愿陛下先令解州管内户民300里内，尽闭户不出，300里外尽示告行人，勿得往来。恐触犯神鬼，多致死亡。待七日之期，必成其功，然后开门如往。

真宗恩准照办。

之后某日，盐池上空突然狂风四起，乌云翻腾，雷鸣电闪，白昼如夜，似有金戈铁马之声不断传来。未几，空中厮杀叫嚣声大作，轰轰而响。如此五日，蚩尤阴魂遭关公英灵斩杀，云收雾散，天晴日朗，池水平静如故。

“关公战蚩尤”又称作“关公斩蚩尤”，在当地县志和民间，还有多个版本流传，但万变不离其宗：已死去809年的解州当地人关羽代表正义、代表黄帝一脉的正统再次斩杀了比他早死3000年，代表邪恶、代表叛逆的老乡蚩尤。

正统就这样借助鬼神的力量，借助御用文人手中的笔，把历史打扮成惝恍迷离的舞台剧，用一成不变的唱腔和万变不离其宗的台词，给自己脸上涂抹着绚烂的色彩。

四

蚩尤被杀，黄帝对拒不投降的九黎部族残余势力进行了毫不留情的扫荡和清剿，“九黎”余部携着羞辱，带着仇恨，败走疆场，溃退中原。但九黎族的残余势力却还在不断奋起反抗。黄帝之后，颛顼继承了帝位。颛顼看见九黎之后的苗民声势浩大，不断造反，担心他的帝位不稳，于是再次对苗民围剿，对天下秩序重新进行了一次大的整顿，史书称之为“绝地天通”。

但桀骜不驯的蚩尤后人并没有停止他们的反抗行动，以至于尧舜禹时期，尧再次宣战于苗人，“与有苗战于丹水之浦”（《吕氏春秋》）；舜“窜三苗于三危”（《尚书·舜典》），三危就是现在的敦煌一带；“禹亲把天之两瑞令，以征有苗。……禹既克有三苗……天下乃静。”（《墨子·非攻下》）

苗族没有自己的文字，但是他们代代口耳相传，留下了一部足以震撼世界的史诗——《苗民古歌》，这是一首极其悲壮的、被后世无数苗民反复吟唱的逃亡之歌、迁徙之歌。他们把对古老家园的记忆、对幸福生活的向往、对迁徙路线的追溯和对民族精神的凝聚力的渴盼，都积淀在了这曲充满悲凉和坚强的歌声中，一唱就是5000年。从那个原点开始，苗族先民开始了一场看不到终点的迁徙生涯。这种流浪和迁徙构成了苗族一整部悲壮的文明史，学者们称之为人类史上的“最古长征”。5000多年来，他们先是从黄帝、尧、舜、禹时代，从黄河、江淮流域迁徙到长江中游江汉平原及洞庭湖一带；在西周至战国时期，再由长江中游迁入湖南五溪、武陵地区；秦、汉至唐、宋时期，又由五溪、武陵地区迁徙至四川和贵州、云南等地；元、明、清时期，苗族因战乱频繁而被迫大量继续向南迁徙，有些已经迁至中南半岛地区，即现在的越南、老挝、泰国、缅甸、柬埔寨等东南亚各国。一直到20世纪70年代，以美越战争为主的东南亚战争又迫使大批苗民由中南半岛迁徙到海外，也最终形成了苗族今日人口散居在美国、法国、澳大利亚、加拿大等国的状况。苗族由中国的一个民族最终演变成了世界性民族，总人口有1000多万，其中近900万生活在中国，几占中国人口百分之七，是排在汉、壮、满、回之后的第五大民族。

把《苗民古歌》和流传于贵州关岭地区的《蚩尤神话》对照《黄帝四经》来读，我不能不感受到一种强烈的震撼——苗族所居多为山区，然而传说中的地点却与北方的概貌极为一致，有茫无涯际的平原，有波涛汹涌的黄河，还有一碧万顷的海洋……传说一开始便讲：在远古时候，十八寨苗民居住在黄河边上的平原，蚩尤就诞生在这里。苗民们称自己的寨子为阿吾十八寨，称黄河边上的平原为蚩尤坝。

话说遥远的上古，
苗家住在黄河坝上，
苗王名叫蒙孜尤（蚩尤），
是他领导真有方，
人人生活不忧愁。（云南文山苗族的《花山起源之歌》）

西部苗族古歌《蚩尤迁徙歌》唱道：

古时住在直米力，
建筑城垣九十九座，
城内铺垫青石板，
城外粉刷青石灰，
城里住着格蚩尤老格娄尤老……

直米力城建在上一方，
直力城啊直力城，

平又平来宽又宽，
大坝子一望无边，
人们年终进城游一周。

欣赏城内好风光，
房屋成排起在平原上，
排排高楼成双行，
屋顶高耸入云层，
瓦块明亮映蓝天。

利磨城筑在下一方，
利磨城啊利磨城，
宽又宽来平又平……

然而，从西北大草原呼啸而来的游牧民——黄帝部族使这一切美好都变成了九黎后裔的血泪回忆。苗族居住地上空至今还回荡着《蚩尤与苗族迁徙歌》那一唱三叹的悲伤旋律：蚩尤战败，黄帝派出沙昭觉堵敖一路追杀，苗族南渡黄河，“滔滔江水吞噬我族数万人”；五渡长江，又“害死我族数万人”；他们来到湖北和湖南的平坝地区，仍不免要受到沙昭觉堵敖的追杀：

平坝稻米熟了黄，
谷子颗粒实在饱满。
可是三位老人的子孙，
不能在肥沃地方久留。

湘西苗人石昌秀法师留传下来的《吕洞山苗族迁徙歌·报布报东》同

样描述了苗族先民们这种椎心泣血的千年逃亡生涯：

> 这么好的水土却不能再住下去
> 逃离灾难谋生存得找个好河谷
> 找到好土地才能好好地生存
> 于是从“斗那”（地名）逃了出来
> 从黄土岗（即黄土高原）来到大江边
> 悬崖险岗无路走
>
> 怎样走出条路来
> 于是和“阿楼”（人名）借来钢凿
> “阿吾”（人名）带领族人凿开山崖
> 凿开山崖通鱼和船
> 部分人走山路部分人坐船
> 来到泸溪汇集一起
> 同住一寨密密麻麻

西方一位学者曾说：世界上苦难深重而又顽强不屈的民族，是中国的苗民和散居在世界各地的犹太人。

但显而易见的是，苗民颠沛流离、流转迁徙的时间跨度之大，犹太人是远远无法与之相提并论的。

五

近几年，我虽然多次前往运城，但一直没能亲往蚩尤村去考察，一来是因为时间仓促，二来是因为随行人员众多，我不想在匆忙的浮躁中，在一片嘈杂声中，去轻易惊动古人，那是对文化的不恭，是对先祖的大不敬。我更多的是想虔诚地跪在那个中华文明滥觞的盐池边上，以一份宁静平和的心情，去和先祖对话，去和天地交流，去重新审视我们那部厚重的、在世界上唯一存活8000年的文明。经史典籍总是喜欢跳着作秀的舞蹈，吟诵着一些云山雾罩的歌词以哗众取宠。我只想在那不掺和杂质的废墟上，在老百姓一厢情愿的传说和习俗里，在一种不受外界干扰的澄明心境中，去寻找、去发现一些不一样的东西。

我决定再来一次文心孤旅。恰好前些日子，87岁的老母亲一场大病后，想回乡下老家住一段时期，我就在驾车把她老人家送回去之后，实施了这次计划。

我的乡下老家在临汾最南端古晋都遗址——赵康古城边上，距离运城盐池仅百十公里。

蚩尤村北临盐池，南靠中条山，距离大运高速东郭出口只有6公里。

上高速，下高速，右拐，仅一个多小时，我的座驾就行驶在了中条山和盐池相夹的那条笔直的国道上。

此时虽值仲春天气，花红草绿，莺歌燕舞，但我的心情却不那么轻松。5000年前，就是在这块土地上，就是为了这个“平浦横拖一匹练”的天然盐池，黄帝和炎帝联合击杀了这里曾经的主人蚩尤，成为中华文明原点上的绝代双骄。然而，炎帝“请神容易送神难”，还是为了控制这座盐池，进而达到主宰天下的目的，黄帝和炎帝又在这里进行了另一场旷日持久的“阪泉之战”（一说此战发生在河北涿鹿），炎帝部落战败，黄帝一举成为中华大统的开天“始祖”，而蚩尤却直线“堕落”为人见人怕的凶神恶煞。

刚发出一声长叹，蚩尤村就蓦然出现在了我的眼前。

从外表看来，蚩尤村和其他晋南的村落没有什么区别，只是在村子道路的中间上空横架着一个半圆形的铁质匾额，上面镶嵌着“蚩尤故里”四个红色大字。在阳光照射下，这四个大字闪烁着熠熠的光芒。村东口南侧还竖立着一座上书“蚩尤村”的黑色石碑，背面是“蚩尤村更名记”：

蚩尤乃我域5000年前先祖代表人物，其率领众多先民，冶铜造器，发展农业耕作，研造军械，富甲一方，名扬天下。盐业与农产丰富，引起外部落争战，蚩尤终不敌而陨。史载从宋代以来，王室尊轩辕氏而贬蚩尤，至清代为甚，遂将蚩尤旧部遗址村落改名为从善村，而民众不从，仍称其旧名至今。

为追溯历史，供漂落南方及海外蚩尤之九黎部落后裔寻根祭祖，亦为弘扬民族根祖文化，区政府于公元2003年6月11日，召开常务会议，决定将从善村更名为蚩尤村。以应对历史与现实……

落款为“运城市盐湖区人民政府”。

我盯着碑文里“从善”这个词语，忽然就觉得像看到了一个嫖客对着一群妓女正在大谈贞洁一般滑稽。

自清而名的“从善”村，终于在2003年被更名为“蚩尤”村，算是对为捍卫这块土地而身首异处的蚩尤的一种告慰吧。图为蚩尤村路口。

转身，看见旁边的加油站前面站着两个60多岁的老者正在聊天，我赶忙走过去搭讪：师傅，您好，您二位是蚩尤村的吧？我是从北京过来的，想了解一下蚩尤在这里的传说……

哈，你算找对人啦。其中一个戴眼镜的指着另一个敦实的老者说：他叫田四喜，是蚩尤村大名鼎鼎的文化人，还上过中央电视台和山西电视台讲蚩尤呢。

那个被称为田四喜的人很热情，扭过头笑着对我说："那么远过来，不容易。我保证有问必答。哈哈——"他说着又把我领到那个"蚩尤村"碑前停住脚步，"你看到了吧？这个碑是2003年立起来的，那都是一个叫孟海生的人四处呼吁的功劳，这个碑的碑文就出自他的手笔。"

哦，孟海生我知道，他生前是运城市的政协委员，写过一本《河东文化述呈》，其中有一篇《蚩尤考论》，曾在运城当地引起过巨大反响。

田先生又指着前边那一片杂草丛生的荒地说："从这个石碑起，到前边中条山下这一大片开阔地带，就是原来蚩尤城的遗址。现在圈起来，是准备要招商开发的。"

他问："你知道关公战蚩尤的故事吗？"

我说："知道。"

他说："我们蚩尤村多年来一直延续着两个特别的习俗，一个是每年六月初六都要举办盛大的庙会，在祖神庙祭祀蚩尤。因为传说这天是蚩尤的忌日，几千年来一直延续到现在。还有一个是我们村从来不唱关公戏，也从来不敬关公。"

我乐了，说："关公战蚩尤，那根本就是子虚乌有，是宋朝的帝王和道教联合起来欺骗老百姓的一套鬼把戏。"

他一脸严肃："老百姓可不管你那些，他就认为是真的呢。"

我一时无语。关公战蚩尤看似荒唐，但在迷信盛行的封建社会里，没人敢怀疑这个事件的真实性。宋王室通过此事宣扬了他们继承大统的正当性，道教通过此事也一举在宋王朝奠定了自己至高的合法地位。这件事情的另一个后果是，关公直线上升为国家层面上和道教系统里共同供奉宣扬的真神“大帝”，而蚩尤则首次成为二者共同贬斥的十恶不赦的邪神。

问题还不止于此。蚩尤作为河东大地上曾经的主人，难说生在3000年之后的关公就一定不是他的后裔。而让敌人的后裔去斩杀他的先祖，割断千年汩汩流淌的血脉，正是这个古老文明难以根除的痼疾。想想几十年前那个疯狂的岁月里，人们被煽动着大义灭亲，被煽动着砸烂祖宗的牌位……

六

田先生又领着我到距蚩尤村东南方有两公里之遥的中条山麓瞻仰了蚩尤陵。说是陵，其实就是一个硕大的土堆，一个荒芜的小山丘，上面草蒿葳蕤，荆棘遍布。陵的背后正对着的是两道交叉过来的沟谷，田先生对我说：“你看，这个场景像不像是一幅二龙戏珠图？”

我说：“像，但更像是炎黄二帝戏耍蚩尤的历史具象图。”

蚩尤村东南两公里处的蚩尤陵，其实是一个硕大的土堆，上面荒草萋萋，荆棘遍布。

我问：“平时有人过来祭祀蚩尤吗?”

田四喜说：“差不多每年都有从南方和其他地方过来的蚩尤后裔到这里来寻祖祭祀。前两年，韩国的解、梁两个姓几十人还来过这里。另外，东南亚等地也有人过来。”

我知道，当年蚩尤战败被杀以后，九黎部族里有一部分从古解梁（运城古名）一带逃亡到东北，其后在朝鲜半岛立足、生存，这就是现代韩国著名的解、梁两大姓，他们都是蚩尤族的后裔。

实际上，蚩尤在中国的后裔还很多，历史学家范文澜先生在其《中国通史简编》一书中就说：“苗族被禹战败后，退出黄河流域。三苗曾在长江中游建立起一个大国。这个大国当是一个大的部落联盟，是许多部落的集合体，其中较大的是荆楚。”所以，到商、周时期，“三苗”又被称为“荆楚”，有时也被称为“南蛮”。由此可知，“九黎、三苗、南蛮、荆蛮、苗族之间有着一脉相承的渊源关系。”

思绪至此，我忽然想起苏雪林先生认定屈原写《国殇》是在纪念无头的蚩尤，屈原正是荆楚之人，可见苏雪林先生的说法并非空穴来风。

其实，在汉族中，蚩尤后裔也应该占有一个相当大的比例。遥想当年，面对着黄帝族人举起的屠刀，九黎族有多少人无奈之下归顺了黄帝啊！那是炎黄部落和蚩尤部落一个大融合的时代，你中有我，我中有你，彼此已经很难分得清楚了。但即使如此，见于史书记载的蚩尤后人还有邹、屠、阚、尤等几个明确的姓氏。东晋时王嘉在《拾遗记》中就说：

> 轩辕去蚩尤之凶，迁其民善者于邹屠之地，迁恶者于有北之乡。其先以地命族，后分为邹氏、屠氏。

“邹屠之地”就是现在的鲁南一带，那里后来成为“文圣”孔子和“亚圣”孟子的故乡；“有北之乡”指北方寒冷不毛之地。蒙古族学者陶克涛在《毡乡春秋——匈奴篇》一书中认为，蚩尤是匈奴在传说时代的称号，被黄帝北逐的荤粥即为匈奴在黄帝时代的名称，当是蚩尤部落遗裔。

另外，在山西、河北、山东、浙江、四川、湖南等地，祭祀蚩尤的祠庙，随处可见，俯拾皆是，礼祠蚩尤之俗经久不衰。譬如，唐代的苏鹗就在其《苏氏演义》谈道：冀州人把蚩尤称为神，民间人常作蚩尤戏；齐魏之间，太原村落中祭蚩尤神；汉武帝时，太原人还为蚩尤立祠。即便是现在，河北省涿鹿县仍有蚩尤墓、蚩尤碑、蚩尤祠、蚩尤庙等，深受当地人民的怀念和祭祀。

我在想，按照我中华“民不祀非族”的古俗，这些地区一定有为数众多的蚩尤遗裔，才能具备形成和保持这种祭祀蚩尤民俗的社会条件。但是，在几千年一成不变的正统话语系统的钳制下，又有谁敢冒天下之大不韪去承认蚩尤是我们民族的祖先呢？在漫长的封建礼教熏陶下，很多的蚩尤后人在有意无意的疏忽中，忘掉了自身的来历，反倒是对这位祖先口诛笔伐，竭尽污蔑之能事……

就在和田四喜先生离开蚩尤陵的时候，我忽然想起一件旧事来。

20世纪20年代初，自认为是蚩尤后裔的合肥阚氏在重修谱牒时，请孙中山先生作序，孙先生在序中说：

> 合肥阚氏，古蚩尤之后裔也。蚩尤姓阚，为中国第一革命家，首创开矿铸械之法，因轩辕氏夺其祖神农氏之天下（此为一说，存疑。笔者注），乃集其党徒81人，精究战术，能为风雨雾霾以助战，与轩辕氏血战多年，至死不屈。轩辕氏既灭蚩尤，实行帝制，称蚩尤为乱民，加以不道德之谥号，然心畏蚩尤之神异、民心之思念，乃令人图画其像、建祠祀之，至今4000余年，大河南北，祠宇尚多有存者。蚩尤子孙，有以蚩为氏、尤为氏者，有仍以阚为氏者。历代多好义尚武之士……（宋霖《蚩尤：从“乱”“逆”到“中国第一革命家”——孙中山〈合肥阚氏重修谱牒序〉的发现与研究》）

孙中山给蚩尤以“中国第一革命家”的美誉，是他评价最高的古人。可是，这么一件光耀门楣的喜事，阚氏族人却在其后70年间全体缄默，绝口不提。生于1945年、曾任阚集中学校长多年的阚家良说：“我对孙中山为家谱作序之事，以前毫无所闻。可能是因为指蚩尤为始祖，感到不光彩，耻于提及了。”而另一个阚氏族人、曾任四川省文史研究馆馆员、四川省祖国统一联谊会副主任的阚家骆也说：“自幼随父亲读书，对国父孙中山为家谱作序这样的大事，却毫无所闻……蚩尤子孙羞于有这样的始祖，耻于提及而讳莫如深，是深长的痛苦。”（同上）

同样令人感到奇怪其实又不该奇怪的是孙先生此文之后并没有公开发表，而孙先生称颂黄帝的祭文却堂而皇之地刻在了陕西黄陵县的黄帝陵。想想当年孙中山先生针对满清政府创立同盟会时提出的“驱除鞑虏，恢复中华，创立民国，平均地权”的政治纲领，我们也不奇怪，你把被正统观念早就视为异端的蚩尤弄出来，一向以炎黄子孙自居的大汉民族还会有那么大的凝聚力吗?

政治家最懂得正统观念的杀伤力。遗憾的是，我们的祖先蚩尤成了这把利刃最早的祭品。

好在胜利者自诩的功勋史总是不如老百姓用心灵书写的历史来得更为实在——早在1995年“两会”召开之际，时任贵州省林业厅副厅长的陆镇藩和贵州省作协副主席的龙明伍作为布依族和苗族的代表，就联手庄重地向全国人大提交了一件特别提案：“请中央通知有关部门，不要再用‘我们都是炎黄子孙’一词取代宪法规定的‘中国各民族’一词的提法，以利民族团结。”

三个月之后，中共中央宣传部办公厅郑重复函：“中国各族人民共同创造了光辉灿烂的文化，具有光荣的民族传统。我部历来按照宪法的规定，要求宣传系统单位正确地使用维护民族团结、促进国家繁荣的规范用语。受中央委托，由我部召开的首都主要新闻单位通气会上，部领导曾多次向新闻单位提出，不要使用‘我们都是炎黄子孙’‘海内外的中国人都是炎黄子孙’等类似的不规范用语。”

又过了三个月，即1995年9月25日，由中国先秦史学会、中华炎黄文化研究会和涿鹿县政府等在涿鹿共同举办的全国首届“炎黄蚩”三祖文化研讨会正式拉开序幕，来自海峡两岸的48名专家学者在这次研讨会上共同认定，蚩尤同炎黄一样，是中华民族的先祖。

之后，海峡两岸公祭中华三祖大典先后在河北涿鹿、北京灵山和贵州贵阳等多地举办，炎帝、黄帝和蚩尤同为中华民族的三个先祖，至此成为官方和民间的共识。

5000年的混沌迷离，5000年的沉冤莫白，我们的祖先蚩尤，在官方和民间共同拥有的话语系统里，在他精心撒播过文明种子的这片土地上，在20世纪的最后时刻，才终于和炎黄并肩而立，共同享受海内外华人子孙的祭祀，这是一个何等漫长又何等艰难的过程啊！

七

在从山西运城返回北京的途中，我特意驱车绕道河北涿鹿县的黄帝城遗址参拜了开创后世5000年文明格局的这三位先祖。

在河北涿鹿县黄帝遗址的“中华三祖”像前，我伏地长拜。

在三祖堂里，面对着三位端庄而坐、眼光沉静的先祖，我伏地而拜：

我一拜三祖肇文明以启洪荒之恩，二拜三祖重民生以授稼桑之恩，三拜三祖开法度以序天地之恩。

拜毕，我又特意走到蚩尤的塑像前跪了下来，连叩三个响头——我知道，蚩尤和他麾下的九黎部落，早已化成了天边虚幻的云霓。只剩下那传奇的故事，绕着遍山的草莽飞舞。那堪称悲壮的背影，搅动着浑浊的黄河水波晃动成了一个民族的魂灵。

绝地天通

一

这是一个流传久远、惨烈悲壮的神话故事。

大约4600多年前，少昊帝病逝之后，黄帝部落联盟中的颛顼在和炎帝后裔共工争夺帝位的斗争中获胜。颛顼即位后，非但不体恤民意，安抚百姓，还以强者的姿态打击和挤压共工族和其他族系，这使得天上和人间到处都是怨声载道。共工见此，就约集那些心怀不满的天神们，商定一起用武力推翻颛顼的统治，夺取帝位。

共工被反叛的诸神推选为盟主，率领一支轻骑短兵，突袭天国京都昆仑。颛顼其实早有准备，他一方面点齐护卫京畿的将士，亲自挂帅前去迎战；另一方面又派人点燃72座烽火台，召集四方诸侯疾速支援。这场战斗只打得天昏地暗，日月无光。两股人马从天上厮杀到地下，又从地下厮杀到天上。随着颛顼后续部众源源不断地涌来，共工部众尸骸蔽野，血流成河。柜比的脖子被砍得只剩一层皮连着血迹斑斑的头颅，一条胳膊也被砍断不知丢到了什么地方；王子夜的手、脚、头颅、胸腹，甚至牙齿，都被砍得七零八落，血肉模糊地散了一地。共工辗转杀到京都西北方的不周山下，身边只剩下了13骑残兵败将。不周山奇崛突兀、高耸入云，挡住了他的去路。共工知道，此山是一根撑天巨柱，是维持天地秩序的重要凭藉之一。身后的喊杀声、劝降声还在此起彼伏地接连传来。共工上天无梯，下地无路，绝望之下，一声怒喝，身体刹那间膨胀了百十倍，身子也瞬间长高到了半山腰齐。共工扭转硕大的头颅，望了一眼身后不断涌上来的颛顼兵卒，随后发出一声地动山摇的吼叫，一头撞向不周山。只听得“轰隆隆”一阵巨响，伴随着一片冲天而起的烟尘石渣，那昂然挺立的不周山竟被共工拦腰撞断，横塌下来。天柱折断，西北的天穹失去撑持而开始向下倾斜，原来拴系在北方天顶的太阳、月亮和星星不由自主地朝低斜的西天滑去。与此同时，悬吊大地东南角的巨绳也被剧烈的震动给崩断了，东南大地塌陷下去，江湖流水泥沙都往东南方滚滚流去。

颛顼大败共工以后，乘势对其“反叛”联盟进行了强力围剿，共工部族一部分无奈敌人势力的强大，举手投降，做了顺民百姓；另一部分且战且退，逃向今西北青海、甘肃一带，后又辗转至江西、贵州、广西、云南一带。因共工是水神，这部分背井离乡的共工后裔就脱胎成了今天的水族。

二

平定叛乱并没有让颛顼感到轻松，他清醒地意识到，他的统治还处在随时都可能爆发的危机之中。

黄帝之前，炎帝的天下处在民神不杂、民神异业的“大同”时代。那时，各氏族部落都有各自的图腾，部落首领是凭着“正方定位”“授民以时”和垄断祭祖祭天的权利来统治他们的部属的，他们既是部落氏族的行政首脑，同时也是“跳大神”的“巫”和“觋”，是各自所辖范围内的“人间上帝”，都可以直接和老天自由对话。部落和部落之间，氏族和氏族之间，人和人之间的关系都比较单纯，没有更多的利益争夺，天下是“美人之美，和合共美”。但是，剽悍的黄帝游牧部族从西北呼啸而来，用血腥的武力手段，打败了蚩尤，征服了炎帝，天下开始变得复杂暧昧起来。征服者趾高气扬，耀武扬威；被征服者表面上俯首听命、逆来顺受，但他们实际上一直在枕戈待旦，伺机而动。他们曾经信服的部落首领——那些“巫”和“觋”并未能带给他们平安和幸福，这使得他们的信仰开始变得摇摇欲坠。于是，他们就干脆越过“巫”和“觋”，直接祭祀天帝，和天对话。每家每户都变成了“巫”，变成了“觋”，人人祭祀，家家作巫，任意通天。各式各样的天命，各种各样的上天意志，忽然间漫天飞舞起来，天下秩序一时混乱不堪。颛顼认识到，正是这种“民神杂糅、民神同位”，人人为巫、各自为政的无序状态给了共工可乘之机，以致差点葬送了他的江山，成为人家的刀下之鬼。

颛顼痛定思痛，决定进行一次彻底的天地秩序大整顿运动，把所有和上天对话的权利统统收归己有，实行“政出一门”的专制统治。

颛顼打出的第一套组合拳是，任命重为南正“司天以属神”。南正是管理天上诸神的官职。以前天堂诸神的主管是虚无缥缈、人人可为的上帝，而现在这些神仙只能听命于由他任命的重了。他授命重把上天万神的旨意集中起来，下达于民，而其他任何人，甚至包括大部分的氏族部落首领，都从此不能再随便祭天、上天，妄传上帝之命。颛顼的心思，那是司马昭之心，路人皆知啊。他是要把天下所有“巫”和“觋”的祭祀权统统收归“国有”，阻断各氏族部落酋长与上天直接对话的道路，最后由他一个人说了算。

颛顼打出的第二套组合拳是，命黎为火正“司地以属民”。火正是管理天下民事乃至阴曹地府的官职。这个民事可不是普通的春播秋收、邻里纠纷那么简单，他是要求天下民众，一是不能再随便当“巫”做“觋”，二是以后祈福禳灾都不必向“巫”“觋”或天地祈祷，而是直接向火正黎祈祷。颛顼的这个绝招等于是告诉天下人，火正是由他任命的，祈祷于火正，其实就是在向他祈祷。他把自己一下放到了天下黎民百姓大救星的位置上了。

颛顼还不放心，又打出了更为可怕的第三套组合拳：施行“五官制”，“纪近”而不“纪远”。颛顼以前，部落联盟设置官职，都是根据其部落的图腾和信仰擅长来任命，譬如太昊伏羲以龙纪官，神农炎帝以火纪官，轩辕黄帝以云纪官，金天氏少昊以鸟纪官（《左传·昭公十七年》）。颛项感到这些官职分类不清，责任不明，所有官员们都互相推诿，人浮于事，不易管理。于是，他决定改革官职，采用民事纪官，按照先圣五行之说，设立“五官制”：金正之官名蓐收，相当于司徒，主管民政；木正之官名句芒，相当于司农，主管农业；水正之官名玄冥，相当于司寇，专管刑律；火正之官名祝融，相当于司马，主管军队；土正之官名后土，相当于司空，主管建筑。

颛顼深知，他是以黄帝正统继承人的身份上位的，他保证黄帝的正统性、合法性，保证黄帝的伟大、光荣与正确，其实也就等于保证了他自己的正统性和合法性，保证了他作为天下人间主宰的神圣性。而要保证黄帝和他身上的光环，那他就必须把以前所有对黄帝不利的证据销毁掉，重新开始他自己想要的“伟大历史”。

这就是后人闻之能诵的“绝地天通”历史事件。

4600年后的今天，我实在无法想象颛顼是怎样通过“绝地天通”运动，那样毫无痕迹地就“毁灭”了我们祖先那上五千年煌煌的历史。然而，2500多年前《左传·昭公十七年》那白纸黑字的分明记载：“自颛顼以来，不能纪远，乃纪于近，为民师而命以民事，则不能故也”，却让我不能不“念天地之悠悠，独怆然而涕下”。

三

我此时就站在析城山圣王坪的西门口在遥望着西北不远处不周山恍惚朦胧的山峰。夏初的阳光下，虽有几片白云在我的头顶脚下轻轻飘荡，但不周山在融融的绿色笼罩下，齐刷刷而绵延不绝的山顶，还是很清晰地映入了我的眼帘。周围的朋友指指点点，兴高采烈地议论着析城山美景，我却恍若未闻。那一刻，我仿佛看见一个血迹斑斑的巨人在发出震天动地的一声怒吼后，正一头撞向那座庞大的山体……

自黄帝以来，共工族就一直担任着肩负治理天下洪涝重任的水官一职，而在那个时代，“汤汤洪水方割，荡荡怀山襄陵，浩浩滔天”。洪水泛滥犹如猛兽一般，人们避之唯恐不及。作为水神的共工，自然就被后人塑造成了桀骜不驯、脾气暴躁的水神。共工争帝位失败，一头撞死在不周山下，又何尝不是后人们对于共工不畏强暴、视死如归的民族精神的纪念和褒扬呢？

"李教授，我们阳城当地方言把'头'念作'斗'，所以本地人又把不周山称作'斗顶'。"陪我上来考察析城山的阳城县政协主席张星社先生在我身边轻轻地说道，"和共工颛顼故事相关的景点，我们析城山还有一处，叫作'绝地天通'。"

我从冥想中一下就被"绝地天通"这四个字给惊醒了。几个月前，我应析城山文化研究会邀请，参加华润葵先生《中华民族开天史》书稿的座谈会。在这次研讨会上，我得知，除过作为科学家的华润葵教授用大量的文献资料、析城山遗留的伏羲"六峇"（观测天象的六个石堆）遗迹和天体反演技术等科学手段，推断出析城山就是伏羲所在的王都古昆仑外，台湾文化大学的教授金荣华先生、中国社会科学院的研究员吴晓东先生、四川职业技术学院的教授伏元杰先生，以及原《山西晚报》的总编辑姚剑先生等，都先后从考古学、文献学、人类学、神话学等角度撰文论证，析城山就是各种数不清的史乘典籍所记载的古昆仑虚，也就是说，我脚下这片氤氲着神奇传说的圣王坪可能就是当年伏羲、黄帝等先祖曾经开创中华文明的圣都所在地。

老实说，我对这些说法起初是持怀疑态度的，因为再科学的推论都只能是推论，它缺乏实实在在的足够的考古根据。尽管早在2009年析城山圣王坪的西北就发现了旧石器时代细石器文化遗址，这次和我一起上山考察的考古学家裴善池先生又在南天门发现了仰韶文化时期的红陶片，可这也只能说明5000年以前这里曾经有人类活动，并不能说明别的什么问题啊。

关于不周山就在"帝京"西北不远处，民间传说的几个版本和《史记·五帝本纪》都言之凿凿，但不周山在煌煌神州大地就有好几个，如果"绝地天通"的真正遗址就在这里，这不是一个天大的发现吗？这不是说

如果析城山就是史载的古昆仑，那么此地也便是颛顼“绝地天通”之处。图为航拍析城山。

明析城山和远古昆仑真有着千丝万缕的密切关系吗?

我有点不相信地看着这位即将要退休的“老者”：“这里真有‘绝地天通’的遗址?”我抑制不住惊喜的心情，急不可耐地说道，“我们是不是现在就能过去看看?”

张先生操着浓重的阳城口音说：“这个遗址在南天门下边的半山腰里，山路陡峭，垂直上下，山路难走不说，还很远。要去看，只能下山绕道南麓过去，至少也得一上午时间。现在那里正在修路，车也过不去，好几十里路呢。”

我有点不甘心地看着他。张先生无奈地一笑，说：“这次时间太紧了，你下次来提前告我，我陪你去。”他接着说，“那个地方是河南人上析城山的必经之路，用‘天堑’‘一线天’或‘一夫当关，万夫莫开’等词来形容，都表达不出它惊险程度的万分之一。”

客随主便，我不好再说什么，只能遏制住跃跃欲试的心情，等待下一次的机会了。

四

从山西阳城返回北京，我把新收集到的所有关于古昆仑和析城山的资料进行了认真的研读、梳理和比对——在大量的事实面前，我不得不相信，华润葵诸先生关于析城山就是古昆仑的判断可能是对的。我按捺不住激动的心情，就在三个月后一个秋高气爽的日子，同山西省国际文化交流协会副秘书长张跃进先生和临汾市作协副主席高建录先生，再一次驾车前往阳城。

析城山的南麓还在施工修路。我们先是在《析城山》主编梁家库先生的安排下坐越野车到了施工点，然后再分乘担当施工运输任务的货运面包车，颠簸着往前走。一路曲曲拐拐，蹦蹦跳跳，我感觉自己的肠子都快要被颠出来了。但看看圪蹴在旁边陪我们上山的张星社先生，还有年近六旬的李国平先生谈笑风生的自若神态，我不由得暗叫了一声“惭愧”。

三四十分钟的路程，我觉得像走了三四个小时。面包车是沿着山脚往前走的，一路十多公里全是一眼望不到顶的峭壁巉岩。等面包车载着我们好不容易抵达目的地后，我发现路的顶头是分开朝上的两条狭窄的羊肠小道，弯弯曲曲地淹没在无尽的金黄色林海中。

主人早就把预备好的十几根折断的树枝分发给我们做爬山的拐杖用。我们跟着主人沿右手这条相对比较平坦的山路往上爬。一开始，山道还比较平缓，但越往上越陡峭，路也越窄，等到半山腰的时候，我们面前就变成了如刀砍斧削般的笔直山峰。我还在心里感叹其险恶难攀时，一拐弯却看见前面峭壁上豁然间现出一个洞口，大小仅能容一人通过。洞口前一排竖着十来个铁棍，铁棍上镶嵌着“通天洞”三个大字。洞口距离地面大约有一两米高的样子，旁边架着一架铁梯。再往洞里瞅去，里边朝上60°左右还架着铁梯，一直延伸到洞外另一面，铁梯下边则另架着同样一道曲折绵长的木梯。木梯年久不用，黑花昏褐，有种物腐虫生的感觉。这个大洞的斜上方还露着一个上方见天的V字形豁口。

由这个“通天洞”而上，析城山两麓的百姓每年都要上去拜山祭祖。

我站在下边，直愣愣地盯着“通天洞”三个字，还没缓过神来，就听张先生说：“这就是‘绝地天通’的入口了，那个豁口就是‘一线天’。”

我问：“‘通天洞’几个字是你们弄上去的？”

张先生说：“不是。是横河当地老百姓弄的。木梯和铁梯也是他们架上去的。因为这里是当地人和河南人上析城山的唯一通道。在木梯之前，原来竖着一根枯树枝，人们凭借树杈攀缘上去。我们阳城和济源很多老百姓每年都要上山祭天祭祖呢。”

我沉吟未语。我知道，在远古时候，人们认为昆仑是支撑上天的中央支柱，是人间通往天庭的天梯。中国道教文化里，昆仑更是被誉为“万山之宗”“万神之乡”。“通天洞”，这是多么质朴，又多么形象的名字，其中蕴藏着多少远古文明的信息啊！这不是官方的有意为之，也不是地方旅游的利益驱动，而是来自山下两个省的普通民众几千年绵延不绝的信仰认知。

站在前边的李国平先生这时插话说：“山下的河南人对析城山的崇拜可说是虔诚到了极点。济源有一个叫作杨鹤仙的女士是杨家将第35代传人，她从13岁起，就每年都由父母带着，要从这里爬上析城山顶的圣王坪祭拜天地祖先呢，到现在已经30多年了，从未中断。”

我看看脚下的万丈深渊，再抬头望望“通天洞”上面的那“一线天”，我想，这要是在上边随便站一个人或放置一块大石头，鸟都别想飞过去，遑论我们这几个凡身肉胎了。

4600年前，颛顼打败共工部落联盟，继而又扫荡了蠢蠢欲动的蚩尤后裔九黎三苗势力，他实施“绝地天通”，就是要隔绝天地之间相通的道路，完全掐断其他氏族部落首领和民众跟上帝对话的权利。

“古籍没有记载这个地方就是‘绝地天通’，但我们当地人就一直是这么叫的。我觉得，‘绝地天通’运动应该是先有地理上的概念，然后才有了政治上的概念。”张星社先生看着我说，“这个惊险的地理环境和析城山那些神奇的传说，还有众多专家对它是古昆仑的指认，不能不让我们产生更加丰富的联想。”

我明白张星社先生的意思。因为从这个险绝的“通天洞”爬上去，再往前走不远就是通向析城山圣王坪的南大门，也就是远古神话传说中的南天门，是为天庭正门。隔绝了南天门的通路，就等于把人神隔绝在了两个世界。这个“绝地天通”的地理概念，实际上不过是颛顼政治概念的一个象征而已。

我不能随便猜测古人的心思，但后边的历史又确实不能不让我做进一步的联想。当颛顼成功实施了他的“绝地天通”运动后，他就成了唯一一个能够通天达地的人间帝王，成为高高在上的普照四方大地、滋润万物的“帝高阳”（颛顼号高阳氏）——高高悬在天上的太阳啊！他把自己塑造成了继黄帝之后的最伟大的神灵，其他的氏族部落从此以后都要匍匐在他的脚下，聆听他“传达”上天的旨意。他举起“正统”的招牌，树起黄帝作为偶像，中国古史多源文明的真相被他“纪近”而不“纪远”，一笔抹杀，历史从此就在歌功颂德的悦耳声中，步入了事实上是由他设定的所谓人神不辨的“五帝”序列中。

在特定条件下，历史的进步往往是统治者挤压天下人性后实施专制的产儿。当颛顼集人、神于一身的时候，神开始从属于人，人本主义在中国大地上第一次露出了她微弱的光芒；由颛顼大张旗鼓确立的中原文明，也一跃而成为中华大地的正统文明。然而，我们不想看到却又不得不看到的是，曾经“百花齐放”的“夷戎蛮狄”文明却在颛顼及后来承统者陆续不断的残酷打压下，不断走向式微。

这使我不由得想起了前些日子在网上看到的一首诗：

高阳昔绝地天通，骸骨方鸣百叫中。
武帝文皇多恣肆，秦关汉阙最穹崇。
不防风雅伤游子，兼叹铁血误总戎。
难说眼前新旧事，唯看黄叶又秋风。

（醉好楼居《读史杂咏》）

历史的辩证法，不知是让人悲，还是让人喜？

五

颤颤巍巍地攀扶过那个幽暗的“通天洞”，登上南天门的时候，我蓦然发现，作为王屋、太岳山系中最高峰的析城山就像是一位高高坐在龙椅上背北面南的至尊帝王，正居高临下俯视中原，远眺着黄河三门、中流砥柱（即砥柱山，位于阳城县南部。一说在三门峡），而在她的脚下，百十公里以内，竟匍匐着尧都平阳（今襄汾陶寺遗址）、舜都蒲坂（今永济蒲坂遗址）、禹都安邑（今夏县安邑遗址）、夏都斟鄩（今偃师二里头遗址）、商都西亳（今偃师县城西）、垣曲商城（早期商都遗址，位于山西省垣曲县古城镇）、周都洛邑（今洛阳王城公园一带）等一连串的中华古都王城。

这是历史的巧合，还是上天冥冥中的安排？

远处，山腰里那个“绝地天通”，已经被逶迤山体上的层层金黄覆盖得无影无踪。历史与苍茫连成了一片，传说同大山融为了一体。

我独坐莽苍，把自己置入遥远的上古，静静地聆听着祖先亡灵如怨如慕的诉说。

昆仑绮梦

于大多数中国人而言，昆仑山应该是个悠远、神秘，又很让人向往的梦幻之乡。我们从《山海经》，从《封神演义》，从《西游记》，从众多的神怪志异、话本小说和影视戏剧里，知道了它是神仙居住的地方。那里有开辟鸿蒙、分析天地的元始天尊和玉皇大帝，那里有神通广大、法力无边的九天玄女和王母娘娘；那里有瑶池，那是王母娘娘每年八月举行蟠桃宴会宴请诸神的乐园；那里有金碧辉煌的“五城十二楼”，那是玉皇大帝和诸神下榻的行宫；那里有玲珑剔透的美玉，到处都长着晶莹秀彻的琅玕树、玕琪树、文玉树、碧树、瑶树、珠树；那里有高四丈、粗五围的稻子，有婀娜多姿、长生不死的蟠桃树，有大得像鸳鸯鸟一样的蜜蜂，有数不清的翩跹起舞的凤凰与鸾鸟……那里的神仙潇洒飘逸、无拘无束；那里的城门八方洞开，云汉悠悠，仙风习习。

如此百神极乐之地，长生无忧之乡，古往今来不知羡煞多少帝王将相和黎民百姓，更不知让多少文人雅士为它泼墨丹青、吟诗赋词，痴迷不已！

2400年前，屈原就站在楚国的大地上，怀着无限的遐想，仰天高歌：

朝发轫于苍梧兮，
夕余至乎县圃。
……
饮余马于咸池兮，

总余辔乎扶桑。
折若木以拂日兮，
聊逍遥以相羊。
前望舒使先驱兮，
后飞廉使奔属。
鸾皇为余先戒兮，
雷师告余以未具。
吾令凤鸟飞腾兮，
继之以日夜。
飘风屯其相离兮，
帅云霓而来御。
纷总总其离合兮，
斑陆离其上下。
……

（节选自《离骚》）

清晨，我从那南方的苍梧之野启程；傍晚，我到昆仑山下的悬圃卸妆……我让龙马在咸池痛饮琼浆，我把马缰拴在扶桑树上。折几枝若木去拂拭日边的荫翳，我暂且在这里休息徜徉。我派月神在前面充当向导，让风神在后面紧紧跟上。鸾鸟与凤凰为我在前面警戒开道，雷师却说还没有安排停当。我命令凤鸟展翅飞腾啊，夜以继日地向九天翱翔。旋风啊积聚着力量，率领着云霓朝我迎上。忽离忽合的云霓越聚越多啊，五光十色地上下飘浮荡漾。

1000多年后，浪漫诗人李白在屈原不绝于耳的吟哦声中又用他那支惊鬼泣神的生花妙笔为我们描绘了一幅昆仑天阙七彩缭绕的绮丽场景：

……
天上白玉京，
十二楼五城。

仙人抚我顶，
结发受长生。
……

（节选自《经乱离后天恩流夜郎忆旧游书怀赠江夏韦太守良宰》）

天上宫阙，白玉京城，有十二楼阁，五座城池。仙人为我抚顶，结受长生命符。只可惜因我未能抵挡住一时俗念，“误逐世间乐”，以至于落得个前缘尽断，“颇穷理乱情”的窘境。诗人的懊悔之态，更衬托出昆仑天阙的魅力非凡，让人遐想翩翩。

李白之后的方干，也对昆仑仙境充满了满腔的痴迷之情，昆仑山就是他心目中的不二圣地：

曾于方外见麻姑，
闻说君山自古无。
元是昆仑山顶石，
海风吹落洞庭湖。（《题君山》）

诗人告诉读者，他曾神游八极之表，奇遇仙女麻姑。那远古本来不存在的君山之所以美绝世间，原来它是被巨大的海风吹落到洞庭上的一块昆仑顶上的灵石啊！真是“超以象外，得其圜中”！诗人对昆仑艳羡向往之情跃然纸上。

在文思飞扬的诗人笔下，昆仑星辰灿烂，龙凤翱翔；金光万道，瑞气千条；金钉玉户，彩凤舞门，处处都是粉妆玉琢，莺歌燕舞。昆仑是诗人们永远也挥之不去的充满无穷诱惑力的天阙迷宫：

玉殿朝回夜已深，
三千世界静沉沉。
微微花雨粘琪树，

浩浩天风动宝林。
烟锁昆仑山顶上，
月明娑竭海中心。
步虚声断一回首，
十二楼台何处寻。　　　　　　（宋·白玉蟾《奏章归》）

诗人们的邈邈遐思和古昆仑的神话传说，让坐拥天下的帝王们也艳羡不已。且不说秦皇汉武、唐宗宋祖，或是派方士前往海外去寻找昆仑，或是命道士到宫中炼取长命丹丸，就连颇接地气、满腹诗文的汉末丞相曹操也遏制不住蠢蠢而动的欲望，想去昆仑做个天马行空的逍遥神仙：

驾虹霓，乘赤云，
登彼九嶷历玉门。
济天汉，至昆仑，
见西王母谒东君（传说中的太阳神）。

交赤松，及羡门，
受要秘道爱精神。
食芝英，饮醴泉，
拄杖桂枝佩秋兰。

绝人事，游浑元，
若疾风游欻翩翩。　　　　　　（曹操《陌上桑》）

驾着五彩的虹霞，乘着红色的云朵，经玉门关登上九嶷山。渡过银河，到达昆仑山，去拜见王母娘娘和东君。与上古仙人赤松交流，和握有长寿法术的羡门倾谈，接受成仙和养生的方法，保持自己精华灵气。吃灵芝的精华，喝甘美的泉水，拄着桂枝的手杖戴着香草。断绝人世间的功名利禄，遨游在天地之间，就像狂风在上下飞扬。

如同无数诗人所描写的那样，昆仑山已经幻化成了所有中国人心目中的“神山”和“圣山”，她虽然大部分偶露峥嵘的时候，都是以璇霄丹阙的仙境面目出现，但是千众万汇的史乘典籍却异口同声、百喙一词：昆仑并不是只有在神话里才会现身的一个虚无缥缈的海市蜃楼。

《山海经》言之凿凿：“海内昆仑之虚，在西北，帝之下都……西南四百里曰昆仑之丘，是实惟帝之下都。”

《淮南子》信誓旦旦：“昆仑之丘……是谓太帝之居。”

就连以严谨著称的北魏时期地理学家郦道元也是凿凿有据：“昆仑之山三级：下曰樊桐，一名板桐；二曰玄圃，一名阆风；三曰层城，一名天庭。是为太帝之居。”（《水经注·河水一》）

太帝，就是指伏羲、黄帝等太古之帝。

盘古开天辟地，女娲补天造人，共工头撞不周山，精卫填海……迷离惝恍的神话里隐藏着我们的祖先开天辟地、人猿揖别的文明密码——原来，昆仑虚就是中华民族的始祖伏羲、黄帝曾经的帝都所在呵！

当河南舞阳遗址7800年前那个21组象形文字展现在世人面前的时候，当辽宁查海遗址8000年前那条石塑巨龙“腾空跃起”的时候，当山西阳城析城山上8000年前中国最早的观象台“六峑”遗迹被我们发现的时候，“造书契以代结绳之政”的“龙祖”伏羲部落，以及他曾经的王都昆仑是否真实存在，就再一次给了我们所有中国人一个无限的遐想空间。

然而，昆仑大展风流的年代太久了，以至于千千万万个历史岁月的尘埃积垢早已把她遮蔽得面目皆非，她仅成了一个各种史料和神话中存在的虚幻符号。但是，几千年以来，我们的先祖，我们先祖的先祖，却从没有怀疑过她的真实存在。他们前赴后继，不断地在追寻着她的踪迹。从日落西方的帕米尔高原，到日出东方的穷桑之地泰山；从江南佛光缭绕的四川峨眉，到黄河以北羽流步虚的王屋析城（山），他们一次次满脸沮丧而归，却又一次次满怀希望踏上新的征程。他们“屡战屡败”，却又“屡败屡战”，不屈不挠，矢志如一。

早在战国时期，屈原就仰天高问：昆仑山上的玄圃仙境，它的尾部在哪里？山中还有增城九重，它的高度又有几里？昆仑山的四面门户，什么人物由此出入？西北两面大门敞开，什么气息通过此处？（屈原《天问》）

屈原的疑问越过战国，翻过秦代，在汉武帝这里打了个盹。张骞出使西域回来，路过新疆于阗南山，看到山上到处都是洁白无瑕的良石美玉，像极了传说中的昆仑。张骞惊喜之下，满载美玉数车而归，上贡天尊。汉武帝本来就是个“昆仑迷”——他在宫里还养着几个替他炼制长生不老丹药的道士呢，今见于阗南山盛产如此温润的美玉，武帝就真以为那里是众神仙盘桓的上古神山，于是御笔一挥，欣然赐名新疆于阗南山为昆仑山。

在大一统的封建社会里，帝王就是天定的真命天子，他金口玉言，一句可以顶一万句啊。从此，假昆仑横空出世，俨然似真；真昆仑却更是踪影杳渺，难觅其迹。

其后的东汉史学家班固、邓展，唐朝史学家张守义，清朝的史学家丁谦和乾隆侍卫阿比达，以及近现代的学者王国维、顾颉刚、杨宽等等，或者青灯黄卷，从历代文献上搜寻考订其蛛丝马迹；或者翻山越岭，历尽千辛万苦地去勘寻其雪泥鸿爪，只可惜，所有的努力都如同水中月、镜中花，最终是竹篮打水一场空！

昆仑大隐于野，无形无迹，无影无踪。然而，无论经过多少个岁月的消磨涤荡，浸透在中华民族骨髓血液中的昆仑绮梦却一刻也没有消失——昆仑神话中众神仙和乐相处、和合共美的绮丽场景，何尝不是中国人“大同”理想的另一种华丽的扮相唱腔？何尝不是我们祖先伏羲包容、和谐、伦理、有序的昆仑大道精髓的精彩演绎？为了让这个国人心目中的绮丽之梦变成触手可及的现实，古往今来，有多少仁人志士，抛头颅，洒热血，如飞蛾投火般前赴后继，绝路狂奔！

2000多年前，陈胜、吴广不堪秦王朝的苛捐杂税、严刑酷律，大声疾呼：“王侯将相，宁有种乎？”

1000多年前，钟相不忍南宋末年“朱门酒肉臭，路有冻死骨”的惨烈，愤然呐喊：“均贫富，等贵贱！”

100多年前，谭嗣同面对着同胞砍下的屠刀，仰天高唱：“我自横刀向天笑，去留肝胆两昆仑!”

历史的脚步不能止住，国人的昆仑绮梦就不会结束。“大同”理想在寥廓的神州大地上在经过数以万计的岁月蒸馏后，终于在20世纪初发酵成为一场摧枯拉朽、天翻地覆的大革命运动：

横空出世，
莽昆仑，
阅尽人间春色。
飞起玉龙三百万，
搅得周天寒彻。
夏日消融，
江河横溢，
人或为鱼鳖。
千秋功罪，
谁人曾与评说？

而今我谓昆仑：
不要这高，
不要这多雪。
安得倚天抽宝剑，
把汝裁为三截？
一截遗欧，
一截赠美，
一截还东国。
太平世界，
环球同此凉热。

（毛泽东《念奴娇·昆仑》）

诗人吞天纳地，气魄浩大，把国人的昆仑绮梦推到了极致：“一截遗欧，一截赠美，一截还东国。”

诗人坚信他所捍卫的中华民族之“大同理想”是大道中正，必将普行于全人类：“太平世界，环球同此凉热!”

啊，昆仑绮梦——

一个伟大民族亘古以来的精神仰望，

一个不死文明生生不息的源头活水。

析城神韵

一

山西阳城析城山圣王坪上的汤王池，当地百姓又称之为瑶池。这源于当地流传的一个美丽的神话故事。

当年，周穆王西游，在昆仑山上叩访了西王母。西王母时年芳华正茂，仪态大方，周穆王亦是仪表堂堂，风流倜傥，两人一见倾心，遂在瑶池仙台上小酌对饮，互倾衷肠。绿草如茵，瑶池如镜；白云悠悠，仙风习习。两人心旌摇曳，情迷意乱，西王母遂为周天子作歌曰：

白云在天，山陵自出。
道里悠远，山川间之。
将子无死，尚能复来？

你我距离虽然遥远，可是你的骏马日行三万里啊！你食用了我长生不死药，可还能来看望我吗？

周穆王大为感动，手把酒盏，慨而和之：

予归东土，和治诸夏。
万民平均，吾顾见汝。

比及三年，将复而野。

我要回归东土去处理一下国事，让诸侯相安，让万民和乐。三年以后，我会再次骑着骏马前来和你相会，共享美好时光。

然而，世事沧桑，瞬息万变。三年过去了，周天子杳如黄鹤；三百年过去了，周天子还是鸿飞冥冥。一千年又是弹指一挥间，西王母望穿秋月，“草色烟光残照里”，“为伊消得人憔悴”，但也只能是“空嗟叹，枉凝眉”“眼空蓄泪泪空垂”。

周穆王哪里去了呢？两千年后的诗人李商隐面对瑶池，铿锵发问。这一问，不但让痴心的西王母顷刻间情断天阙，而且又一下惊醒了多少人长生不死的千秋大梦：

瑶池阿母绮窗开，
黄竹歌声动地哀。
八骏日行三万里，
穆王何事不重来？（李商隐《瑶池》）

西王母在瑶池边上把绮窗打开，只能听得穆王所作《黄竹歌》声动地悲哀。八骏神马的车子可以日行三万里，穆王啊，你为了何事竟能爽约不再回来？

穆王不答，他的阴魂早已化作天边的一缕云彩，在无奈的苦笑中俯瞰着那些步他后尘，妄想万年永寿、甘心首疾的痴男怨女们。

二

春阳高照的仲春时节，我慕名来到了这个充满神奇传说的瑶池边上。蓝天白云，青山碧水，清风徐徐，波光粼粼。西王母，周穆王，商汤王……这些神话里的人物和故事，正在我的思绪里互相激荡着幻化成一个个远古文明的符号，不停地在我的脑海里上蹿下跳。

“你别看这瑶池面积不大，但在历史上从来没有干涸过。即便在商王成汤祈雨前七年不雨的大旱时期，它至多也就是缩小了一点水面而已。在神话传说中，凡人喝了瑶池水可以长生不老，而在现实中，瑶池地处高山却永不干涸。可能正是这两个原因，才让上至帝王将相，下至黎民百姓，都对它顶礼膜拜，奉若神明。几千年以来，不知有多少人不远万里长途跋涉来到这里，就为了舀一瓢瑶池圣水……” 陪我一起上山考察的《析城山》杂志主编梁家库先生对我说。

梁先生所言不差，清代的阳城人李咸就在《前析城赋》中记载了这个特殊的现象：

> （前来析城山瑶池）取水者三百六十，千里奔驰，而不惮乎峻山远水、崎岖跋涉之艰难。南至于南河之南，北距太原之边。东极东郡，西抵潼关。罔不陈牲设币，为之至上而告虔。

为什么瑶池的水源永远不会枯竭呢？梁先生解释说，析城山是喀斯特地貌，地上地下到处都是溶洞和漏斗。当地民间有“72个独龙窝、120个鬼推磨、360个小铁锅”和“龙窝三百六，一一含甘泉”的说法。瑶池可以看作是其中一个特大型的“独龙窝”，下面连接着一条渊源不断的地下河。

三

西王母是析城山各色神话传说中的核心人物。乡人传说，西王母洞就是当年西王母的穴居之处。

西王母洞蹲缩在南天门外的西边山崖上。洞口很开阔，里面空间也很宽大，底部面积足有五六十平方米——这真是原始人一个天然的理想居所：居高临下，视野开阔，既可遮风避寒，又可自如进退。同行的阳城县政协主席张星社先生笑着说：“西王母贵为伏羲的母后，也只有她才配住这么豪华的地方。”他顿了一下，环指着洞里凹凸不平的地面说，“这儿应该是她的会客厅。最里面大概就是她的卧室啦……”众人被他一本正经的神态逗得哈哈大笑。

曾任阳城县政协文史办主任的武忠民先生柔柔地说道：“呵呵，张主席的说法合乎原始社会的逻辑，毕竟西王母的身份不同嘛。其他人只能住在这个洞的旁边啦。”

武忠民先生转向我：“李老师，咱们现在所处的这座山体的背面就分布着数不清的各种大小不匀的山穴洞龛，我们当地人称作万龛岩。华润葵教授和几个专家过来鉴定后，都认为那些洞龛就是原始人的穴居之处。”

我对武忠民先生的说法没有丝毫怀疑，因为这里已经发现了一万年以前旧石器时代晚期的细石器文化遗址和5000年前仰韶文化时期的绳纹泥质红陶片。这说明这座神奇的山脉很早以来就一直是远古人类生存的一块重要根据地。

武先生又遥指着斜对面说：“那里有一个开明兽石，我们当地人传说是西王母娘娘的化身石。”

我顺着他手指的方向望去，只见在对面距离南天门不远处的一块凸起的山岩上巍然屹立着一尊浑然天成的人样石塑，她的头颅正在向外昂起，长发盖顶，额头、眼睛、鼻子，甚至眉毛都清晰可见。这让我想起了《山海经》对西王母的模样的描述：

> 西王母，其状如人，豹尾虎齿而善啸，蓬发戴胜（头上戴花）。

这个描述和眼前的这座天然塑像何其相似也！

这时，同行的太原理工大学副校长吴斗庆先生插话说：“关于西王母，《山海经》里有记载，有研究者认为西王母是伏羲的母亲。原始社会的人嘛，就应当是这个样子的。后世神话里的西王母已经是被人为地美化了。这个转变过程也蛮有趣味，她先是和3500年前的周穆王传出了绯闻，后来又和汉武帝搞了个不亦乐乎，最后却变成了玉皇大帝的正宫娘娘，成了美貌和权力的象征。”众人又是哈哈大笑。

我插话说：“我们的创世神话传说和相关的古籍记载都显得比较凌乱。但仔细剖析，我感觉，王母娘娘应该是孕育了伏羲的华胥氏部落和女娲化身的合体。后人编制的这些神话隐藏的文化密码，恐怕一是在纪念远古时期母系氏族社会女人为繁衍人类所做出的不世贡献，二是在歌颂华胥氏作为母亲孕育出中华民族文明始祖伏羲氏的千秋功业。”

众人都沉吟不语。片刻的沉默后，张星社先生说：“不管怎么说，析城山这个地方是有些仙气的。她被古人称为青龙，附近的不周山被称为白虎，朱雀岭被称为凤凰，鳌背山被称为玄武，龙鳞凤龟共同构成了道教神仙体系里的‘吉祥四灵图’。析城山所在的王屋山区，还是历史上著名的四渎中东渎的济水发源地。”

张先生所谓的四渎是指中国历史上独立入海的四条大河：“江、河、淮、济”。即长江、黄河、淮河和济水。后来，淮河、济水先后被黄河改道所夺，淮河下游淤塞后才改注入长江。济水故道即今之黄河下游。

张星社先生接着说：“从人类文明的发展规律看，几乎所有古老文明都发祥于某一条或几条大河的区间流域，譬如古埃及文明就酝酿于尼罗河流域，古巴比伦文明孕育在底格里斯河和幼发拉底河流域，而印度文明则发端于恒河和印度河流域，盘古开天辟地、女娲补天造人、共工头撞不周山、精卫填海、愚公移山、后羿射日，还有西王母瑶池宾宴周穆王等中国人耳熟能详的神话故事，都发生在这里，你能说它是偶然的现象?”

张先生的话让我想起了当地关于析城山一个久远的传说。

很早很早以前，大概早到三百二十六七万年以前吧。那个时候，天上还没有太阳、月亮和星星，地球上也还没有人类，没有花草树木和虫鸟野兽，只有一条奔流不息的黄河和一座遍生野黍的太行山。黄河里盘踞着一条逶迤的巨龙，太行山里则栖居着一只美丽的凤凰。它们自由往来，闪闪烁烁的鳞光和五彩缤纷的羽毛把这个黑暗的世界映照得摇曳多姿。他们一年相会一次，每次相会时，黄河就泛起滚滚的波涛，太行就奏起美妙的乐曲。就这样，也不知过了多少万年。他们开始变得老态龙钟，力不从心。

于是他们不再飞来飞去，而是静静地在太行山和黄河间，头挨着头地躺了下来。后来，巨龙就化成了一道蜿蜒的龙形山脉，凤凰化成了一片无垠的七彩原野。

奇怪的是，原来龙头所在之处长出一颗囫囵蛋来，而且这蛋一天天变大，一万八千年以后，这蛋竟然变成了上顶着天、下抵着地的巨蛋。巨蛋里面起初是混沌一片，后来渐渐地生出了蛋黄和蛋白，活似一个轮廓清晰的阴阳太极图。接着，这个阴阳太极图开始旋转，直到浑圆体中间渐渐出现了一个核，这个核里面竟然还裹着一个小人。这个小人就是我们人类的祖先盘古。盘古经过一万八千年的孕育才有了生命，但他睁开眼睛看到的却是一片黑暗。又过了一万八千年，盘古也随着时间的流逝日长一丈，直长到头顶着蛋顶，伸手可以触到蛋壁。囫囵蛋内已经没有了空隙，盘古不能随意活动，心口憋得难受。急切间，他拔下自己的一颗牙齿，把它变成一把巨斧，使出浑身的力气，抡起巨斧向周边劈去。

“哎——嘿——哈！”盘古喊声未落，囫囵蛋从中间裂成了两半。

“哎——嘿——哈！”盘古又抡起巨斧朝上边劈去，又噼里啪啦一阵巨响后，蛋壳纷纷碎裂，飞向天际，化作了漫天的繁星。

盘古又往下面一半蛋壳的前后左右各砍一斧，结果形成了四个豁口。接着，盘古又乱砍了五下，又形成了五个小豁口——这就是今天的人们看到的析城山上的“四门五口”。蛋中的汁液顺着豁口流溢出去就变成了奔腾的江河和平静的湖泊。

盘古再次抡起巨斧，朝远处连砍18斧，那锯齿形的边缘就成了我们今天能看到的十八罗汉山（《阳城县志》美其名曰“盘峥列嶂”）。盘古所处的囫囵蛋变成了半个蛋，半个蛋壳内剩余的汁液向他立足的地方汇集，形成了一个小型的湖泊，后来人们给它起了一个很好听的名字叫“瑶池”。

盘古从汁液中拔出脚来，走出那个蛋壳，然后兴奋地在已经变成厚实的泥土上走来走去。他留下的那些杂乱无章的脚印，就成了后来人们看到的“独龙窝”。

盘古一时得意，就把手中的巨斧扔向了天空，这把巨斧就变成了龙形的北斗七星，与巨龙躯体化成的龙形山脉遥相呼应，这就是后人所说的“天龙”和“地龙”。

但盘古太累了，他倒了下来。就在他倒下的一刹那，他的左眼飞上天变成了太阳，他的右眼飞上天变成了月亮；他的头化作了东岳泰山，他的脚化作了西岳华山，他的左臂化作了南岳衡山，他的右臂化作了北岳恒山，他的腹部化作了中岳嵩山；他的毛发变成了草原和森林；他呼出的气体变成了清风和云雾；他发出的吼声变成了“轰隆隆”的雷声；他的血脉流经的地方开始孕育出人类——自此，人世间有了阳光雨露，大地上有了江海湖泊，万物滋生，人类开始繁衍。

那颗只剩一半的囫囵蛋呢，后来变成了一座通天的高山，叫囫囵山，也有叫囫囵丘的。山形突兀而起，山顶如盆，平坦开阔。山上绿草如茵，长满美丽的胭粉花、米粉花和龙须草，是一个醉眼迷人的“空中花园”。周遭崖壁陡如城墙，据说里面住着许多逍遥的神仙，是一个远近闻名的“神仙之城”。（《囫囵蛋变囫囵山》，丕林、建兵文著，见《析城山》2016年第6期）

四

武忠民先生说：“我们阳城当地人口音，囫囵和昆仑极为相似，我觉得昆仑有可能就是囫囵发音的讹变，”他顿了一下，扭头看了一眼洞外，接着说，“析城山方圆十几公里以内，除过张主席说的那几座神山，还环伺着道教名山天台山、小尖山、中华山，以及王屋山等其他几座山峰，无论哪座山在中国道教体系中都是声名赫赫，地位尊崇。而这其中，析城山最为高崇，它的海拔达到了1889.5米，名副其实的‘九五之尊’嘛。”

武先生的话竟使我一时生出无限的感慨。我悄悄退出热闹的人群，走到洞外，站到旁边一块凸起的山石上，静静地俯察周围层层叠叠、连绵起伏的山岭，然后凝神向南方天际烟雾缭绕下正缓缓蠕动着的那片弯弯曲曲的黄河水面望去。我在默然中，再一次体味到了一种似乎是冥冥天意却又无可名状的神奇：

> 整个析城山就像一位高高坐在龙椅上背北面南的至尊帝王，正居高临下俯视中原，远眺着黄河三门、中流砥柱。而在她的脚下，百十公里以内，竟匍匐着尧都平阳（今襄汾陶寺遗址）、舜都蒲坂（今永济蒲坂遗址）、禹都安邑（今夏县安邑遗址）、夏都斟鄩（今偃师二里头遗址）、商都西亳（今偃师县城西）、周都洛邑（今洛阳王城公园一带）等一连串的中华古都王城。（见拙作《绝地天通》）

如果析城山不是从古代就传说至今的伏羲王都昆仑虚，整个神州大地上还有哪座大山能当得起如此众多帝都、王都的虔诚环跪？我正沉浸于析城山这天造地设的神韵而不可自拔时，就听不知什么时候已经站到我身旁的吴斗庆先生悠悠地说道：“我们今天能来到这个古代众神活动的地方，也算是活神仙啦。诸位，来，撕片白云擦擦汗，对着太阳抽根烟……”

白云悠悠，仙风习习。我仿佛又听见那遥远的歌声：

> 白云在天，山陵自出。
> 道里悠远，山川间之。
> 将子无死，尚能复来？

汤风濩韵

一

析城山圣王坪北门不远处，就是赫赫有名的娘娘池，当地百姓又呼之曰汤王池。汤王池旁边屹立着一座汤王庙，庙不大，占地大约千数平米的样子。庙的外墙破旧，但还算完整，庙里却是屋倒墙颓，残垣断碣，野草丛生，满目荒凉。

当地乡贤王小圣先生告诉我说："这座汤王庙是北宋宣和七年宋徽宗

宋代，汤王庙受到前所未有的礼遇，于是阳城县的汤王庙如雨后春笋里里遍布。图为修筑于200年前的一座汤王庙。

下旨修建的，以后金元都曾重建。现存遗建修筑于清嘉庆二十四年（1819年）。据《敕存汤王行庙之记》碑文记载，析城山上秦初就有汤王行庙。陕西省历史博物馆研究员杨东晨先生考证后认为，析城山的汤王庙最早的修建可以溯源到盘庚迁都于殷后（公元前1300年左右，殷，现安阳）。经历若干朝代的更替、战争或自然损坏，不断修复，约在南北朝时已初具规模，至宋代时，因宋神宗和宋徽宗先后赐析城山神为'诚应侯''嘉润公'，赐汤王庙为'广源之庙'，并派朝廷官员参与汤王庙的祭祀，汤王庙的规格一下子提高到了国祭的高度，汤王庙的烟火也因此达到极盛。方圆百里，乃至千里之外的朝拜、祭祀热潮，一下激起了乡人营修汤王庙的热潮。宋元一直到明清时候，阳城县域几乎里里都有汤王庙，总共达到了380多座。就是到现在，完整保存下来的还有80多座。如果算上像这种缺胳膊短腿的，就有120多座呢。这种现象在全国恐怕是独一无二的了。"

我觉得有些不可思议。历史上，成汤既没有在这里建过都城，又没有在这里打过仗，怎么会有这么多汤王庙呢？尽管汤王早在2700多年前就被儒家尊为了中国历史上的"四大贤王"之一，但那是面对整个中华民族而言，不单单是面对一个小小的阳城县啊！

同行的石永乐先生给我讲了一个故事，解开了我心中的谜团。

汤王在推翻残暴的夏桀统治建立了商朝后，遇到了千年不遇的旱灾。连续七年，天上没有降下一滴雨水，很多河流湖泊都干涸了，日光之强甚至达到了"煎沙烂石"的程度。百姓流离失所，饿殍满地。汤王绞尽脑汁，想尽各种办法，祷告于天，也无济于事。后来，他的"宰辅"伊尹给他出主意说，大王应该踏着先圣轩辕黄帝登临昆仑祭天的足迹，亲登析城桑林，为民请命，祈天降雨。

"'牲祭'就是用猪、羊，或用人作为'牺牲'来祭拜天地。"同行的阳城县政协主席张星社先生忽然插话说，"古籍上记载的桑林自古以来有好多地方在争，但我们阳城县在古代桑林遍地却是事实，就是现在，我们县的蚕茧产量在整个华北地区还是当仁不让地坐着头把交椅呢，而且，析城山附近就有一个叫桑林村的地方，是合并前的桑林乡政府所在地。另外，《太平寰宇记》也明确记载说，析城山顶的汤王池，就是传说中的汤王祈雨的地方。”

汤王是心系民间疾苦的“圣王”“贤王”啊，他怎忍视他的治下出现这种民不聊生、牛衣对泣的惨状呢？于是，他听从伊尹的建议，先是斋戒，只吃素食，再虔诚地占卜，然后带着文武大臣，还有数不清的牛马猪羊等“牺牲”物品，一色的素车白衣，浩浩荡荡地赶往析城山——他的都城西亳（今河南偃师）距此不过区区百十里路而已。

为了要显示自己的诚意以感天动地，汤王在即将举行大祭仪式时，忽然决定，不仅要“牲祭”，而且还要施行“人祭”——他要用自己戴罪的身体献祭天地。臣工们抽泣着剪掉他的头发、指甲，然后又给他的双手带上刑具。

汤王有点哀伤地环视了一下肃穆的人群，然后在巫师的引导下，极其悲壮地跨上早已经垛得像小山一样高的柴堆。

童男童女们鱼贯至祭坛前开始载歌载舞，一班文武大臣和王妃娘娘们止不住开始掩面痛哭……只听汤王嘶哑的自责声从高高的祭坛上远远地传了下来：

……

政不节与？（政事不协调吗）
使民疾与？（役使百姓过分了吗）
何以不雨至斯极也！（为什么这么久不下雨呢）

宫室荣与？（宫室太华丽了吗）
妇谒盛与？（我的妃子太多了吗）
何以不雨至斯之极也！

苞苴行与？（贿赂盛行了吗）

逸夫兴与？（诽谤发生了吗）

何以不雨至斯极也！

……（《祈雨词》，见《荀子·大略》）

汤王祷告还没有结束，底下抽抽嗒嗒的啜泣就已经变成了震天动地的万人号啕大哭。

午时已到，催命的号角声“呜——”地响起，巫师们手中的火把迅速环圈伸向高高的柴堆。就在大火逐渐燃起之际，刚才还是骄阳当空的浩渺天际，忽然间乌云翻滚，雷鸣电闪，一场酣畅淋漓的瓢泼大雨当头浇下。

宫廷卫士和文武大臣一股脑儿蜂拥而上，在万众惊呼声中，把汤王从熊熊火光中抢救了出来。

二

汤王祈雨约2500年之后，宋徽宗时期又是一个久不下雨的干旱时节。颇具文人情怀的宋徽宗日夜不安，坐卧不宁，他实在不敢想象，不能播种、不能收获的黎民百姓何以为生？他在宫中日夜祷告，又派遣使者分赴各地，遍祀群神，然而，老天根本就无动于衷，照样把它那毒辣辣的光线无情地洒向已经焦枯皲裂的千里赤地。

宋徽宗是中国帝王中的一个异类，他不大懂得治国平天下的策略和道理，却精通文史和书法艺术，创造出了中国书法史上赫赫有名的“瘦金书”体。然而，老天偏把这位卓绝的艺术天才变成了拥有广袤天下的大宋帝王。激荡的艺术才情驾驭了需要足够理性的帝位后，他的天下被他丰富的想象力折腾得一塌糊涂，也就不足为奇了——他最终的结果是国亡被俘。仅54岁，就在异国他乡受尽屈辱，郁郁而死。总之，就是这个叫作赵佶的艺术家皇帝，在愁得一筹莫展之时，忽然想起了典籍上记载的商汤到析城山祈雨一事，而且他的皇爷爷宋神宗也曾派人到析城山汤王池前成功祈雨，于是，赵佶也照猫画虎——沐浴斋戒，派遣亲信使者，北上析城山去祭天祷雨。也许，老天就是要迷惑一下这个只知道读书画画的书呆子帝王，他的使者前脚刚刚踏入京城，一场倾盆大雨便从天而降。群臣山呼“万岁”，赵佶龙颜大悦，御笔一挥，发下一道敕文：赐析城山汤王庙“广渊之庙”匾额，并在他皇爷爷御封析城山山神为“诚应侯”的基础上，又加封为“嘉润公”。赵佶贵为天朝帝王，尽可以随心所欲赐封各路山神——这比他写字画画可是容易多了。

汤王庙从此在大宋土地上，尤其在析城山一带，就如雨后春笋般纷纷“生长”起来，汤王祈雨的故事也开始逐渐幻化成了五彩斑斓的神话传说。乡人传言，析城山上的汤王池就是汤王娘娘伤心欲绝的眼泪汇聚而成，析城山上漫山遍野的胭脂花是汤王娘娘飞洒的泪滴染成的，而那满山摇曳的龙须草，相传是汤王置身柴垛，大火熊熊燃起时燎落的须发飘落山野，落地生成的。

史书记载，今阳城县域就是远古时代舜帝捕鱼狩猎的古“濩泽”所在地。想当年，舜王以孝行感天动地，每走一地，“一年成聚，二年成邑，三年成都”。舜王和汤王都是德行高大、如同日月昭天的“圣人”，阳城人

一池湖水被演绎出许许多多不同版本的祈雨故事。图为余晖下的汤王池。

怎能不被两位“圣王”遗风熏陶渐染，潜移默化呢？所以，这片神奇的土地自古以来就是汤风依依，濩韵悠悠。

然而，站在这个充满神奇传说的汤王池前，看着那一泓在阳光斜射下泛着灿烂金光的池水，我只觉得自己的思绪也像汤王祈雨那个迷离的传说一样，随着这炫目的金光在荡漾着，摇曳着……

我记得，最早记载汤王祈雨这件事的史书，是今本《竹书纪年》，它没有涂饰，没有阿谀，就像一个简洁明了的新闻稿：

二十四年，大旱。王祷于桑林，雨。

可是，不久之后的墨子老先生就忍不住开始玩耍起了他的生花妙笔：

汤曰：“惟予小子履（汤名），敢用玄牡（用作祭品的黑色公牛）。告于上天后曰：今天大旱，即当朕身履，未知得罪于上下。有善不敢蔽，有罪不敢赦，简在帝心。万方有罪，即当朕身；朕身有罪，无及万方。”（《墨子·兼爱》）

墨子死后百十年，荀子接过他的接力棒，一不留神竟玩出了让百姓感动得稀里哗啦的《祈雨词》。到了战国末年，威风八面的秦相吕不韦主持编纂《吕氏春秋》时，烂漫的山花干脆就升华成了天空中绚丽的云霓：

昔者汤克夏而正天下。天大旱，五年不收，汤乃以身祷于桑林，曰：“余一人有罪，无及万夫。万夫有罪，在余一人。无以一人之不敏，使上帝鬼神伤民之命。”于是翦其发，鄜其手，以身为牺牲，用祈福于上帝。民乃甚说，雨乃大至。则汤达乎鬼神之化、人事之传也。

时光又跳跃过1300年，在北宋开宝三年时（970年），那抹绚丽的云霓又摇身一变成为光芒四射的中天之日：

> 时遭七载之愆阳，致得万民之忧困。（汤）是以舍官弃位，御驾析山，焚躯而地出涌泉，炸雷而天垂雨泪。（阳城县马寨村古汤庙北宋开宝三年石碑《敕存汤王行庙之记》）

这本就是汤王一个普普通通的祈雨事件，却在历代无数的御用文人笔下喧哗成了一个五彩斑斓的圣人符号。

儒家老夫子信誓旦旦地说，汤王宅心仁厚，位列尧舜禹汤四大圣人之一。3500年来，我们谁也不敢怀疑他的真实性和正统性，我们一直以为商汤开创的商朝是一个“人本主义”的黄金时代，可是等20世纪20年代末，殷墟发掘出来，埋藏在其中的甲骨文破解以后，我们的“圣人”之梦瞬间变得支离破碎：典籍中说汤王宁愿把自己烧死为民祈雨，也不愿伤害百姓，可是现实中商朝历代皇帝却都在大规模地使用活人祭祀；传说中的汤王网开一面，连飞鸟都不忍杀害，然而现实中商朝却一直在大量使用活人殉葬。甲骨学专家胡振宇先生在《殷商史》一书中说，在商朝鼎盛时期，即武丁在位时，明确记载的人牲就有9021个——而这只不过是我们发现的那一小部分甲骨文的记载而已。在河南省安阳市侯家庄发现的商代1001号墓里，仅人牲尸体就有164具。已发掘的1400多个祭祀坑里，大多数竟都是每坑埋放10人——有处死后埋入的，也有活埋殉葬的。

汤风依依，濩韵悠悠。

——历史真是不忍细看。

中编

慎终追远

中华早期文明从遍地开花的『多源』发展，到受中原文化辐射并影响中原文化，再到向中原文化的汇聚，最后走向大统——文献记载：『尧治平阳，舜治蒲坂，禹治安邑……统天下四方。』经过尧、舜、禹『万邦时代』的整合发展，到河南二里头文化时期，中原最早的王朝国家在这一地区诞生，中华文明从此步入了夏、商、周三代王国国家新纪元。

中华文明的原点和析城山

2016年10月8日，我应邀在中北大学做了“中华文明的原点和析城山”的讲座后，10月12日，又应邀到“阳城大讲堂”为山西阳城县委县政府等四大班子和该县副科级以上领导干部做了一场与上同题的学术报告。报告主要阐述了以下几个内容：一、中华文明不是5000年而是8000年；二、中华文明的直根在山西境内的析城山，析城山就是众多史籍记载的古昆仑；三、伏羲是中华文明的始祖。伏羲不是一个具体的人，而是一个绵延了两千年之久的部落或部落首领的名称，是一个特定的时代称谓；四、伏羲8000年前在古昆仑即今天的析城山建起了中国历史上第一座观象台“六峜”，创制了最早的八卦图和“龙”的最初形象，创造了包括“中”“华”在内的首批象形文字。

我去年曾应邀到太原理工大学做过一个讲座，题目是“为什么说五千年文明看山西——中华文明源头在山西的九大文化标识”。我在那个讲座中提到的九大文化标识分别是：

一、襄汾“丁村人”遗址；

二、吉县人祖山与永和乾坤湾的伏羲、女娲遗迹；

三、万荣后土祠和洪洞女娲陵；

四、高平炎帝陵遗址；

五、曲沃桥山黄帝陵遗址；

六、运城盐池；

七、襄汾陶寺遗址、临汾尧陵遗址和尧庙古建遗址；

八、洪洞、垣曲、永济三县的三处历山遗址，永济舜都蒲坂旧址和运城舜帝陵古建；

九、夏县禹王城即夏都安邑遗址和河津禹门口遗址。

关于“三皇五帝”的生活遗迹、遗址在全国很多地方都有，但一个明显的事实是，其他地方的这方面的遗迹、遗址和相关传说，都是孤案，零零碎碎，不成系统，没有逻辑秩序和规律，只有在黄河中下游流域，尤其在山西古河东地域，所有“三皇五帝”的生活遗迹、遗址、典籍记载、相关传说以及习俗都有着时间上的先后顺序和内在的逻辑联系，是一个完整的“古中国”文明体系。其中各个链条上的关系是相互依存、相互支持，缺一而不可的。

这个讲座的具体内容，微信和网上到处都是，我在这里就不多讲了。我今天要讲的是我的一个新发现，即中华文明的原点在我们山西境内的析城山，这个发现实际上是对那个讲座的一个修正、补充和完善。

一

讲这个问题之前，我想先把“中华文明”这个概念的外延诠释一下。“中华”最初的地理范围仅指黄河中下游流域一带，这和我们现在所说的整个神州大地的大中华概念完全不同。“中华文明多元一体”是从后者这个意义上来使用的。它的意思是说，中华文明的起源和发展，有多个源头，多个特征，但是其主体或者称为主干是发源、发展、壮大于黄河中下游流域的汉族黄色文明。这个黄色文明正是狭义的“中华文明”的最初含义。这个讲座的中心思想——“中华文明的原点在山西境内的析城山”正是从这个意义上来说的，它和“中华文明多元一体”并不矛盾。所以，这里的“中华文明的原点”就是指以“三皇五帝”为代表的黄色文明最初产生和滥觞的地方。

众所周知，中华文明5000年的历史是随着襄汾陶寺的考古成果才逐渐被世人所接受的，在此之前，学界只承认中华文明有3600年的历史，其理论依据是，中国确切的年代记载是从西周共和元年即公元前841年算起的，殷商以前的历史只是传说而已，不足为凭。而在20世纪20年代以前，西方更是认为中国文明只有两千年的历史，譬如《剑桥中国史》就是这个观点，他们认为中华民族的文明历程起始于秦始皇统一中国那一年，即公元前221年。这种状况一直持续到1928年，随着河南安阳殷墟的出土，这些西方人在铁的事实面前才不得不低下他们高贵的头颅。这些事实说明了一个问题，那就是我们的很多典籍记载、遗迹遗址和众多的民间传说、风俗礼仪都不是空穴来风，不是无本之木、无源之水。考古暂时证明不了的东西，不能说明它就不存在，只是说明你的考古手段、考古仪器还没有达到足够高的水平。譬如，你知道你祖父，知道你曾祖，但你未必知道你的高祖，更未必知道你的远祖，但是，这能说明你的高祖和远祖就不存在吗？这显然是一个很荒唐的逻辑推论。所以，文化的事情，很多情况下，只能用文化的手段来说明。考古不是万能的，它只是证明文化历史的一个工具而已。

从这个意义上来说，中华文明的历史不是5000年，而是8000年。这个8000年是指从我们的中华民族的始祖伏羲大帝开始的。伏羲不是一个人，而是一个绵延有两千年之久的部落首领群体，也是8000年前至6000年前的这个时代的称谓。伏羲的主要根据地，也就是我们所说的他的都城古昆仑虚，其早期也称作昆仑丘或宛丘。伏羲在昆仑虚完成了中国历史上最早的科技大革命、思想大革命、文化大革命和社会大革命，奠定了中国传统文化之本、之魂、之源——我以为这正是人类由愚昧走向文明的重要标志。阶级和国家的出现只能是文明成熟的标志。我们不能用文明的成熟与否来判定它是不是文明，正如不能用成熟与否来判断一个人是不是人一样。

伏羲的功绩很多，譬如他曾教人们织网捕鱼，驯养牲畜，使人类从原

伏羲创立的丰功伟绩让他毫无争议地位列中华民族“三皇五帝”。图为伏羲像。

始的狩猎状态进入到初级的畜牧业生产；他确定了婚嫁制度，发明了乐器，教会了人们制作和食用熟食，结束了人类身披树叶、茹毛饮血的野性状态；他替人把脉看病，成为中医药学的创始人等等，每一项都是我们这个古老民族具有划时代意义的向前迈进的一步。但是，他最伟大的功绩我认为有三项（当然，这三项在本质上都是龙文化，因此，也可以认为是同一问题的三个不同表述而已）：一是画出了天地双龙图（华润葵语），也就是后世所谓的阴阳八卦图，创制了中国古代文化的神秘符号——八卦。后来的周文王据此进一步完善，并由孔子删定，这就是我们所熟知的百经之首《易经》。中国传统文化可以用四字概括，即三流一源。所谓三流就是儒、释、道三个文化流派，这其中，释，亦即佛教，虽然最初是从印度传过来的，但它在传播过程中已经被中国人彻底改造成中国人自己的东西了，它的核心理念同儒、道两派一样，都是来源于《易经》，都是着重在某一个侧面阐释伏羲八卦图中所包含的“和谐大道”思想。“道”的思想，对中国人的影响，完全可以用沦肌浃髓来形容，譬如，我们现在的日常用语“知道”“不知道”“道理”“道路”等等，都来源于此；二是创立了龙文化。伏羲被中国人称为始祖，更被中国人称为龙祖。我们说，伏羲被我们称为始祖，不是指血缘上，而是指文化上，这个文化就是龙文化。龙文化和八卦思想一脉相承，其核心理念是天人合一的宇宙观、仁者爱人的主体观、阴阳交合的发展观（或叫变易观）和兼容并包的文化观。龙文化可以说就是中国传统文化的高度哲学概括。它对中国人的影响无处不在、无时不在，我们中国人自称是龙的传人，就是一个很好的说明；三是创造出了包括“中”“华”这两个字在内的第一批象形文字。尽管原始的中华和现在的中华，在外延上不完全一样，但它的文化内涵自始至终为我们中国人所熟知和信奉，它就是我们中国人信仰中一面永远不倒的旗帜。几千年以来，我们的国土会被外族侵略者所侵占，我们的同胞有时会被侵略者所欺凌、所蹂躏，但是，只要提起“中华”两个字，无论何时，也无论何地，作为中华儿女的我们就会血脉贲张、斗志昂扬，所有中国人的心霎时就能紧密联系在一起。它打不死，拖不垮，是世界上唯一健在而且还在日益光大的古老文明。

二

那么，伏羲的这个王都，也就是古昆仑在什么地方呢？伏羲又是怎样做出这样伟大的功绩呢？今天，我可以告诉大家，我在经过多次实地考察和对众多文献资料的研究分析后，得出的结论是，伏羲的这个王都很可能就是位于山西阳城和河南济源交界处的析城山。说析城山大家可能还有点懵，但说王屋山总应该是知道的，就是《愚公移山》一文中提到的那个王屋山。王屋山是一个包括很多山脉在内的巨大山系，析城山就是其中靠北、主体在阳城境内的那支山脉。王屋山方圆数百里是大昆仑，《山海经》称“昆仑之虚，方八百里，高万仞”，就说的是整个王屋山区。析城山则是其中的精华——小昆仑，此为正统意义上的昆仑虚。正是在这里，伏羲“剖分天地，析理万物”，成为中华文明滥觞的原点，这里也因此被称为中华民族的“圣山”“神山”。

有人会说，昆仑山不是在西北青海和新疆一带吗？怎么跑到了中原？这里，我有必要给大家做个解释。在先秦文献中，从来没有叫昆仑山的字眼，要么是称为昆仑，要么是被叫作昆仑虚，或者昆仑丘。我们现在所谓的昆仑山的确是在西北青海和新疆一带，但那不是远古时代的昆仑虚，那是古昆仑文化事实上的二次转移。具体情况是这样：汉武帝时期，张骞出使西域回来，路过新疆于阗南山那一带时，发现那里的山体上分布着很多玉石，他就采集了一些，回朝后献给了汉武帝。那个时候，关于古昆仑的原址传说已经是恍惚迷离、模糊不清了，仅《山海经》一书，就说古昆仑在天下有八处，还有人说，天下高山皆可得名昆仑。汉武帝对盛产玉石的于阗南山充满了好奇和憧憬之情，甚至跃跃欲试，想前往那里登高望远，祭拜祖先，但由于种种原因未能成行，于是汉武帝在遗憾之余，欣然赐名于阗南山为昆仑山。这件事，司马迁在《史记·大宛列传》里有记载，原文是这样：

> 汉使穷河源，河源出于阗（今名和田），其山多玉石，采来，天子案古图书，名河所出山曰昆仑云。

其实，我们琢磨一下王屋山这个名字，也可以品出其中蕴含的特殊机理。古代文献记载，“山中有洞，深不可入，洞中如王者之宫，故名曰王屋也”；或曰“山有三重，其状如屋，故名曰王屋也”。还有一种说法是，王屋山就是古代王者居住的地方（华润葵语）。不管怎么说，关于王屋山这个名字的说法都和古代王者有着千丝万缕割不断的联系。

那么，王的含义是什么呢？在原始社会，王就是一个氏族或部落的首领。古人认为，能参通天地人三者谓之王，王可告白天者谓之帝（皇），帝王曰圣，圣逝为神。所以，神话实际上是人类演化初期发生在帝王身上或者和其相关故事的夸大反映。从这个意义上来说，中国创世神话的发源地就应该是远古伏羲大帝的皇都所在地。因为任何神话都不可能是凭空产生的，都有着它的实物原体和原形，只是在这个基础上被夸大被神化了而已。在我国幅员辽阔的神州大地上，创世神话在东西南北中都有出现，但是这些神话大都是零碎的孤案，没有呈集群状态般的分布，我们也很难从中找到这些神话孕育的母体和各个神话之间的内在联系。只有在大西北的昆仑山区和河南与山西交界处的王屋山区，以盘古、女娲和伏羲等为主角的创世神话是呈集群状态分布的，并且千百年来一直在广泛流传。

如前所说，大西北的昆仑山是后人命名的，在那里很难找到那些孕育这些神话的原始物件，其分布也没有内在的逻辑性。相反，在王屋山区，尤其是在析城山，这些远古就存在的实物原体和原形（华润葵先生谓之天然文物）都可以找到。譬如，盘古开天辟地这个故事，它是说，在很早很早以前，天地混沌未分的时候，形状像一个鸡蛋。这个鸡蛋内部，生长着一个名叫盘古的巨人。盘古在其中一日九变，天高一丈，地厚一丈，盘古也就长高一丈。盘古为了挣脱出这个困境，就每天上下挥舞着手中的斧头开凿天和地，经过一万八千年的艰苦努力，盘古挥出最后一斧，把巨蛋劈为两半。盘古头上的那半个巨蛋，化为气体，不断上升变成浩天。脚下的一半，则下沉变为大地。盘古随天地间不断加大的距离变得越来越高大，最后成了中华民族“开天辟地”的英雄。神话中的盘古实则伏羲的化身，其内涵是后人依据古昆仑的特殊环境编造的一则颂扬伏羲创制八卦、开启民智这样丰功伟绩的故事。析城山具备古昆仑这种特殊的环境：它的顶峰圣王坪中间低四周高，恰像半个鸡蛋壳状，它的地面是石灰岩地貌，其底部散布着数不清的漏斗和水洞，千疮百孔，像极了打碎又黏在一起的蛋壳。如果夜晚站在这里向上仰望，那布满点点星星成穹庐状的夜空不也像那上半个打碎又粘在一起的鸡蛋壳吗？而在早晚或阴雨连绵的时候，它给人的感觉则是笼盖四野、茫茫苍苍混沌一体的感觉。人们的这后一种感觉其实恰恰反映的就是昆仑一词的原初本意。我的老家在山西襄汾赵康，距离析城山只有七八十公里，那里有一个土词，发音为guo lun，就是混沌不分的整体意思；而在析城山一带，上了年纪的老人们，至今仍称析城山为囫囵山或guo lun山，我们仔细想想，这个囫囵或guo lun是否就是昆仑的转音呢？

盘古开天辟地后，一是“天地亦物，物有不足”，二是“四极废，九州裂”。于是女娲“炼五色石以补天”，“断鳌足以立四极”，“引绳于絙泥中，举以为人”。这则神话的原体原象遗留在析城山及其周边，也能够轻易找到。台北“中国文化大学”教授金荣华先生曾发表《女娲神话的产地印证》一文，明确指出位于析城山南麓的小沟背地区就是女娲神话的原产地。这个地区有一条长约三公里的河谷，乡人称之为“银河”，其中布满

析城山南麓小沟背地区的一座山上有一处“娃娃崖”，相传为女娲抟土造人处。

了大大小小的“五色石”。这种五色石特别之处在于，在每个大石上还胶结着各色小石，如同镶嵌进去一般，更像是用火炼熔上去的。银河的西边则是成名已久的鳌背山，据说那就是被女娲砍断腿足而静卧在那里的大乌龟。银河的东边有一座四空山，其西南向悬崖峭壁上布满了浅黄色的细砂岩，远远看上去就像是大批泥浆溅上去形成的光身娃娃，乡人称之为“娃娃崖”。这或许就是女娲“引绳于絚泥中，举以为人”的原初物象。另外，在析城山还有捆龙柱、斩龙台等形象石，那该是女娲“杀黑龙以济冀州”的实物基础。

西汉刘安在《淮南子·天文训》中，记述了共工头触不周山的故事：

昔者共工与颛项争为敌，怒而触不周之山，天柱折，地维绝。天倾西北，故日月星辰移焉；地不满东南，故水潦尘埃归焉。

这个不周之山就在析城山西北14公里处，至今仍名之曰不周山——按当地人的理解，不周山就是不周正之山。因当地人“头”“斗”发音相

被称为白虎的不周山

被称为朱雀的凤凰岭

近，所以该山头又被称为斗（头）顶山。

另外，在道教虚构的神仙体系中，著名的吉祥四灵兽——龙鳞凤龟，在王屋山区也有其相应的原始物象，这就是被称为青龙的析城山、被称为白虎的不周山、被称为朱雀的凤凰岭和被称为玄武的鳌背山。

由于王屋山区神话传说众多，也由于河南人意识的超前，早在2006年9月中国民间文艺家协会就授予济源市邵源镇“中国女娲神话”称号和牌匾。2008年8月，中华人民共和国文化部给济源市邵源镇颁发了“国家非物质文化遗产邵源神话群”证书和牌匾。2009年8月，中国大众文化学会又授予济源市邵源镇“中国龙文化研究基地”牌匾。

被称为玄武的鳌背山

被称为青龙的析城山

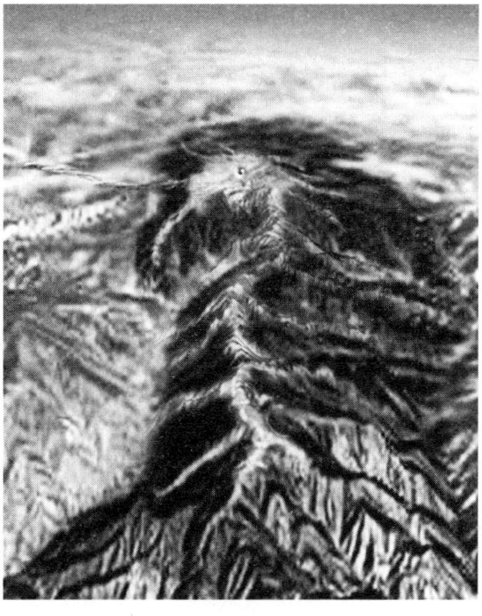

三

说析城山就是古昆仑，当然不仅仅是从神话流传的角度来说的，还因为古代众多典籍对昆仑虚的描述和析城山的地形地貌、生态环境基本相符。譬如，《山海经·海内西经》就有这样一段关于昆仑虚的记载：

> 海内昆仑之虚，在西北，帝之下都。昆仑之虚，方八百里，高万仞。上有木禾，长五寻，大五围。而有九井，以玉为槛。面有九门，门有开明兽守之，百神之所在。在八隅之岩，赤水之际，非仁羿莫能上冈之岩。

文中的“西北”当是指距析城山咫尺之遥的天台山来说的。因为黄帝大败蚩尤之后，对蚩尤部族残余势力进行了大规模的驱杀活动。颛顼帝即位，蚩尤旧部和共工势力又不断反抗，颛顼帝一怒之下就发动了清剿“反革命”的运动，对天地人之间的关系来了一次全面而彻底的整顿，史称“绝地天通”运动。这次运动之后，颛顼把原设在昆仑虚的祭天祭祖道场转移到了天台山，并把“地中”的概念带到了那里。古人对方位的描述一般都是以祭天祭祖道场和“地中”作为参照物的。析城山就处在天台山西北十多公里处，这正好说明了析城山和古昆仑在方位上的高度契合。

“方八百里”：是指大昆仑，即整个王屋山区。

“高万仞”：“万仞”在这里是虚数，极高的意思。析城山高1889.5米，也当得上“高万仞”了。

“有九井，以玉为槛”：九是多的意思；井是指析城山喀斯特地貌下的漏斗，因下雨时雨水直接从这些漏斗流入底层的地下河，乡人因而称之为天井；玉是玉石，是绮丽的白色石灰岩之美称。

“面有九门，门有开明兽守之，百神之所在”，昆仑又被称作宛丘，那是因为析城山山顶圣王坪是一块形似碗状的大型洼地，四面的山体是天然的城墙屏障，每一面都有一个较大的出口，乡人名之曰东门、南门、西门和北门。其中，南门又叫南天门，有专家认为，这个南门应该就是众多中国神话里描绘的那个天庭南天门的原始物象。每个门的左右两侧还有奇形怪状的天然巨石陈列，恰似一头头张牙舞爪的“开明兽”在镇守山门。在20世纪50年代以前，东门、西门和北门之外还分别建有大小不等的山神庙，至今留有斑斑遗迹。另外，在四面的山体上还分布着五个人们不多走的出口，当地居民根据其自身形象特点分别称之为草腰口、风腰口、老坪口、西渠口和箭豁口。析城山这“四门五口”合起来，即所谓“九门”之说。正因为“草木分析曰析，山峰四面如城”这个特点，昆仑虚在后世就被人称为了析城山，“山之得名当以是耳”。

“百神”是说无数的部落首领死后都埋在了昆仑虚。华润葵先生多次前往考察后指出，析城山中南段的大罗岭就是先民百余代部落首领所葬之处，就是“百神之所在”。道教所称三十六洞天中最高一重的大罗天，其名、其意，显然都是源自析城山的大罗岭。

“在八隅之岩，赤水之际，非仁羿莫能上冈之岩。”翻译过来的意思是

析城山圣王坪形似碗状，四面分布有九个出口，即所谓“九门”。图为“九门”之一的箭豁口。

这样：众多天神聚集的地方是在八方山岩之间，赤水的岸边，不具有像夷羿那样本领的人就不能攀上那些山冈岩石。赤水，当指析城山下的盘亭河。盘亭河流经鸡头山下，因该山地表是红色砂岩，每逢下雨，河水尽成红色，乡人也因此称此河为红河。“非仁羿莫能上冈之岩”则说明了析城山的险峻和野兽众多，非勇猛之人不能登也。这实是在神化昆仑虚在众多高山峻岭中的至尊地位，即所谓万山之宗之本意。

《山海经·大荒西经》也有关于昆仑虚另一个方面的记载：

> （昆仑之丘）其下有弱水渊环之，其外有焱火之山，投物辄然。

析城山下有五条小河环流，即盘亭河、南门河（又名紫院河）、秋川河、青萝河（又名石圈河）、桑林河（又名涧河），正是“弱水渊环之”。西南有盘亭列嶂，山丘一片赤色，烈日下炎炎生光，如火欲燃，正是昆仑丘外“焱火山”。

北魏时期的郦道元在其地理名著《水经注·河经》中对昆仑虚是这样描述的：

> 《昆仑记》曰：昆仑之山三级：下曰樊桐，一名板桐；二曰玄圃，一名阆风；上曰层城，一名天庭，是谓太帝之居。

翻译成现代汉语就是说：昆仑之山共有三层，底层是关押恶魔的牢狱，中层是人间大花园，上层是天地神所在的天庭。析城山底部是暗无天日的喀斯特溶洞群，正像是阴森可怕的牢笼。中层，据中国科学院东北地理研究员华润葵先生的研究发现，4000多年至8000年以前，王屋山区一带，属亚热带气候，山上几乎常年是莺歌燕舞，山花烂漫，再加上析城山四周尽为悬崖峭壁，似乎高高悬在空中，这就形成了著名的“昆仑悬圃”景观。至于最上层，也有相应的景观：山顶圣王坪中央有五座矮丘，四周边沿还分布着十二座峰峦，它们共同组成了唐代司马承贞所说的“昆仑五

由不同气候和地质条件形成的析城山奇特景观——“丘上有三丘”。

城十二楼”，隔远遥望，确实有那种“丘上有三丘相重叠”的“层城”“天庭”的幻觉。这个上中下的昆仑三界，后来就成了道、佛等诸多教派“魔”“人”“神”三重天教义的直接源头。

另外，东方朔撰《海内十洲记》所说“昆仑……形似偃盆，下狭上广，故曰昆仑”，刘安撰《淮南子·地形训》所说“昆仑虚以下地，中有增城九重……旁有九井……是其蔬圃”等等，都能在析城山找到与其对应的原始物象。

四

按照古史记载，伏羲部落最初是孕育在甘肃天水成纪一带，仅就天水及其附近而言，有明确古迹、记载和相关传说的伏羲故里就达五六处之多，显然这些都不是空穴来风。因为伏羲不是一个人，而是相传有两千年之久，且在不断迁徙的氏族和部落，所以，这些地方，甚至包括陕西蓝田、四川阆中、河南淮阳、山东菏泽等地都可能是他们曾经生存栖居过的地方，这些地方自称为伏羲故里从道理上讲也能讲得过去。但伏羲最初生活的地方应该是在传说较为密集、遗迹更为集中，且为大家公认的甘肃天水成纪一带。

伏羲所处时代初期，是母系氏族社会，人类还处在蒙昧的狩猎时代。为了维持本部落人的生存，他们不得不成群结队四处出击去捕获猎物。他们对大自然的很多现象不能理解，譬如日出日落、刮风下雨、电闪雷鸣等，于是在他们简单的思维里就产生了一种自然有灵论的拜物教思想，尤其是太阳滋润万物的神奇功能，让他们在冥冥之中对太阳有了一种虔诚的崇拜。他们看到日出东方，就认定东方是天帝生活的乐园，那里也就成为他们向往的目的地。

伏羲部落一开始就生活在黄河和黄河的支流渭河沿岸，对黄河有一种天然的依赖感。他们又沿着黄河向东开始了人类有史以来的第一次大规模的逐日迁徙活动。当然，他们沿着黄河向东走，还有一个特殊原因是，距今1.8万年至8000年或7500年前，是早全新世中晚期、中全新世早期，地球进入了中暖期。中纬度带中低山区冰河开始解冻。其时约相当于裴李岗文化早中期，沟谷平川地带屡发洪水，他们不得不在山崖高地间活动行走。

伏羲部落在这个延续时间可能数百年乃至上千年的迁徙过程中，不断和当地土著居民融合，又不断有人留下，或迁徙到别的地方去，这种不断融合和分化的过程，使得伏羲部落逐渐形成了“大道和谐”思想的最初萌芽。同时，长期的生活实践和游历见闻也在不断地拓宽着他们的视野，开阔着他们的心胸，他们看到黄河、闪电、旋风（龙卷风）和北斗七星等竟然和他们的图腾崇拜——蛇的形状一样，还有天上飞的小鸟，地下跑的野兽，都让他们在内心深处莫名地钦佩，所以，对蛇形物体的神秘感和欲取天下生灵长处为我所用的思想就在他们的头脑中渐渐地产生了——这种经历和感悟为伏羲最终形成“龙”的概念奠定了思想基础。伏羲时代的早期，人们没有时空概念，也没有节令概念，充斥在他们脑海的就是夜伏昼出，就是春暖秋凉，但是一代又一代人的观察、体悟和摸索，最终使他们逐渐掌握了昼夜交替和季节更换的大致规律，逐渐明白了斗转星移和春夏秋冬变化之间的相互关系，这是伏羲最后能够创制出八卦图的根本原因。

伏羲生活的早期，尚处在母系氏族社会向父系氏族社会过渡时期，所以伏羲和孕育了他的母体华胥氏在这个时期的名称还是混用的。他们从天水一带沿黄河向东推进，经过宁夏、陕西、山西，渗透到河南和山东，并和当地以太阳为图腾的太昊部落互相融合形成太昊伏羲部落，又经过艰难跋涉的比较、选择，最后才定居到了具有天然城池保护功能的昆仑虚，也就是现在的析城山。伏羲部落这个英勇悲壮的迁徙过程在黄河沿岸的几乎每一处原始人可以生存的地方，都留下了辉煌的足迹。仅在临汾一带，我们今天可以看到他们当年恍惚背影的地方就有永和的乾坤湾、大宁的芝麻滩、吉县的人祖山，甚至在陕西蓝田一带还有遗留的华胥陵，等等。

伏羲部落定居到昆仑虚的时间，应该是伏羲时代早期稍晚时候，他们那时已经逐渐开始由狩猎时代向畜牧时代转变，并且也在慢慢迈入自在农业时代。所谓自在农业时代，就是完全根据平时的经验积累来进行春种秋收活动。但这种摸着石头过河的种植显然会受到节令规律的惩罚。无常的歉收，会让他们的辛勤劳动付诸东流，所以，明确播种收获节令就成为他们最为迫切的需求。而需求是一切社会活动和科学发明最佳的助力器。伏羲部落在长期的迁徙过程中，已经对季节时令的变换和太阳，以及其他恒星的移动之间相关的规律有了一个最基本的认识，于是，伏羲在进一步研究、总结的基础上，创造了人类历史上第一台简朴的天象观测仪——他们在昆仑虚东侧一排，两两间隔300余米，堆砌了五堆大石头，然后再在圣王坪中央堆砌起另一堆石头，作为观测者的观测点。当太阳、东面某一石堆和观测者三点成一条直线时，就说明那天是其中的某个节令。这五堆石头，从北至南，分别代表着夏至、立夏或立秋、春分或秋分、立春或立冬、冬至八个节令。这个简陋的天象观测仪，后人称之为“六峜”，《管子》一书曾有记载：

> 虙戏作，造六峜以迎阴阳。

虙戏即伏羲也。遗憾的是，由于伏羲所处时代久远，漫漫时光已经消磨掉了原来的天象观测痕迹，以至于历史上的众多的名家大儒都不能对“六峜”做出确切解释。直到2012年，华润葵老先生在析城山山顶发现五处大石堆残留，又调查了解到山中居民关于那几堆石头是用来观察节气的传说，才在阳城县政府的帮助下，逐一进行验证，从而揭开了这个千古之谜。

“六峜授时”也被称作“晨考日出”。这种简单而有效的授时方法，直到周代时还在运用。《管子》一书对此同样有明确的记载：

> 周人之王，循六峜，和阴阳，而天下化之。

太极八卦是公认的中国传统文化精华，但在很多人的印象里，它好像就是有关占星、堪舆、算卦的风水学说，这其实是误解。八卦最早是伏羲用来观象测天指代农时的八个节令符号。我们现在所谓的太极阴阳图其实是伏羲天地双龙图的一种讹传。在远古时期，氏族部落首领除了靠血亲关系维持其至高无上的领导地位外，还要通过两种手段来控制其部属，一是垄断祭告祖先和天地的权利，二是垄断定方正位、授民以时的权利。

伏羲在“造六峜以迎阴阳”的过程中，慢慢意识到他所在的昆仑虚的整体形状和北斗七星的形体有惊人的一致性，都是略带弯曲的蛇形，再根据黄河、闪电和旋风的形状，还有打雷时“轰隆隆”的声音，这样就形成了有形有声的“龙”的概念。与此同时，他得到了燧人氏留下来的“燧皇之图”即北斗七星围绕北天极旋转的一个简单图画。伏羲是一个善于思考、勇于创新的部落群体，经过他们一代又一代的不断观察、不断研究，终于发现，天上的北极圈不像其他星体会陨落消失在地平线以下，而是永驻在天空的中央，“我自岿然不动”。北斗七星呢，不但不会陨落，而且还一直绕着北极圈在不停地旋转。伏羲还发现，北斗七星是在围绕北天极向左旋转，他所处的昆仑虚似乎是在向右旋转，当北斗七星旋转到上中天的位置时，它呈现出昂首或头朝南面东的态势，恰与头朝北面西的昆仑山体呈首尾相交相缠的奇观。就是在这个过程中，伏羲首先形成了“天中”

“地中”和“天龙”“地龙”的观念。“天中”就是天庭的中央，是天帝居住的地方；“地中”就是大地的中央，是人间统治者居住的地方；“天龙”就是北斗七星，“地龙”就是他所在的昆仑虚。关于昆仑虚是“地中”的思想，古籍多有记载，那些神话还因此把昆仑虚描写为盘古开天辟地后支撑天空的中央支柱，说昆仑虚是王者通达上天、联通天地的天梯。

总之，伏羲是把这个奇异的天象图如实画了下来，又参考“燧皇之图”，根据北斗七星移动时天气和时令的变化，在上、下、左、右、左上、左下、右上、右下，分别标注了八个符号予以标记，一幅完整的天地双龙图就此横空出世。这八个符号就是后人所谓的八卦。这幅天地双龙图实质就是被周文王、被孔子、被道家和阴阳家等多次篡改或者叫发展后的太极阴阳八卦图之本源。八卦授时又叫斗柄授时，战国时期的《鹖冠子·环流》是这样记载的：

> 斗柄东指，天下皆春；斗柄南指，天下皆夏；斗柄西指，天下皆秋；斗柄北指，天下皆冬。

由此可见，八卦的最初含义就是指悬挂在天上的星星，指悬挂在天空中的龙图星座。

学界多有人认为，说伏羲是中华民族8000年的肇始者和奠基者没有依据，都是一些子虚乌有的神话传说。这在昆仑虚的本真面目没有显露以前可以这么认为，但在我们把析城山的原始面貌揭示给众人阅读的时候，就不能这么看了。华润葵先生经过十多年对王屋山区和析城山的多方考察研究，又耗时一年多的时间，以天文岁差反演为技术手段，反推一万年以来的古天象，并以中国科学院国家天文台长春人造卫星观测站天象仪反复试验演示验证，最后得出如下几个结论：

一、只有8000年前的北斗天龙才能与昆仑地龙相互推出天地双龙图，即太极阴阳八卦图，因为只有8000年前的北斗天龙才能永驻天空而不陨落于地平面以下。

二、只有8000年前的北斗天龙才能出现“飞龙在天”“群龙无首”“龙尾伏辰”“携日月以指极”等古天象奇观。

三、因为天体运转的时差现象，只有8000年前的北斗星座的指向线与北天极连线之间的夹角即“杓极夹角”才是21°。这个21°是来源于伏羲八卦象数风水文化的一个很神秘的概念。古人在选择帝都或建造宫殿时，多信守这一神秘数字。凡王都、道宫与天极间构成21°角，就表明其系伏羲文化的承统。譬如，周公当年就是在对周围地理环境多方“复卜审视”后，才选择在昆仑虚即析城山南21°的地方营建了洛邑王都；唐代道教上清派茅山宗第十二代宗师司马承祯则选择天台山南偏东21°建造了王屋道教三宫之首的紫微宫。（见华润葵等《中华民族开天史》书稿）

除此之外，大量考古文物的出土也在无言指证着伏羲文化源于8000年前，而且伏羲文化已经从中原辐射到了周围乃至偏远地区，譬如甘肃天水的大地湾文化距今8000~4800年，山东的后李文化距今8200~7800年，河南新郑的裴李岗文化距今8000年。最为重要的是，1987年，河南濮阳西水坡出土了6500年前的蚌塑龙；1994年，考古人员在辽宁省阜新蒙古族自治县查海文化遗址发掘出了距今约8000年的大型石塑龙。该龙体由相等的红褐色砾石堆砌而成，身长19.7米，宽1.8~2米。龙头朝向东南，尾部朝向西北，与聚落居民房址方向一致，这说明龙在当时已具有了神圣的地位和特殊的文化含义。

五

伏羲定居昆仑虚，不仅完成了中华民族历史上的第一次科学大革命、思想大革命和文化大革命，还完成了一次彻底的社会大革命。伏羲部落最早的图腾是蛇，他们沿着黄河向东迁徙的过程就是一个和沿途各氏族部落不断融合的过程，一直到黄河中下游，伏羲部落最后和繁衍生息于东方的最大规模的部落——太昊部落融合以后，伏羲和谐、包容的大道理念和他创制八卦的壮举将他的威望推高到了一个无以复加的地步。于是，“远者来，近者悦”，一个事实上是新的部落联盟诞生了。新的形势催发新的理念，新的部落联盟需要一个新的图腾，需要一个可以表达天下生灵共同愿望的名称。伏羲顺势而为，综采各部落图腾标志，吸纳“天龙”“地龙”的思想精华，最终虚构了“龙”的形象来作为他们新的图腾，并提取伏羲部落和太昊部落的名字给新的部落联盟取名为太昊伏羲。

在此基础上，伏羲创造了“中”“华”等首批象形文字。“中”和“华”这两个字的创造充分体现了伏羲融会贯通的智慧理念、和谐包容的大道思想、吞纳天下的壮阔胸襟和对天地祖先的感恩敬畏之情。

“中”，首先从“原义”来说，是指代伏羲的“地中”思想。在伏羲看来，既然天庭是“天中”，是天帝所居之所，那么这个“地中”就应该是大地的中心，是他这个人间帝王所居之处；其次是指代古昆仑乃天地中央支柱之概念。原始人的概念中，天是圆的，地是方的，而“百神”所居的昆仑虚，正是连接天地的中央天柱。成书于汉代的《河图括地志》就说：

> 昆仑，天中柱也。

《河图括地象》同样说道：

> 昆仑山为柱，其上通天。昆仑者，地之中也。

伏羲作为人间帝王被认为可通过昆仑天柱，将人间情况上达于天，再将上天的指令下达于地。《说文解字》：“中，内也，从口。丨，上下通也。”正是从这个最原始的意义上给出的解释。第三，从“原形”来说，是指代伏羲的帝都昆仑虚。昆仑虚即析城山峰顶圣王坪“四面如城”，其“上有木禾，长五寻，大五围”。一个扁口，中间长着一棵参天大树，正是象形字“中”的原始母体。这棵大树不是一棵普通的大树，而是被后世众多的经史典籍视为生长于天地之中的“建木”。传说建木是沟通天地人神之间桥梁的圣树。伏羲、黄帝等众帝都是通过这一神圣的梯子上下往来于人间天庭的。譬如《吕氏春秋·有始》就说：

白民之南，建木之下，日中无影，呼而无响，盖天地之中也。

《淮南子·墬形训》也有同样的说辞：

建木在都广，众帝所自上下。

所谓“华”，其最初的含义是指孕育了伏羲的华胥氏部落，亦即后人所说的华族。华胥氏不是一个人，而是一个以女性为尊荣、为中心的母系氏族部落或氏族部落首领的名称，可能延续了有十几代，甚或几十几百代代。“胥”是个虚词，相当于现代汉语里的啊、呀等赞叹的意思。“华”和“花”同源、同音、同义，在古代是通假字。“华”的繁体字写法是“華”，这是一个象形字，就是一树鲜花赫赫光华活生生的写照。这个“华”体现的意思有三：其一，赞叹女人像鲜花一样美丽，寓含着女性崇拜；其二，赞叹女人的生育像“花落蒂存，蒂落成果”一样，具有欣欣向荣、生生不息的旺盛的生殖繁衍力量，寓含着生殖崇拜；其三，有祭祀神祖的意思，寓含着祖先崇拜和天地崇拜。“华”和“垂”也是同源、同音、同义，在甲骨文中，“华”的写法像一朵下垂的花儿。《中国字例》就说：“按字原象形，甲骨文‘华’用为祭名”。究其本源就是说，花的生命、人的生命都来自于“祖先”和天地的恩赐，所以人们用华丽下垂的花朵来祭祀祖先和上天，以示感恩之情。直到今天，我们在祭祀先祖的时候，仍是送花圈、佩戴白花，并垂首直立。另外，伏羲所在的昆仑虚，鲜花满地，芳香四溢，后世的屈原在《天问》中就美其名曰“昆仑悬圃”，意为悬在空中的花园。所以，用来指代乱琼碎玉般的锦簇花团的“华”也就成为昆仑虚的另一种意象表征。

《竹书》《尚书》和《河图》等众多古籍都记载，“伏羲造书契以代结绳之政”。20世纪80年代，考古学家在河南省舞阳县贾湖遗址出土了距今8600~7800年的龟甲文字，这个包含“日”“目”“一”“二”等的21字组，和殷墟出土的甲骨文在字形和字体的间架结构上有很多相似、相同之处。更重要的是，根据著名学者王大有先生在《中华源流》一书中的解读，其中几组直接反映的是伏羲时代人们观天测象、创制八卦的活动。

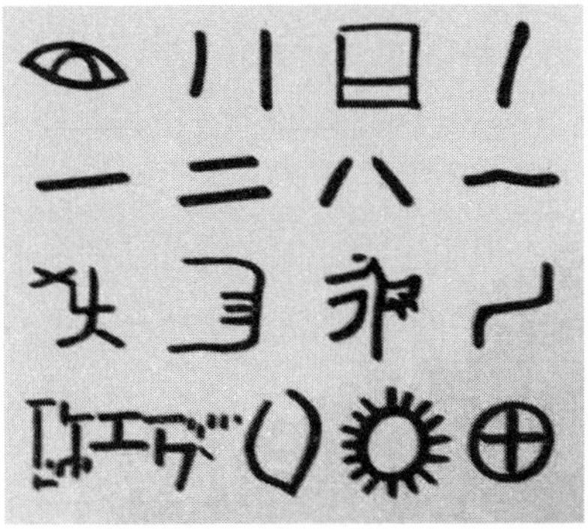

贯湖龟甲文字刻符，上有日、目、一、二、田等字，与殷墟甲骨文在字形上有相似之处。

“中”“华”两字的诞生，直接催发了“中华”概念的诞生，用华润葵先生的说法就是，“中华”是太昊伏羲部落的正宗名称。我们现在虽然不能够找到相关的文史资料直接确证这一点，但位于析城山之北不足五公里的中华山却给了我们无限的想象空间：因为这个布满道教宫殿等古建筑群的中华山，自古以来就在沿用着这个意蕴无限的光辉名称。

布满道教宫殿的析城山之北约五公里处的“中华山”，自古得名。

六

历史的发展总是通过新陈代谢的规律来完成的。伏羲在昆仑虚完成了他的不世伟业以后，慢慢地就衰落下去了，被神农氏炎帝部落取而代之。到近5000年前的时候，从西北过来的黄帝部落又战胜了炎帝部落，取代了炎帝的领袖位置。之后，一直到颛顼时代，虽然领袖的位置在不断地变换，但是昆仑虚的帝都地位始终稳如磐石。如前所述，颛顼帝由于“绝地天通”的政治事件，就把祭天道场转移到昆仑虚东南面的天台山上，他的帝都也随之迁移到别的地方，昆仑虚自此开始淡出世人的视线。到距今4500年的时候，由于气候的变化，昆仑虚已不适合人类居住，至夏朝早期时，这里已经变成了“无人区”，昆仑虚由此变成了历史的盲点。历史的脚步迈到西汉时，昆仑虚更是变成了一个虚无缥缈的神话传说，汉武帝又诗意地把新疆于阗南山赐名为昆仑，昆仑虚的真面目从那一刻开始就被五彩斑斓的虚假云霓给彻底遮蔽住了。

这就是昆仑虚失落的历史过程。

昆仑是个千古之谜。美国民族学家摩尔根说：“昆仑文化曾是世界文化发展的摇篮，解开世界文化发展之谜的金钥匙就埋藏于此，谁能够找到这把金钥匙，谁就能揭开世界文化发展之谜。”

当析城山的远古昆仑风貌今天重新逐渐展现在我们眼前的时候，我想，我们找到的不仅仅是中华文明的煌煌8000年历史，也不仅仅是中华文明滥觞的原点在我们山西，我们找到的更是一把解开世界文化发展之谜的金钥匙，是一种中国文化的自豪和自信。

中华早期文明源流线路图

2017年3月7日，我应邀在山西财经大学马克思主义学院做了题为“中华早期文明源流线路图”的讲座，本文即是这个讲座的底稿。讲座主要阐述了以下几个内容：一、什么是中华早期文明源流“一元论”？“一元论”在过去占据统治地位的历史背景和原因；二、什么是中华早期文明源流“多元一体论”？“多元一体论”产生的历史背景和原因；三、中国七个文化区系各自的发源、发展的文化特征说明了中华早期文明源流是“多元一体”；四、一万年奠基的历史进程说明了中华早期文明源流是“多元一体”；五、中华早期文明源流“多元一体”格局产生的原因。

一

我今天讲座的题目是“中华早期文明源流线路图”。换个说法，其实也就是关于中华文明起源和发展流向的问题。

这个问题，传统的观点是“一元论”，他们认为中华文明起源、发展、壮大于黄河中下游流域一带，在这一过程中，黄河文明向外辐射，同化了所谓的“东夷、西戎、南蛮、北狄”，最后才形成了源源不断的中华文明。

应该说，这一观点在20世纪20年代以前，在中国政界、史学界、文化界和普通民众的心中都占有绝对性的统治地位。黄河文明（又称中原文明）是大家公认的中华正统文明，就连思想开放的孙中山先生在创立同盟会时提出“驱除鞑虏，恢复中华，创立民国，平均地权”的政治纲领，也都充满了浓重的大汉族正统文明的情结。

这其实并不奇怪，因为在神州大地汗牛充栋的各种典籍文献记载中，少数民族的文化和历史是不被黄河文明所承认的，司马迁在《史记·五帝本纪》中就说：

> 三苗在江淮、荆州数为乱，于是舜归而言于帝，请流共工于幽陵，以变北狄；放讙兜于崇山，以变南蛮；迁三苗于三卫，以变西戎；殛鲧于羽山，四罪而天下咸服。

大家知道，“东夷、西戎、南蛮、北狄”是古人对环绕在中原地区的少数民族的蔑称，而司马迁在这里竟然说，这些少数民族的祖先是尧舜二帝从中原流放到这些偏远地区的四个罪人，即鲧、三苗、讙兜和共工。

司马迁这种史识、史观源于他的“五帝”正统论。他的整本《史记》是以黄帝为开头的，把黄帝供作了中华民族的始祖，而且把黄帝之后的四帝即颛顼、帝喾、尧和舜，看作是黄帝的直系后裔，从而形成了影响后世两千多年的以“五帝”为正统，以黄河中下游流域为中华文明唯一发源地的古史文明体系。

当然，这也不能怪司马迁，因为早在司马迁之前的春秋时期，由于种种主客观条件的限制和其他一些特殊的原因，由孔子删定的《尚书》在叙述中原主要部落和其他部落之间的关系时，就把帝尧、虞舜、共工、四岳、皋陶、伯益、大禹，乃至商之始祖契、周之始祖弃等原本属于不同族系的邦君或部落首领安排在了一个朝廷里，组成了天子（君王）与朝臣这样的关系，从而建构了儒家最初的中华古史观体系（《重建中国上古史的探索》，王振中著，云南人民出版社2015年8月第1版，124页）。

孔子是中国的“文圣”，由其删定的《尚书》被列为儒家“五经”之一；司马迁是中国的“史圣”，《史记》被誉为中华民族的信史，鲁迅称之为“史家之绝唱，无韵之离骚”。

孔子和司马迁都是“一言九鼎”的“圣人”，更何况还有统治者对正统话语权用举刺刀的方式的极力维护，所以后人对这样的早期文明脉络自然是不敢不相信，也不得不相信了。

二

这种状况一直持续到20世纪新文化运动以后，才由以顾颉刚、钱玄同等学人为代表的疑古派（亦称古史辨派）打破。疑古派用文献学、逻辑学等方法，梳理考证，严谨推演，推翻了传统所谓的“盘古开天地”“三皇五帝”等概念构成的中国古史系统。顾颉刚提出了著名的“层累地造成的中国古史”的观点。他认为：“时代愈后，传说中的古史期愈长”；“时代愈后，传说中的中心人物愈放愈大”；所谓的“民族出于一统”“地域向来一统”“古史为黄金世界”等根深蒂固的传统观念是经不住历史推敲的（《古史辨自序》，顾颉刚著，商务印书馆2012年12月第1版）。

三皇五帝图

疑古派尤其是顾颉刚本人的古史辨伪工作，对于推翻旧的臆造的古史体系，探求科学的古史系统，推进中国史学的近代化，有着巨大的意义。可以说，从此以后，再也没有人糊里糊涂地把“盘古开天辟地”“女娲抟土造人”等神话传说当作真实的历史讲起，也再没有历史学家们敢随便把“三皇五帝”当作中国的远古信史讲起。

疑古派虽然摧枯拉朽，势不可当，但由于他们只是从文献到文献的考证推演，并没有考古文物的支撑，而且他们对文献记载的上古史是简单地全面予以推翻，所以，他们在新的古史观建树方面乏术可言，无意变成了“中华文明西来论”的敲鼓手。

这个时候，新生的中国考古工作者站了出来。

1926年，从美国学习人类学归来的李济在山西夏县西阴村遗址进行考古发掘，发现有窖穴、灰坑等多处遗迹，以及大量陶片。这是中国考古学者主持发掘的第一处新石器时代文化遗址，也是中国人首次独立主持的田野考古工作。

从那时起，中国考古学不断发展壮大，考古成绩日新月异。尤其在中国早期文明的考古方面，可谓硕果连连。到目前为止，中国考古工作者已经在包括南起海南岛，北到黑龙江，东起山东半岛，西至青藏高原，发现了数以万计的新、旧石器时代文化遗址。

所谓旧石器时代，是考古学上的一个术语，是指以使用打制石器为标志的人类物质文化发展阶段。地质时代属于上新世晚期更新世，从距今约300万年前开始，延续到距今1.2万年左右止。这一时期的特点是，石器主要用石叶制作，有端刮器、雕刻器和钝背刀等；骨角器很发达，出现了鱼叉、骨针、标枪、投矛器等新工具；还出现了装饰品和绘画、雕塑等艺术品。中国的旧石器时代遗址最早被发现是在1920年，是由法国学者桑志华发现的位处泾水上游的甘肃庆阳赵家岔遗址，此后在南北各地又陆续发现了数量众多的旧石器遗存。这些遗存主要分布在华北、东北、华中、华南和西南等区域。

新石器时代是相对于旧石器时代而言，指在考古学上以使用磨制石器为标志的人类物质文化发展阶段。这个时代在地质年代上已进入全新世，继旧石器时代之后，或经过中石器时代的过渡而发展起来，属于石器时代的后期。新石器时代大约从距今一万年左右开始，结束时间从距今5000多年至2000多年不等。一般认为新石器时代有三个基本特征：一是开始制造和使用磨制石器；二是发明了陶器；三是出现了原始农业、畜牧业和手工业。中国的新石器时代遗址最早被发现是在1921年，是由瑞典学者安特生发现的河南渑池县仰韶村遗址，安特生还提出了仰韶文化这一在中国考古学上具有里程碑意义的文化概念。此后近一百年的时间里，在我国又陆续发现、发掘了上万处新石器时代文化遗址。

新旧石器时代文化遗址在全国遍地开花，说明包含现在55个少数民族，以及包含已经在历史上消失的那些民族，如匈奴、鲜卑、契丹等在内的中华民族，其起源是多元、多维的，而不仅仅是只局限于黄河中下游这一带。尤其是一些重要遗址的发掘，让我们从中直接窥视到了中华远古文明满天星斗式的“多元一体”化格局。

1977年，中国现代考古学奠基人之一的夏鼐先生在对神州大地上已经发掘的众多新石器时代遗址考察、梳理后，在《考古》杂志上发表了《碳-14测定年代和中国史前考古学》一文，将中国的新石器时代文化划分为七大区域，实际上首次提出了多元起源的问题。

此后十多年间，石兴邦先生、苏秉琦先生、佟柱臣先生和严文明先生等，也纷纷撰文批驳了中华文明“一元论”的观点，并根据自己的研究将中国史前文化分为若干文化区系。

尽管以上几位先生对中国史前文化区系的划分各有不同，但他们的研究结论在大方向上却是一致的，即都认为中国文明的起源和发展呈现的是“多元一体性”格局。“多元”与“一体”像一根红线贯穿于整个中华文明发展史。

所谓“多元”，是指各民族都有其独立的起源、形成和发展的历史，其文化各具特点，相互区别，呈现出差别性和多样性的特征。“一体”是指中华文明在漫长的历史进程中，各民族文化间相互交往、交流、交融，而形成的相互关联、相互补充、相互依存的关系，体现了中华文明的整体性、共同性和一致性。

由张宏彦先生编著的普通高等教育“十一五”国家级规划教材《中国史前考古学导论》（科学出版社，2011年7月第1版），集以上诸家之大成，并根据中国自然地理环境特征和史前文化的区域性特点，把中国史前文化的分布分为东北区、西北区、华北区、华中区、华南区、西南区和青藏区七个文化区系。这可以看作是当代学人对绵延两千多年来的中华早期文明中原“一元论”观点的终结，同时也是对中国古史体系重建的开始。

三

我现在就根据张宏彦先生这个史前文化区系的划分，讲讲这几个文化区系各自的发展轨迹和特点。

七个文化区系中，青藏区属高寒地区，囿于自然条件的限制，史前文化遗址虽然也有一些发现，但数量相对较少，尚需进一步探索、研究，我这里就不多说了。

我们先来看东北区。东北区包括辽宁、吉林、黑龙江三省和内蒙古自治区东部。这一地区处于中国纬度最高的地区，气候特征是长冬、严寒和湿冷。同其他文化区系不同的是，由于这种气候的制约，直到旧石器时代早期后一阶段，这里才有了人类活动的痕迹。就已经发现的新旧石器时代遗址看，主要分布在这个区南部的辽河流域、辽东半岛，北部的三江平原和松嫩平原等地。

东北区比较著名的文化遗址有兴隆洼文化和红山文化等。

兴隆洼文化因首次发现于内蒙古自治区敖汉旗宝国吐乡兴隆洼村而得名，距今约8000年，经济形态是农耕兼狩猎、采集。总面积3.5万平方米，遗址周围有人工围沟，围沟内有成排平行排列的房屋，房址面积最大的达140平方米。房址均成排分布，这是兴隆洼文化聚落的显著特征，与中原地区仰韶文化早期“姜寨式”的“聚心式分布”存在着空间与时间上的明显差异。另外，该遗址还出土有夹砂陶、深筒直腹罐和钵等典型陶器，并有玉玦、玉斧、玉锛等玉器。

兴隆洼文化中最重要的发现也许是在辽宁查海遗址中发掘出的大型石塑龙。该龙体由相等的红褐色砾石堆砌而成，身长19.7米，宽1.8米~2米。龙头朝向东南，尾部朝向西北，与聚落居民房址方向一致，这说明龙在当时已具有了神圣的地位和特殊的含义。大家知道，龙是中华文明的象征，是黄河伏羲文化的典型代表，我们中华民族向来是以龙的传人自居的。这条发端于8000年前的大型石塑龙是迄今为止在世界范围内发现的最早的龙。我们不能因此说，中国的龙文化起源于远离黄河文明的红山文化，但至少可以说明，中华文明在起源的初级阶段就是以“多元一体”的形式出现的。

源于兴隆洼文化的红山文化距今6000~5000年，主要分布在河北北部、辽宁西部大凌河与西辽河上游。红山文化的社会形态初期处于母系氏族社会的全盛时期，主要社会结构是以女性血缘群体为纽带的部落集团，晚期逐渐向父系氏族过渡。但同一时期的黄河中下游流域早已进入神农时代的父系氏族社会了。这是二者的主要差距之一。

红山文化有两个发现引起了世人的关注：一是女神庙、祭坛和积石冢

牛河梁红山文化遗址，代表了已知中国北方地区史前文化最高水平。图为牛河梁积石冢。

的发现。辽宁喀左县东山嘴遗址和凌源、建平两县交界处的牛河梁红山文化遗址都发现了大型祭坛、女神庙、积石冢和“金字塔”式建筑，而且还有首次在国内发掘发现的女性裸体塑像。这些坛、庙、冢，代表了已知的中国北方地区史前文化的最高水平。二是玉器作为原始宗教祀神器的发现。在原始宗教礼仪中，巫师是玉器的持有者。玉器不是普通意义上的礼器，而是神器的象征。玉在红山文化时期就已经进入了以玉祀神的阶段。

另外，在朝阳田家沟红山文化墓地群4号地点发掘出一件玉质蛇头形耳坠。以黄河文明为基调和写作观的我国古代地理奇书《山海经》当中就有“耳双蛇”的记载，这说明源于兴隆洼文化的红山文化，一直就和中原有着互动往来的密切联系。

我们再来看看西北区的情况。西北区包括六盘山、贺兰山以西的甘肃、青海、西藏、内蒙古西部等省（自治）区，这个区域旧石器时代遗存不是很丰富，但却是中国新石器时代文化遗存最早发现的地方，也是中国新石器时代文化遗存最丰富的地区之一。早在20世纪20年代，来自瑞典的考古学家安特生就发现了马家窑、半山、马厂塬和齐家坪等遗址。20世纪50年代以来，在青海东南部和湟水谷地，甘肃中部的大夏河、洮河流域，甘肃南部的天水谷地和西汉水流域等地，又发现了一大批新石器时代文化遗存。一般认为西北区的文化系统和以晋、陕、豫为中心的华北区文化系统有着纠缠不清的千丝万缕的联系。二者同属于黄河文明系统。

西北区比较重要的是大地湾文化、马家窑文化和齐家文化等。

大地湾文化，主要分布在渭河流域、关中及丹江上游地区，存在于距今约8000年至7000年之间，是我国新石器时代目前发现的最早的遗址。大地湾文化内涵丰富、特征鲜明，这里既是中国先民率先使用彩陶的地方，又是西北最早产生农业文化的地区。因该文化最早发现于甘肃天水市秦安县城东北45公里处的五营乡邵店村东的老官台，故亦称“老官台文化”。

大地湾文化出土的陶器，形式多样，而且多为刻画了各种符号的彩陶，这说明这一地区是中国彩陶的故乡之一，也说明了这一地区有着自己独特的文字起源系统。这正如郭沫若先生所说："彩陶上的那些刻划符号，可以肯定地说是中国文字的起源，或是中国原始文字的孑遗。"（郭沫若《古代文字之辩证的发展》，见《考古》1972年第1期。）

由于大地湾1期文化早于中原仰韶文化的典型代表半坡文化千年以上，两者在文化原貌上又有沿袭承传的密切关系，因而，她上开中原仰韶文化之先河，下启陇右马家窑、齐家文化之滥觞，对探索中华文明的线索和原生面貌，揭示陇右与天水古代文化的考古编年和文化序列，都具有极为重要的价值。

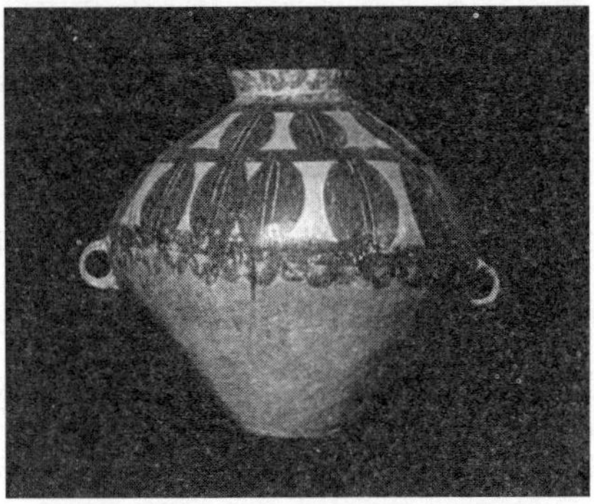

大地湾文化对探索中华文明的线索和原生面貌，具有极为重要的价值。图为大地湾1期出土的彩陶。

马家窑遗址位于甘肃省临洮县洮河西岸的马家窑村麻峪沟口，是安特生在1924年发现的，距今5100~4000年。遗址发掘了大量的上古时代代表华夏文化的彩陶器皿。

齐家文化是以甘肃为中心地区的新石器时代晚期文化，距今在4500~3500年之间。齐家文化出土了800多座规格形制不一的墓葬，这表明，此时私有制已经产生，贫富均等的状态被打破，人类有了贫富差别以及人与人之间社会地位的高下之分。男人在社会上占据了统治地位，出现了阶级和军事民主制。齐家文化一系列遗址后来成为公元前300年左右大夏人活动的中心，因此，齐家文化被看作是大夏文化的前身。

在中国史前文化分布的七大区中，华中区的文化遗存数量仅次于华北区，在整个中华文明的演进过程中，占有很重要的地位。很多专家甚至认为，中华文明就是以发源于黄河中下游和长江中下游文明为主体的多元文明。

华中区主要是指长江中下游地区，北起秦岭—淮河一线，南至南岭—武夷山区，西起巫山和雪峰山，东抵东海沿线。华中区的史前文化遗存适应该地域多森林、多水流的自然环境，旧石器以砾石石器和大型砍砸器、尖状器为特色，旧石器遗存主要分布于长江中下游、陕西的汉水流域、江汉平原、湖南的沅江及澧水流域。华中区气候温润，是新石器时代稻作农业文化分布的主要区域，也是稻作农业的起源地和演化中心。新石器时代遗存主要分布在长江中游的江汉平原和长江下游的杭州湾、太湖流域等地。史前文化遗存主要有江西万年仙人洞遗址和吊桶环遗址、湖南道县的玉蟾岩等遗址，以及蜚声海内外的河姆渡文化、良渚文化、大溪文化、屈家岭文化、石家河文化等。

万年仙人洞和吊桶环遗址的年代距今1.4~1.1万年，出土了200余块陶片，是中国已知最早的陶制品之一。专家鉴定后发现有600余个稻属植硅石的个体夹杂其间，其中有一定数量的野生和栽培形态的植硅石。这是当时世界上发现最早的人工栽培稻标本，刷新了人类最早栽培水稻的历史纪录。这一重大发现为探索中国陶器和稻作农业的起源提供了重要线索。后来，考古学家们又在距今1.48~1.23万年的玉蟾岩遗址先后发现了四粒古稻和一些稻属植硅石，还在这里出土了一些烧制火候很低、质地疏松、外表呈黑褐色的陶片。中华先民栽培水稻和制陶的历史纪录再一次被刷新。

此后，考古学家们又在浙江浦江县的上山文化、湖南省澧县的彭头山文化等遗址中，发现了具有上万年历史的碳化稻谷壳及相关人工栽培稻的痕迹，进一步证明了长江中下游地区是中国，乃至世界稻作农业的起源地和演化中心。

1955年发现的湖北天门石家河遗址早期文化距今4600~4300年。这里最重要的发现是发掘出了一座规模达120万平方米的古城。古城内部，有手工作坊区、居民生活区、祭祀区和墓葬区等。古城周围约八平方公里范围内，紧密环绕着二三十个一般聚落，形成一个具有密切关系的聚落群体。这个群体在石家河文化早期呈现出一派繁荣的气象，是一个势力相当大的部落联盟组织或者邦国联盟。它不仅直接统治着该聚落群体中的各个聚落，而且在一定程度上控制着半径约100公里左右的其他聚落。这表明，石家河聚落群已经有了初步的邦国形态，说明古史记载的“五帝”时期万国林立状态不是空穴之风。

良渚文化距今5300~4000年，因1936年发现于浙江余杭县良渚遗址而得名。良渚文化最重要的成就莫过于在余杭莫角山发掘出来的古城遗址。这座古城面积达290万平方米，还有面积达三万平方米的大型建筑基址。

大家知道，文明初期人类社会形态的进化，是遵循着从一般聚落到中心聚落，再到城邑这种过程。城邑的诞生意味着社会组织从自然村落迈入了等级社会。因为只有高度集中的权力才能够纠合人力，完成这种规模浩大、旷日持久的工程。良渚古城的规模在整个神州大地上，只有山西襄汾的陶寺遗址和陕西神木的石峁遗址可以与之相媲美。由此，也略可看出中华早期文明中黄河文明和长江文明南北对峙的大致格局。

华南区位于中国最南部的南岭和武夷山以南，包括两广、福建、海南和台湾等地区。这里的原始人出现的时间也比较早，20世纪50年代以来，在广东曲江发现了旧石器时代中期的“马坝人”“柳江人”化石，在广西百色盆地发现了数十处旧石器遗址，还在福建三明市发现了距今18.5万年左右的凌峰洞遗址和距今一万年左右的万寿岩船帆洞遗址等。

这个区域发现的新石器时代遗址也比较多，比较出名的遗址有出土了距今1.73~1.59万年陶片的广西桂林庙岩洞穴遗址，有距今5500年左右的台湾台北县的大岔坑遗址，有距今3300年左右的福建闽侯县石山遗址等。这个区域的新石器遗址文化滞后的特征比较明显。这是因为这里水资源丰富，植物种类繁多，且生长茂盛，这些优越的自然环境和充足的食物资源反倒限制了其文化进展的速度——结果是，采集、捕捞经济延续的时间较长，直接延滞了谷物种植经济本来早该出现的时间。因此，洞穴及贝丘遗址多是新石器文化时代的显著特征。贝丘是古代人类居住遗址的一种，以包含大量古代人类食后剩余抛弃的贝壳为特征。

西南区包括四川、重庆、贵州和云南四省、市。这一地区处于青藏高原和东部低山、丘陵、平原之间的过渡地带。区内既有地势低洼的四川盆地，也有突起的云贵高原和横断山脉几大地理单元。西南区气候差异大，

三星堆遗址群为已消逝的古蜀国文明提供了
独特物证。图为三星堆遗址博物馆。

植物资源丰富，石灰岩溶洞发育广泛，因而成为我国重要的古猿化石产区，譬如著名的云南元谋人就产生在这里。旧石器时代多洞穴遗址，主要分布在云贵高原、四川盆地和长江三峡地区。西南区的新石器时代文化遗存，相对于其他文化区而言，发现较少。但在20世纪90年代以来，随着长江三峡大规模的考古调查与发掘，新发现了一些新石器时代中晚期遗存，成都平原也发现了一系列古城遗址。

西南区最重要的文化遗址当属位于四川省广汉市西北的鸭子河南岸，分布面积达1200万平方米的三星堆遗址群。该遗址有5000至3000年历史，是西南区迄今发现的分布范围最大、延续时间最长、文化内涵最为丰富的古城、古国等古蜀文化遗址。这里保存有最完整的东、西、南城墙和月亮湾内城墙。遗址前后共出土陶器、石器、玉器、铜器、金器等文物4000余件，具有鲜明的地方文化特征，自成一个文化体系。三星堆遗址的发现，为已消逝的古蜀国文明提供了独特的物证，把四川地区的文明史向前推进了2000多年。

华北区位于黄河中下游地区，大体包括西起六盘山和陇山，东至渤海和黄海，北起阴山、燕山，南达秦岭淮河一线的广大区域。这个区域是整个中华文明发源、发展、壮大的核心所在地，也是中华早期文明“多元一体”的“体”之所在。文献记载和民间传说中的“三皇五帝”就主要活动在这一带。相比较其他文化区系而言，该区域的史前文化遗址更为丰富，更为密集。文献记载和民间传说中的很多史实在此得到了考古学的验证。本区的史前文化遗存主要分布在桑干河流域、河套平原、北京周口店一带、南部的晋豫陕交界地区、渭水流域、河南中部和冀南豫北等地区。这其中，南部的晋豫陕交界的黄河流域被看作是其核心所在地。

山西人，尤其晋南人，是有理由骄傲和自豪的。4000多万年前，人类文明的第一缕曙光在这里冉冉升起——山西垣曲寨里村文化遗址发现的“世纪曙猿”化石，将人猿进化史向前推进了1000多万年。180万年前，人类文明的第一把火在这里熊熊燃起——山西芮城西侯度文化遗址出土的火烧骨，将人类用火记录向前推演了100多万年。距今110~70万年的陕西蓝田人、距今50~5万年的陕西洛南人、距今50~20万年的北京猿人、距今12~10万年的山西丁村人、距今8~5万年的陕西禹门口人、距今2.7~3.4万年的北京山顶洞人、距今1.3万年左右的山西薛关人、柿子滩人……1.6万年前，中华农耕文明的第一朵花儿在这里徐徐绽放——山西沁水下川遗址出土的石磨盘、锛形器等原始农具，向我们展示了河东（意即黄河之东）先民最早的农作技术……

进入4~1万年前，华北区的新石器时代遗址更是遍地开花，灿如星辰。譬如距今10500~9700年的河北南头庄遗址，这是中国目前发现的最早含有陶器的新石器时代遗存之一；譬如距今8600~7800年的河南省舞阳县贾湖文化——这里出土了中国最早的龟甲文字符号，出土了世界上最早的酿酒坊和世界上最早、保存最完整的乐器——骨笛，改写了世界音乐史，推翻了“中国笛子西来说”和“七声音阶外来说”。

这个区域震惊世界的考古发现比比皆是，譬如距今8200~7800年的后李文化、距今7890~7040年的裴李岗文化、距今7980~7675年的磁山文化、距今7300~6400年的北辛文化、距今7000~6000年的仰韶文化、距今6300~4500年的大汶口文化、距今4900~4000年的龙山文化、距今4500~

3900年的陶寺文化，等等。这其中，后李文化、北辛文化和大汶口文化都处在以泰沂山系为中心，包括山东、豫东、皖北和苏北在内的海岱地区，自成一个独立的文化系统。这个文化事实上就是历史典籍记载的以太昊、少昊为代表的东夷文化。

这是一个紧密衔接的文化大链条，从180万前一直延伸到4000年前，源远流长，没有断档，没有空缺，并最终在4300年左右形成了中华文明的主脉——陶寺王国文化。

陶寺遗址位于今山西襄汾县塔儿山脚下的陶寺乡，整个面积达280万平方米。考古专家经过多年努力，已经初步探明了遗址范围里的宫殿区、王陵区、贵族居住区、祭天及观象台礼制建筑区、手工业作坊区、普通居民区等，这表明了陶寺古城已经完全具备了作为国家的政治、文化、经济中心的都城性质。

陶寺考古队的主要负责人何驽先生说："陶寺早期官僚墓中出土的木立表和中期王墓中出土的圭尺构成了一套完整的圭表测影系统，以圭尺第11刻度1.6尺理论夏至影长，对外宣称陶与寺为'地中'，使得陶寺城址顺理成章地成为'地中之都'，居住在其中的邦国元首自然'王者居中'。中华文明的起源经历了多元一体化的过程，垄断与上天沟通的唯一通道，进而使得陶寺文化所代表的邦国成为'中土之国'，开创了'中国'最初始的意义。"（何驽《陶寺文化：中华文明之"中正"观缘起》，原载2014年11月5日《中国社会科学报》）

文献记载、民间传说和考古发现在这里高度统一起来，"陶寺遗址就是曾经的尧都"成为考古界、史学界和文化界的共识。

考古成果表明，陶寺城址内的早期王族与中期王族墓地处在不同茔域，这说明早中期之间王权的易手，是在两个完全没有血缘关系的王族之间进行的，这一点颇有汉儒竭力赞美与讴歌的尧舜禹"民主禅让"特征。不过历史是无情的，陶寺文化晚期，外来入侵势力的征服使陶寺国灭亡，其国家政权及文明被彻底摧毁，与发展成为中原王国的命运失之交臂（同上）。

四

中华各区域的早期文化从来都不是与外界隔绝的情况下在各自独立的空间内完成的，虽然自身的裂变是其发展的一个主要特点，但碰撞和融合才是中华文明之根本点。这一点我们可以举出张家口史前文化遗址的例子加以说明。在张家口众多文化遗址出土的彩陶中，可以看到仰韶文化庙底沟类型彩陶与红山文化彩陶交错，又与河套原始文化交错，所以这里被考古学家称为“三岔口”，但“其中突出的是北方大凌河流域红山文化彩陶与关中仰韶文化的交错，其特征是庙底沟类型完整的玫瑰花图案，枝、叶、蕾、花瓣俱全，这种图案的分布从华山延伸到张家口，正是一条南北天然通道。红山文化彩陶中特征最明显的是鳞纹，其最早材料见于赤峰西水泉遗址，其演变有头有尾，与庙底沟类型玫瑰花图案演变并行，其向南延伸最远到石家庄、正定一线，与玫瑰花交错是在张家口。”（苏秉琦，《文化与文明——在辽宁“兴城座谈会”上的讲话》，原载《辽海文物学刊》1990年1期）正是这两种文化接触后的结果，“产生了祭坛、女神庙和积石冢，还包括玉龙的出现。龙与玫瑰花结合在一起，产生新的文明火花，年代是距今5500年左右，这是两种不同文化传统撞击产生的文明火花。”（同上）另外，从陶寺、良渚等文化遗址出土的众多的文物中，也可以明显看到各种不同文化形态碰撞、融合的痕迹，这些都说明，中华各区域之间的早期文化从一开始就是在相互交流、相互影响下，各自沿着自身的逻辑在向前发展着。但由于各自文明模式的不同选择，因而导致了不同的发展结果。我们知道，在距今6000年至4300年这一时段，中华大地许多地方都开始了由基本平等的氏族部落社会向不平等的国家社会的过渡。这一阶段，位于北方区域的红山古国走的是通过奢侈铺张的祭祀活动崇尚神权的道路，一切由神的意志来决定；位于中原的仰韶古国走的是崇尚军权、王权的道路；位于江淮区域的凌家滩古国走的是军权、王权和神权并重而突出神权的道路。结果，崇尚军权、王权的仰韶古国，因比较简约并注意社会的持续发展而延续下来了；崇尚神权的红山古国以及虽有军权、王权但突出神权的凌家滩古国，却因社会财富被过度消耗而消失了（郑彤《中国古代文明演进对历史的八点启示》，2017年2月8日《光明日报》）。

中华早期文明从遍地开花的“多源”发展，到受中原文化辐射并影响中原文化，再到向中原文化的汇聚，最后走向大统——文献记载：“尧治平阳，舜治蒲坂，禹治安邑。三都相去各二百余里，俱在冀州，统天下四方。”（《左传·哀公六年疏》）经过尧、舜、禹“万邦时代”的整合发展，到河南二里头文化时期——二里头遗址是夏代晚期都城遗址，中原最早的王朝国家在这一地区诞生，中华文明从此步入了夏、商、周三代王国国家新纪元。相应地，中华文明的核心地带也从今天的晋南地区转到了以洛阳为代表的伊洛地区。

这一过程我借用中国社会科学院考古研究所所长王巍先生的话概括为“10000年奠基、8000年起步、6000年加速、5000年进入、4000年过渡”几个阶段。

10000年奠基，是说距今10000年左右的时候，中国的北方和南方都同时出现了农业种植栽培活动，从而奠定了中华文明滥觞的根基。

到距今8000年时，农业得到初步发展，原始人精神生活有了质的飞跃，先民们已经有了抽象的思想概括能力。譬如，辽宁查海遗址出土的巨型石塑龙，河南舞阳贾湖遗址出土的已具备七声、八声音阶的骨笛和刻在龟甲上的原始文字契形符号。尤其是辽宁查海遗址出土的巨型石塑龙说明中国古代文献中记载的伏羲文化即龙文化已经初步成型，这些都象征着中华民族开启了她最初的文明征程。

距今6000年时，社会已经开始出现分化，社会阶级逐渐形成，出现了大型中心性聚落和规模较大的墓葬。中华文明的进程由此开始了加速度发展。

距今5000年时，大型都邑、宫殿和权贵阶层大墓的出现，表明社会分层和分化加剧，形成金字塔式的社会结构。这可以从辽宁喀左牛河梁遗址的祭坛、积石冢、神庙、玉器，从约5300年前安徽含山凌家滩祭坛和墓地，从浙江良渚古城和山西陶寺大型城址等，得到验证。中国社会开始步入考古学意义上的文明时代——我称之为中华早期文明，而距今8000~5000年的伏羲神农时代，我称之为中华初期文明（详见拙文《中华文明的原点在析城山》，见《析城山》2016年第6期）。

距今4000年左右这个时期，正是文献上记载尧舜禹时代的邦国（一说古国）文明向夏王朝的王国文明过渡时期。长江中下游等区域由于受到洪涝等自然灾害的侵袭，以及气候等环境的变化，农业遭受到严重打击，其文化也随之趋向衰落。该区域的文明进程出现挫折，转而汇聚到以中原地区王朝为中心的文明一体化进程中。

但事情也不是绝对的。当陶寺文明散发出炫目光芒的时候，在今陕西省榆林市神木县高家堡镇洞川沟附近的山梁上——一处黄河支流秃尾河和它的支流洞川沟交汇所在地，一座比陶寺古城面积还大120平方米的城邑也在悄然崛起。

这座中国目前发现的规模最大的史前文化遗址——石峁古城，已经把当代考古学家和史学家搞得晕头转向了。因为，翻遍中国所有的历史典籍资料，竟没有关于它的哪怕一丁点儿只言片语的记载。石峁古城由皇城

相对于石峁古城庞大的遗址面积，考古学家的发掘工作只开始了冰山一角。图为石峁古城遗址。

台、内城和外城三座基本完整并相对独立的石构城址组成，总面积超过400万平方米。从残存的城墙可以看出是依地势蜿蜒而建，石板则是用拌有糯米浆的泥土层层垒砌而成，非常坚固。考古发掘显示，这里的建筑结构复杂、筑造技术先进，显然是吸取了以长江、黄河流域为代表的“土筑传统”和以“面向草原”板块为代表的“石筑传统”建筑技术的精华。在城内，考古工作者发现了玉铲、玉璜等玉器，还发现了阴刻石雕人头像残块、壁画残遗，以及可能用于城墙奠基的人骨等。这些发现又与黄河流域的许多遗址存在共通之处。沈长云先生等认为石峁古城是黄帝部族居邑（沈长云《石峁古城是黄帝部族居邑》，见2013年3月25日《光明日报》），但黄帝族生活的年代在距今5000年左右，而石峁古城遗址的年代则是在距今4300~4000年之间，二者生存年代明显不符。当然，相对于石峁古城庞大的遗址面积，考古学家的发掘工作也只不过是掀开了冰山一角而已。但窥一斑而知全豹，我们从中能感觉到“龙山文化”在传进陕北地区后的流变，更能感受到中国早期文明源流“多元一体”化这个特点。

五

中华文明的起源和发展之所以是“多元一体”，和它相应的封闭的地理环境密切相关，它东边、南边是大海，西南、西边是高山和沙漠；北部是广袤的草原、沙漠和寒冷的西伯利亚沼泽。中华原始祖先向海外迁徙的艰难性决定了中华文明的相对封闭性，但同时也决定了她在这个封闭体系内部互通有无的一体性。

中国是一个多山的国家，山地面积约占全国土地面积的三分之一。众多的山系把中国大地分割成了三级台地。大兴安岭—太行山—巫山—雪峰山这列山系以东是中国三级台地的最低一级，由北向南，分别是东北平原、华北平原和长江中下游平原，海拔多在200米以下。长江以南多为丘陵地区，多数地区海拔不足500米。在这列山系以西，是中国的二级台地，由寥廓的高原和盆地组成，从北到南，依次是内蒙古高原、鄂尔多斯高原、黄土高原和云贵高原，海拔在1000~2000米不等。此外，就是海拔1000~500米不等的塔里木盆地、准噶尔盆地和海拔大部分在500米以下的四川盆地。再一个就是位于四川省西部和云南省北部的横断山系，它和南部的喜马拉雅山、北边的昆仑山、祁连山，一起托起了平均海拔在4500米以上的中国一级台地青藏高原。这种由西向东下降的台阶地势决定了中国大河大流的基本走势是东西流向，譬如中国最长的两条河流——长江和黄河就都发源于青藏高原，都是由西向东蜿蜒奔波，最后归入大海。

中国大河这种东西流向，一方面使得东西文化的交流显得异常便利，另一方面却也在无形之中阻碍了南北文化的互动沟通。中国历史上，大河大江就经常成为割据政权所凭借的防御天险，以至于还出现了“划江而治”这样妇孺皆知的成语。

中国东西走向的山系主要有三列，这三列山系成为中国经济类型分区的分界线。最北边的这列山系是天山—阴山，其北是中温带。秦岭及其以东的淮河，构成中国大陆最重要的一条自然地理分界线，它的北边是北温带，它的南边，南岭以北为亚热带，南岭以南为热带。由于各区域自然环境条件不同，导致不同地域的人采用不同的方式进行谋生，这就逐渐形成了不同的地域经济文化、不同的民族文明特征。从北至南大体可分为北方草原地带渔猎采集文化区、黄河流域粟作农业文化区、长江流域稻作农业文化区和华南渔捞采集文化区。

中国当代的文化经济重心无疑是被称作第一台地的长江中下游流域。但在远古时期，作为第二台地的黄河中下游流域才是中国经济文化发展的中心地带。其中，黄土高原是重中之重。这是因为，在远古时期，洪水泛滥，大河大江经常决堤、改道，由此引发的包括各种疾病在内的一系列问题时刻在威胁着原始人类的生存和发展，处于地势低洼的第一台地显然很难成为原始人类的第一选择。相反，那个时代的黄土高原，天然植被丰富，气候比今天湿润，降水量也比现在高许多。黄土地疏松的土质也比较利于原始人类耕种，还有黄河、汾河、渭河等比较发达的水系，都有助于他们开展稳定的种植等农业生产活动。

另外，黄河中游这一带，地处南北东西要冲，交通四通八达，这就使得生活在这里的原始人可以很方便地借鉴、吸纳各地的文明成果，从而使得黄河文明在和各地区的文明比较中处于领先和核心的地位。

事实上，“中华”“华夏”“中国”这些词最初就都诞生在这一带，它们和传说中活动在这一带的华胥氏、华族、夏族，以及位居其中的“华胥之洲”、中条山、华山、中华山等都有着密不可分的千丝万缕的联系。

囿于纵横交错的众多山系、水系等特殊地理环境因素的制约，中华早期文明虽然是遍地开花的“多源文明”，但其汇聚的中心却是中原地区的黄河文明。从考古出土的文物看，中原文化遗存不但从纵向上保持了对先祖文化的传承和发扬，在横向上也对周边的文化有吸取和借鉴，真正是集万家所长为我所独有。这也从另一个侧面体现了中国史前文明“多元一体”格局的特征。

中华早期文明源流线路的这些特点，我用四句话来概括一下，那就是：

多源发展，遍地开花；
汇聚辐射，中原华夏；
多元一体，祖先宗法；
源远流长，谁敢比夸？

女娲的前生今世和大宁芝麻滩

2016年9月16-17日，我应大宁县三晋文化研究会张九锁会长和李玉山副会长的盛情相邀，协同高建录、杨志刚等襄汾县三晋文化研究会一行十人，到大宁进行了为期两天的“黄河仙子传说”考察。该文是我在这次交流座谈会上的发言纪要。本次发表做了一些适当的修补和完善工作。本文主要阐述了以下几个问题：一、女娲“补天”就是“补男”，目的是造人；二、历史上的女娲分属于两个不同时代，前女娲和后女娲——我姑且这么称呼她们吧，二者不是一回事。前女娲代表的是伏羲之前的母系氏族社会，是母系氏族社会中无数个氏族部落首领的统称或代号；后女娲是和伏羲同时代，且又延续了很长时间的一个部落名称；三、芝麻滩对面的“上天台”非常有可能就是古人崇天崇高观念演变形成的其中一个环节——无数个这样环节形成的链条的终端，就是可以上达天庭的伏羲王都昆仑虚即阳城析城山。

一

谈大宁的黄河仙子传说之前，我想先谈谈女娲的前生今世。

女娲在中国古史上是一个绕不开的话题。在为大多数人所认可的《春秋运斗枢》关于“三皇五帝”的“三皇”排序中，女娲排老二，位居伏羲之后，神农之前。这就是后世所谓的“天皇、地皇、人皇”。女娲世所公认的最大历史功绩就是“抟土造人”和“炼石补天”，另外，民间还把她看作是媒神——这大概是来源于她和伏羲兄妹成婚的传说。关于女娲的生活时代，梳理相关文献，我却发现，她分别出现在两个截然不同的时代。先秦文献中，她大都是以独立面目出现的，她的“补天造人”也是独立完成的，这里就没有伏羲的什么事儿，也不见他的踪影，譬如，在最早见她名字的《天问》中，屈原就对天发问：女娲的身体，是谁做成的呢？按常人的理解，这话问得有点不可理喻，女娲的身体当然是她爸她妈制造的。那么问题又来了，她爸她妈又是谁呢？东汉文学家王逸《注》是这样解释的：传言女娲是人头蛇身，一天七十而化万物，这样的身体，谁又能制造呢？

后来许慎在《说文》中进一步解释说，女娲是古之圣女，化生万物者也。过了100年后，应劭在《风俗演义》中做了更为具体的解释：天地最初开辟的时候，还没有人类，女娲就抟黄土造人，但这么做太劳累了，于是，女娲就用了省事的办法，把绳子沉于泥中，然后再甩出去，那些溅在地上的泥点点就变成了人。世上富贵聪明的人呢，是女娲亲手抟黄土造的；世上贫贱平庸的人，则是女娲用绳子甩在地下变的。

从这些似是而非的点滴记载中，不难看出女娲“抟土造人”背后所蕴含的真实文明密码。女娲实际是母系氏族社会，也就是旧石器时代晚期的一个表征语。她是无数个母系氏族社会部落或部落首领的一个共称，她生活的年代至少应该在一万年以前。那个时候，刚开始蹒跚学步的人类遭受了一次天降陨石、火山喷发和洪水泛滥这样巨大的自然灾害。西汉皇族淮南王刘安主持撰写的《淮南子·揽冥训》用神话的形式记述了我们的祖先在遭遇了这种灾害时，女娲采用“炼五色石以补天”的办法为繁衍黄色人种所做出的巨大贡献：

远古时，四根天柱倾折，大地陷裂；天有所损毁，不能全部覆盖万物，地有所陷坏，不能完全承载万物；烈火燃烧并且不灭，洪水浩大，汪洋泛滥并且不消退；猛兽吞食善良的人民，凶猛的禽鸟用爪抓取年老弱小的人吃掉。于是女娲炼出五色石来补青天。她斩断大龟的四脚把它们作为四根支天梁柱竖立起来，杀死水怪黑龙来拯救翼州，累积芦苇的灰烬来抵御过量的洪水。苍天得以修补，四个天柱得以扶正直立；过多的洪水消除了，翼州太平了；狡诈的恶虫恶禽猛兽死去，善良的人民百姓生存下来了。女娲背靠大地、怀抱青天，让春天温暖，夏天炽热，秋天肃杀，冬天寒冷。她头枕着方尺、身躺着准绳，当阴阳之气阻塞不通时，便予以疏理贯通；当逆气伤物危害百姓积聚财物时，便禁止消除。到这个时候，天清平地安定，人们睡时无忧无虑，醒时弃智无谋；或以为牛，或以为马，随人呼召；行动舒缓沉稳，走路漫无目的，视物若明若暗；朣朦无知，天真幼稚，与天道万物和谐。谁也不知产生缘由，随意闲荡不知所归，不求所需，飘忽不定没有目标。野兽毒蛇也全都收敛藏匿爪牙、毒刺，再没有了捕捉吞食的欲念。

刘安最后评价说，考察女娲的丰功伟绩，上可以通九天，下可以契合到黄泉下的垆土上，名声流传后世，光晖熏炙万物。

对这则神话，传统的解释是这样：女娲“炼五色石以补天”，是说女娲用五色石修补坍塌的窑洞顶部，因为古人以头顶三尺为“天”；“断鳌足以立四极”，是说女娲面对人类所赖以栖身生息的山窟洞穴遭受到地震坍塌后，从鳌足以立身体的现象得到启发，遂用树木立四柱以搭建茅棚来遮风避雨；“积芦灰以止淫水”，是指女娲氏利用森林火灾产生的灰烬、焦土，填塞沟壑，堵止污浊的洪水肆虐泛滥。

这样的解释当然无可厚非，但似乎总感觉缺了点什么东西。

我们知道，石头在古代是与人类的生殖繁衍联系在一起的，譬如，传说中的尧母庆都因石而生，禹和启父子两人也是生于石头，还有《西游记》中的孙悟空也是从石头缝里蹦出来的。所以，这里五色石的真正含义应该是生殖的隐喻与象征，只有用石头才能补缺缝漏、还原本初天地的功能与特性，造就人类的繁衍。（《中国古代神话文化寻踪》，闫德亮著，人民出版社2011年10月第1版）

鳌是传说中的巨大海龟或大鳖。大海龟或大鳖，一是繁殖能力很强。海龟一次产卵大约在百十个左右，鳖一次产卵虽然只有10个左右，但它一年却可以三四次地产卵；二是生命力旺盛，寿命长。俗话说的“千年王八万年龟”，就是这个道理。这里的王八就是鳖。所以，“断鳌足以立四极”也是古人生殖崇拜的另一种意向表征。

女娲用芦灰止淫水，芦是什么东西呢？一说芦就是芦苇。在女娲时代的黄河两岸，芦苇是一种常见的植物，因其具有实用价值，并且形状和男性生殖器颇有相似之处而受到先民崇拜。另一说芦是葫芦。葫芦在远古被认为是一种神秘力量的物件，其形状酷似怀孕的女人，因而被赋予生殖的意义。葫芦之灰，或芦灰就成了原始人祭祀天地巫术礼仪中的主要东西了。所以，我觉得从这个意义上来说，芦灰和淫水就是明指男女交合中的相关物事。

女娲“炼石补天”“抟土造人”，从字面理解会显得十分荒唐。如果从上边所分析的生殖崇拜角度看，把天理解为男人，即“补男造人”，那么女娲“补天造人”似乎就显得更为合情合理了。

在中国传统文化中，男为天女为地，男是阳女是阴，天地交合，阴阳互配，乃是万世不变之法则。在“三皇五帝”排序中，女娲代表着母系氏族社会，伏羲代表的是父系氏族社会，按人类发展逻辑，女娲该是天皇，但在后世的男权社会里，为了突出男性的强大和尊严，她一下就被降到了地皇“老二”的位置，伏羲变成“皇天”，她变成了“后土”。

女娲所生活的那个时代，科学技术几乎为零，生产力水平极为低下，了无一物可以防身的人类，面临的危险不仅仅是狂风暴雨、天塌地陷等自然灾害，还有虎豹狼蛇等诸多动物野兽的袭击，很显然，人手的多少就是其生存和发展的决定因素，所以，人们为了生存这个唯一的目标，繁衍人类就成为他们最重要的任务。这也是母系氏族社会里，女性受人尊重和推崇，女性地位远远高于男性地位的关键原因之一。

人类历史发展的长河里，有一个普遍的现象是，在每一次巨大的自然灾害过后，受灾的男性总是在很长的一段时间内，无法正常维持其生育水平。科学家们解释说，这是由于惊吓过度造成了当事人的萎靡不振、精神恍惚，从而直接影响了精子的成活率。女娲时代，人类遭遇到那种千年不遇的“天塌地陷”大灾害，对数量本来就稀少的人类来说，是一次毁灭性的打击，所以繁衍人类的任务就显得更为迫切，更为重要。尤其是那个时候还处于群婚制的蒙昧时代，男女之间可以自由性爱，可想而知，一个具有强大繁殖力的男性该是有多么重要！所以，滋补男人以造人，便是天经地义的了。补男，方可造人。补男造人，也就顺理成章了。

事实上，生殖崇拜在女娲所代表的母系氏族社会，乃至在伏羲所代表的父系氏族社会里是自始至终、一以贯之的。

首先，女娲的名字就是生殖崇拜的最好说明。《说文解字》云：

> 娲，古之圣女，化万物者也。

娲，指水神，其原型其实就是蛙。蛙是一种繁殖力超强的水中动物，而且其形状也和女人的生殖器官颇为相像，所以在母系氏族社会里，作为生育神的各氏族部落的首领或酋长就被视作了蛙神。蛙也顺理成章地成为众多女娲部落的图腾。

其次，女娲“人首蛇身”的形象也寓涵着生殖崇拜。“人首蛇身”是汉代以来女娲的标准形象。譬如在河南南阳发现的汉代砖画像，在山东嘉祥武氏祠发现的汉代石刻画像，在四川新津宝字山发现的汉代石棺画像，等等，女娲都是以这种“人首蛇身”形象出现的。蛇是一种生殖力旺盛、生命力顽强的软体性动物，它能长能短，能伸能缩，能硬能软，它死而不僵，僵而不死。它代表着生殖力，代表着生命力，代表着战斗力。蛇本身的形象和它的这种特殊性能恰类似于男性的生殖器，它因而成为原始社会后期即父系氏族社会里众多部落的图腾——伏羲部落前期的图腾就是蛇，甚至最后成为中华民族龙图腾的前身。女娲“人首蛇身”形象就是“男女交合、繁衍生殖”的象征性意向，但这种意向还比较含蓄，而在大家颇为熟悉的全国各地层出不穷的伏羲女娲交尾图上，这一意向的表达就是赤裸裸的了。这个大家都比较熟悉，我就不多说了。

二

女娲完成她的历史使命之后，按说她应该走下舞台了，但是，在人类社会由母系氏族社会向父系氏族社会的过渡中，她伴随着伏羲登上历史舞台，又一次作为最重要的配角跳起了属于她自己的舞蹈。

伏羲和女娲双双出现，最早见于长沙出土的战国时期的子弹库帛书乙篇：创世之初，天地混沌，暗昧无日，风大雨多；伏羲娶女娲生了四个孩子，协助禹和契治理洪水；四个孩子到四海，一边支撑蓝天，一边为山川命名；黑暗中用步履计算时间，确定四季……最终完成了创世的工作。

这里令人困惑不解的是，伏羲和女娲的四个孩子竟然能穿越时空，从八九千年前一下蹦到4000多年前，协助禹和契治理洪水。唯一说得通的解释只能是，伏羲和女娲的这四个孩子，是伏羲和女娲的后裔部落。需要提醒的是，这里出现的伏羲和女娲，是单纯以夫妻面目出现的。

到西晋初年，皇甫谧在《帝王世纪》有了新的发现：

> 女娲氏亦风姓也；承庖牺制度，亦蛇身人面，一号女希。

在《路史后纪》二注引《风俗通》中，“女娲”又摇身一变，成了“伏希（羲）之妹。”

唐代李冗的《独异志》记载：

> 昔宇宙初开之时，有女娲兄妹二人，在昆仑山，而天下未有人民。议以为夫妻，又自羞耻。兄即与其妹上昆仑山，起咒曰：“天若遣我二人为夫妻，而烟悉合；若不，使烟散。”於烟即合。其妹即来就兄，乃结草为扇，以障其面。

除过这些片言只语的文献记载，全国各地还出土了数不清的关于女娲和伏羲画像的石画、壁画、帛画和画像砖等，这其中有的是单体出现，有的是以二人尾部交缠的形式出现，这说明伏羲和女娲有着割不断的千丝万缕的联系。

与此同时，还有《庄子·应帝王篇》的另一种不同说法：

……自伏羲以前，《五经》不载，书文不达……伏羲没后，而有女娲。女娲没后，而有神农。

顾颉刚先生在《古史辨自序》中引道教经典《玄经原旨发挥》，也证实了这一说法：太昊在位116年，传女娲至无淮通15代，历1307年，而后地皇神农氏作。

结合明朝吴国伦在其《春秋世谱》中的说法："华胥生男子为伏羲，生女子为女娲，故世言女娲伏羲之妹"，我们可以推测出其中蕴含的重要文化信息是，伏羲和女娲都是孕育于华胥氏的两个重要部落，在伏羲氏部落逐渐衰落以后，女娲氏部落崛起承继"伏羲制度"而为王天下。

由此，女娲的真实面目大白于天下：现实中的女娲分属于两个不同时代，前女娲和后女娲——我姑且这么称呼她们吧，二者不是一回事。一、前女娲代表的是伏羲之前的母系氏族社会，是母系氏族社会中无数个氏族部落首领的统称或代号；二、后女娲是和伏羲同时代，且又延续了很长时间的一个部落名称。

三

关于女娲"补天造人"的神话故事，在全国东西南北中各地都有相应的传说，但比较集中于黄河两岸的吕梁太行山脉，这和旧时代晚期遗址在全国的区域分布图高度一致，说明女娲的确不是一个个体的人，而是一个或两个特定时代活动在神州大地上无数原始部落或其首领的统称。

大宁的黄河仙子传说再一次印证了典籍记载的女娲“补天造人”不是无中生有，而是有着其源远流长的历史根据的。这个传说特异之处在于，女娲造人不再是一个人所为，而是有了帮手——她的三女儿黄河仙子，另外还有大地儿子黄山的参与。我个人觉得，这里暗示的信息是，远古时期女娲造人，是当时幸存人类集体完成的，但女人在其中起着关键作用。

黄河仙子传说还有一个特殊之处是说，为了让人类过上幸福稳定的生活，黄河仙子借助神力，三变老妇，帮助大禹治理了多年的水患，还帮助李冰的儿子锁住了为祸黄河、残害人类的孽龙。这个情节暗合了我上边提到的战国时期的子弹库帛书乙篇关于伏羲娶女娲生了四个孩子，协助禹和契治理洪水的说法。这种暗合不能认为是一种巧合，文献记载和民间传说都有相似的说法，只能证明女娲氏是一个延续了很长时间的部落或部落联盟。

女娲和黄河仙子造人的地方就在大宁县昕水河和黄河交汇处不远的昕水河边的芝麻滩上。这个芝麻滩是山西省文物局公布的第三批省保旧石器时代晚期文化遗址。据山西省文物局的公告，这里的文化层面积约1500平方米，距地表深度0.3米~10米，位于昕水河二级阶地的底部。该遗址暴露的主要遗物，以粗壮石器和细小石器为代表，前者采自砾石层，后者采自阶地顶面。共采集标本有石核、石片、刮削器、砍斫器等47件。

考古学上，旧石器时代晚期文化是指一万两千年前左右至四五万年前的原始社会时期。这个阶段，尤其是后期，正是中国历史上传说的女娲时代。黄河仙子的神话传说恰恰暗合了考古学对芝麻滩文化遗址的解释，说明女娲及其部族曾在这一带有过长时间的生活。

芝麻滩地处昕水河下游流域，三面环山，正西面水，滩涂东北面有一条狭长的女娲沟，沟口的山壁上还有上万年以来一直流动不辍的、当地人称为母乳泉的泉水。显然，母乳泉解决了这群原始人饮水的问题；昕水河自东往西，弯弯曲曲流经九龙啸、白马啸、笊篱笓等水流湍急的峡谷，流到芝麻滩的时候，洪水已经没有了兴灾的能力，加上河面宽阔，地势平缓，水流流经这里时就安静缓慢了许多。这样的环境解决了原始人居住的安全问题；黄河发大水回潮时，又能把大量的鱼、虾等水中生物冲到滩涂上，原始人坐享其成，这又解决了这群原始人的饥饱问题，真可谓一举几得。另外，宽阔的地面和三面环山的地理环境还最大限度地保证了原始人可以免遭野兽的侵袭，平时还可以上山打猎、下河捕鱼——这种理想的居住环境很类似于古籍里描写的伏羲王都昆仑虚那种中间低、四周高的宛丘形状。我想，远古时期伏羲女娲部族从甘肃天水一带沿黄河往下，最后辗转定都到距此不过100多公里的昆仑虚即今天的阳城析城山（见拙文《中华文明的原点和析城山》），这个芝麻滩的特殊地理环境应该是给了他们一些启示的。

芝麻滩隔河对面，有一个突兀而起的山峰，居高临下，直刺苍天，（大宁县三晋文化研究会）张九所会长说，当地人称之为上天台。峰顶传说是伏羲和女娲的祭天祭祖之处。尽管县志和各种典籍中都见不到相关的记载，但我反复观察后觉得，这可能正是女娲、伏羲时代人们崇天观念的一种原始文化口传遗留。在那个时代，人们对风雨雷电、春夏秋冬等自然现象不能理解，就认为这一切都是由冥冥中的上天意志主宰的，因而在潜意识中滋生出了超自然的天神观念。天高地远，山越高就离天越近，人们因崇拜天就又产生了“崇高”的观念，“上天台”——如果不是后世故意人为的名称，那它就是上万年前女娲时代留下的一个原汁原味的“天体文物”。无数的女娲和伏羲们正是从芝麻滩越河攀登到上天台峰顶上，去祭拜天地——他们不仅仅是他们部落氏族的首领，他们还是垄断天地祭拜的“巫”和“觋”，他们领受着上天的意志，下达于民，自己因而就成了部族所崇拜的“半人半神”的神明人物。黄河是举世公认的中华民族的母亲河，黄河流域孕育了源远流长的中华文明。按照伏羲和女娲是从甘肃天水一带沿黄河往东迁徙的这一传说来看，芝麻滩和“上天台”应该是他们漫长迁徙过程的一个节点，类似的还有环绕在附近的高天山、云丘山、人祖山等。人祖山原来叫风山，古籍记载伏羲女娲均是风姓，人祖山一带的老百姓传言，人祖山就是伏羲女娲的故里。我觉得人祖山也应该是伏羲女娲沿黄河东迁的一个据点，只是由于这里适宜远古人类生存，他们在这里停留的时间比较长而已。“上天台”非常有可能就是其崇天崇高观念演变形成的其中一个环节——无数个这样环节形成的链条的终端，就是可以上达天庭的伏羲王都昆仑虚即今天的阳城析城山。昆仑虚又被称作是昆仑、昆仑丘、宛丘等，是众多典籍记载的“众神所在”的“帝下之都”和天地之间的中央支柱。古人认为只有昆仑虚才是连接天地人神之间的唯一天梯。大约4500年前，“三皇五帝”之一的颛顼帝实施“绝地天通”运动，隔绝神人天地之间的交流，也应看作是这种观念流变的产物。

芝麻滩能成为原始人曾经生存的一个据点不是孤立的，更不是偶然的现象。试想想芝麻滩南北两侧分别相隔只有几十里的永和乾坤湾和吉县人祖山关于伏羲女娲的传说，以及附近柿子滩旧石器时代文化遗址的发掘，还有环绕在方圆百十公里以内的洪洞娲皇陵、万荣后土祠和阳城析城山上伏羲建造的“六峑”遗迹等，我们就不难想明白其中的道理了。

黄河仙子的传说，内涵丰富，意蕴无限，芝麻滩和上天台作为无数个女娲和伏羲们活动过的地方，也有着非凡的历史意义和现实意义，如果我们今天能把二者有机地结合起来进行适度开发，那对大宁的旅游文化，对中华文明寻根探源，对中华民族认祖归宗，都将起到不可估量的影响和作用。

据我所知，大宁目前还是山西省最贫困的县份之一，大宁县2015年的财政总收入5602万元，是相邻的另一个贫困县永和财政总收入百分之五十多一点，还不及发达县市财政总收入的十分之一。

大宁贫穷是不假，但大宁拥有中国大地上目前最稀缺的白云、青山和绿水，拥有中国人最看重的质朴、憨厚和善良，拥有文化意蕴深厚的二郎山、芝麻滩、上天台和黄河仙子祠，还拥有名声在外的香甜可口的大宁西瓜、汁多味美的大宁鲜桃，等等，我相信，只要上下同心，抓好打对文化牌，旅游措施得力，大宁美好的明天指日可待！

附：

黄河仙子传奇

远古时候，盘古开天地，混沌初分。后来，地球上有了森林，江河，有了各类动物、植物，有了人类。玉皇大帝垂怜刚发展起来的人类，赐予人类无穷尽的粮食，但人类却不珍惜，滥加糟践浪费粮食。玉帝震怒，降旨人间大旱三年，颗粒无收。三年后，领旨为人类降雨的龙王偏又喝醉了酒，贻误了下雨，情急之下，竟连续下了七七四十九天大雨，人间便有了这场灭顶之灾，地上的洪水淹死了所有人类，唯独北屈（今大宁县）地界风姓财主家的儿女伏羲和女娲在一对石雕“怪兽”的帮助下逃过了这场劫难。

为了繁衍人类，拯救世界，伏羲和女娲在“怪兽”和月老的撮合劝导下，结合成婚，开始一代一代繁衍人类。偶然有一次，女娲捏的泥人成了真人，这便加快了人类发展的进程。

玉帝、王母身边有一仙女，生得如花朵一般，很受宠爱。但她不甘天庭的寂寞生活，央求玉帝、王母让她到人间去帮助人类干一番事业。玉帝答应了她的请求，王母送给她一块晶丝帕。于是仙女便降生凡间，成了伏羲与女娲的第三个女儿。这位仙女和大地之子黄山在芝麻滩帮母亲捏泥人，在人祖山帮父亲研究社会创作了八卦图，并和人类一起生活、劳作，教人们用火烧烤食物，结网捕获猎物；建设房屋，改造工具，驯养猎物，制作乐器。勤劳懂事的仙女受到伏羲、女娲的疼爱和黄河人民的拥护，大家都称她是“黄河仙子”。

历史一直发展着。为了人类过上幸福稳定的生活，依然生活在人间的黄河仙子借助神力，三变老妇，帮助大禹治理了多年的水患；请二郎神担山压住了黄毛怪的八个大火球；帮助李冰的儿子二郎锁住了为祸黄河、残害人类的孽龙。

黄河仙子为人类积下了大功德，创造出了一个安居乐业的清平世界，玉帝便召她回天庭做了御花园的主管神。可她凡心不泯，便再度下凡降生在延长县曹家河村的曹铁匠家中。父母为其取名还香。好日子不长久，还香的父母相继去世，她就只得和恶毒刻薄的兄嫂生活在一起。还香每天要在兄嫂的呵斥声中上山放羊、纺线，有时纺不完还要遭受嫂子的毒打。一天，还香遇到了来自山西省大宁县的小伙子黄山。因为有同样可怜的身世，还香与黄山走得更近了，最后二人私订了终身。黄山为了赚够求亲的钱，只身回到山西打工挣钱。可还香却被兄嫂逼迫要嫁给村里财主家的傻儿子。还香不从，在侄女的帮助下一起逃出了家门，东渡黄河去找黄山。为过黄河，还香又受到艄公的刁难和奚落。渡过黄河之后，忽然感悟人生艰辛，在石龛中坐化了。这天正是农历正月二十二日。

坐化成仙的黄河仙子每天就在黄河岸上受人们的顶礼膜拜。当地百姓祈儿祈女，祈药治病，无不灵验。渐渐地，每年正月二十二日这一天，秦晋两地的百姓都要祈愿还愿，络绎不绝，这天也成了一个声势浩大的庙会。

回归神坛的黄河仙子帮助黄山完成了美好的姻缘，并惩罚了一大批贪婪的凡人和横行的贪官，帮助无数善良的人达成心愿。其间，黄河仙子还请天神收服了两匹在黄河为害的恶马，在里仁村播撒了仙枣的种子，解除了当地人的饥饿之苦；帮助闯王李自成东渡黄河，夺取了明朝的江山，建立了新政权。

原文见黄鹤编《农民朋友最喜爱的99个神话故事》（江西教育出版社，2010年9月版）一书，本次转载时按张九锁著《民间传说的黄河仙子》（内部资料，2015年10月版）和李玉山主编《黄河仙子》（中国文联出版社，2014年3月第1版），做了补订。

炎帝背后的真相
可能颠覆我们的历史认知

2017年4月15日，我应邀参加了由安泽县委县政府和县政协共同举办的“追根说尧帝，溯源初国伊”笔会。该文即是我在这次会议上的发言纪要。我在这个发言中主要论述了以下几个问题，一、炎帝不仅是一个上古帝王，他还是数代原始部落首领的统称，也是一个历史时代的称谓；二、炎帝很可能还是一个部落联盟的称谓；三、原初意义上的炎帝故里在安泽；四、尧部落是炎帝部落的直系后裔，最初的尧部落就活动在安泽这一带。

谈炎帝和安泽的渊源之前，我想先谈谈炎帝的身份问题。因为正确认识炎帝的身份，是我们对炎帝文化深入探讨的前提。如果前提错了，我们的一切研究就只能是凭当然想象的空中楼阁。

在我们以往对炎帝的认知中，炎帝就是一个被神化了的中国上古帝王，是开创了中国农业文明的祖先神。我觉得，不能说这种认知是完全错误的，但至少是背离了历史的真相。原因如下：

首先，炎帝不仅是一个上古帝王，他还是数代原始部落首领的统称，也是一个历史时代的称谓。我们知道，炎帝和神农原本不是一回事，在先秦文献中，神农和炎帝是分开的。神农氏的外延要更大一些，炎帝是神农氏后期的称谓。但在秦汉以后，炎帝和神农被合而为一了，在这方面，《世本·帝系篇》首开先河，把炎帝和神农氏扯在一起称为“炎帝神农氏”，谓炎帝即神农氏，炎帝为本身号，神农为代号。之后的文献记载中，炎帝和神农氏就难分彼此了。我在这里不打算纠结于炎帝和神农氏的具体辨析，而是根据古人的记载，把他们统称为炎帝。

炎帝又号厉山氏或烈山氏。《礼记·祭法》说：

是故厉山氏之有天下也，其子曰农，能殖百谷；夏之衰也，周弃继之，故祀以为稷。

唐代孔颖达作疏时做了解释，他说：

其子曰农，能殖百谷者，农谓厉山氏后世子孙，名柱能殖百谷，故《国语》云：“神农之名柱，作农官，因名农是也。”

这就是说，“柱”也好，“农”也好，都是神农之名，也都是厉山氏后裔部落首领的统称。

成书于战国时期的《吕氏春秋·慎势》说得更为明确：

神农氏十七世有天下。

这里给出的重要信息是，神农氏不是一个人的名字，而是一个部落。

炎帝作为一个部落或部落首领的统称，在很多文献中都有记载，《礼记·祭法正义》引《春秋命历序》说：

炎帝号曰大庭氏（古帝王称号）。传八世，合五百二十二岁。

《路史》说炎帝历70世而有天下，也有说炎帝是历17世而有天下。炎帝即大庭氏8世的名字在《山海经》《帝王世纪》和《路史》中都不一样，但最后一世的名字是参卢，即帝榆罔，禅位黄帝后被封到潞，参卢之后叫“潞子婴儿”，这是得到大家公认的。潞在春秋时代是赤狄潞子国。清代吴卓信《汉书地理志补注卷六》引《汲冢周书》云：

昔烈山氏帝榆罔之后，其国为榆州，曲沃灭榆州，其社存焉，谓之榆社。地次相接者为榆次。

社是后土神所在地，或者说是人们祭祀后土神的地方。清同治版据《榆次县志》亦云：

上古帝榆罔凭太行以居冀州。榆罔之后国为榆州。榆州即今榆社等处。榆次与榆社两地相次接属，故名。

这两条文献的价值不仅在于说明了现在山西榆社县和榆次市的地名来历，也用现在山西榆社县和榆次市的地名存在的现实情况反证了炎帝后裔帝榆罔曾经活跃在历史舞台上的史实，当然也同时说明了神农氏炎帝绝不是某个个体的具体存在，而是一个延续了足足有十几代，乃至几十代的部落首领统称，是一个跨度达几百年，甚至上千年的历史时代的称谓。

其次，炎帝很可能还是一个部落联盟的称谓。在秦汉以来的文献记载中，最引人注目的大概就是神农氏炎帝一连串的姓氏别号了，如厉山氏、烈山氏、连山氏、伊耆氏、大庭氏、魁隗氏、朱襄氏、高辛氏等。

有人认为炎帝这些别号大多是后人的杜撰，我觉得历史既然有这样的记载，就绝不会是空穴来风，向壁臆造。即便是假的，这种假的“具象”后边一定是有真实作为基础而存在的。众所周知，上古时期社会的一个最重要的特点就是“万国林立”。班固在《汉书·地理志》中说：

昔在黄帝，作舟车以济不通，旁行天下，方制万里，画野分州，得百里之国万区。是故《易》称“先王建万国，亲诸侯”，《书》云“协和万国”，此之谓也。

西晋皇甫谧《帝王世纪》也指出，帝喾在位时已“建万国而治九州”，等到大禹“至于涂山之会诸侯，承唐虞之盛，执玉帛亦有万国。……逮汤受命，其能存者三千余国，……至周克商，制五等之封，凡千七百七十三国，……其后诸侯相并，当春秋时尚有千二百国。”（《后汉书》）《诗·小雅·六月》也有这样的吟唱：

文武吉甫，万邦为献。

这些文献中所提到的万国林立状况，其实就是说当时的氏族部落众多，各自为政，互不相属。为什么会这样呢？因为原始社会生产力水平十分低下，社会没有过多的剩余产品，人们之间没有其他的利益纠缠，即便是获得生存的必需品，部落和氏族间的成员也必须互相配合，才能免遭外部野兽的袭击，保证自己的安全。正是这种社会土壤的存在，才培养了原始人淳朴敦厚和互助为乐的品德。对此，《庄子·胠箧》有很好的总结：

子独不知至德之世乎？昔者容成氏、大庭氏、伯皇氏、中央氏、栗陆氏、骊畜氏、轩辕氏、赫胥氏、尊卢氏、祝融氏、伏牺氏、神农氏，当是时也，民结绳而用之，甘其食，美其服，乐其俗，安其居，邻国相望，鸡狗之音相闻，民至老死而不相往来。

值得注意的是，庄子在上文中提到的容成氏、大庭氏、伯皇氏、中央氏、栗陆氏、骊畜氏、赫胥氏、尊卢氏、祝融氏，都是和我们所熟悉的上古帝王伏牺氏、神农氏、轩辕氏并立在一起的，这说明了什么？我个人觉得这里给我们透露出来的信息有两点：其一，这些名字也曾经是上古不同时期统治过不同时代的古帝王名称，也就是上古不同时代的部落联盟盟主；其二，这些名称都是上古时期几个一直存在与发展的，其势力和威望都达到一定程度的部落或氏族。

这一点，《帝王世纪》说得更为明确：

伏羲之后，包牺氏没，女娲氏代立为女皇，亦风姓也。女娲氏没，次有大庭氏、柏皇氏、中央氏、栗陆氏、赫胥氏、尊卢氏、混沌氏、昊英氏、有巢氏、朱襄氏、葛天氏、阴康氏、无怀氏，凡十五代，皆袭包牺氏之号也。

这也就是说，在伏羲时代，凡女娲氏、大庭氏等15世“帝王”所谓的包牺氏，都各自名花有主，只不过都统一用的是伏羲的别号——包牺氏而已。据此，我们是不是可以得出这样的结论，即整个上古社会一直就有部落联盟存在，这种部落联盟至少在黄帝部落杀进中原以前都还是以“轮流执政”这种方式来维持着。

炎帝时期应该也不会例外。有的学者可能注意到了，上述刘恕在《通鉴外纪》卷一中提到的炎帝的别号——大庭氏、朱襄氏也赫然出现在《庄子·胠箧》和《帝王世纪》中，且是和伏牺氏、神农氏、轩辕氏齐头并立的。由此，我们是不是可以得出另一个结论：连山氏、伊耆氏、大庭氏、魁隗氏、朱襄氏、厉山氏或烈山氏等，实际都不是炎帝的别号，而是炎帝部落联盟的成员。他们也都在属于炎帝时代的不同时期，做过该部落联盟的盟主。甚至于在《春秋命历序》中记载的“炎帝号曰大庭氏（古帝王称号）。传八世，合五百二十二岁”，也是另外8个部落在轮流执政，因为没有证据表明他们就是炎帝的血脉后裔。即便是大家公认的神农氏炎帝最后一世参卢，即帝榆罔，史籍记载也说是禅位给黄帝的。不管是帝榆罔是主动也罢，还是慑于黄帝的淫威被迫也罢，这至少说明，禅位这个概念是早就存在的。

我们说炎帝是一个原始部落数代首领的统称，是一个历史时代的称谓，甚至是一个部落联盟的称谓，并不否认炎帝曾经作为一个个体的存在。我曾在《炎帝陵》（《中华租脉》，李琳之著，西苑出版社2014年3月第1版）一文中，对炎帝在上党地区的遗迹、遗址和相关的民间传说，进行考证梳理，我得出的结论和刘毓庆先生的研究成果是一致的，即炎帝的活动范围主要就在太岳、太行这一带。囿于当时自然和社会条件的限制，他们没有能力统辖更大范围的地区，甚至于在炎帝早中期，他的部落联盟势力范围都无法延及河东地区。《吕氏春秋·用民》有一条记载：

夙沙之民自攻其君，而归神农。

夙沙国，又作宿沙，在今运城盐池一带。运城盐池池神庙所供奉的盐宗或盬宗即是此神。

炎帝部落联盟势力范围南边仅到河南郑州地区，西北也就到河北徐水一带。《战国策·秦策一》有相关的记载：

昔者神农伐补遂，黄帝伐涿鹿而禽蚩尤，尧伐讙兜，舜伐三苗，禹伐共工，汤伐有夏，文王伐崇，武王伐纣……

补、遂分别是当时两个部落的名称，补在今郑州一带，遂大约在今徐水附近。（《神农氏发祥于上党考》，见《华夏文明之根探源》，刘毓庆主编，学苑出版社2008年11月第1版）。

今天青海西部、湖南株洲和陕西宝鸡等地区，都留有大量的炎帝文化遗迹，那应该是炎帝文化的二次转移，是炎黄之战后，落败后的炎帝部族四分五裂、落荒逃难的结果——这些炎帝残部在新的地方又推出了新的首领，并统称为炎帝，还把原来炎帝部族的风俗习惯、宗族信仰又一代一代传了下去。

根据一般常识推理，本初意义上的炎帝故里，只能产生于炎帝部落联盟范围以内，也就是说，任何超出太行、太岳范围以外的炎帝故里，都只能是衍生意义上的准炎帝故里，即我上面提到的炎帝文化的二次转移。

关于炎帝故里——其最初建国地，亦即炎帝最初的氏族部落所在地，见之于文献记载的有两条。一条来自于西晋史学家皇甫谧的《帝王世纪》：

炎帝神农氏，以火德王，都于陈，迁曲阜。

陈就是现在的河南淮阳，曲阜则是现在的山东曲阜。不论是淮阳还是曲阜，都不在当时的炎帝联盟集团活动核心太行太岳范围以内，他们要么是炎黄之战后炎帝文化的二次转移，要么是炎帝后来的部落联盟集团的某个成员国的遗迹遗址。

还有一条是来自于民国年间出版的《辞通》引用《竹书纪年》的记载：

炎帝神农氏其初国伊，继国耆，合称，又曰伊耆氏。

《四库全书》《帝王世纪纂要》沿袭《竹书纪年》的说法，肯定了炎帝的这两处国址。司马光的《资治通鉴》也采信了这一说法：

其初国伊，继国者，合而称之，故又号伊耆氏。

这里需要解释一下，“其初国”就是说其最初建立的部落或者部落联盟。在上古时期，国也称作邑，就是部落或部落联盟的意思。这里给出的重要信息是，伊才是这个原初部落所在地，伊即真正意义上的炎帝故里。那么，伊在哪里呢？

《山西历史地名录》（刘纬毅编、郝树侯校，《地名知识》编辑部，1979年）明确指出：山西的安泽县在战国时期为伊氏县。

我们知道，安泽正处于太行、太岳两大山系之间，是当时炎帝部落联盟活动的核心地区，距高平炎帝陵不过百十公里，距民间传说炎帝耕种过的羊头山、五谷山、神头岭等也就咫尺之遥，尤其是炎帝女儿精卫填海的故事发生地发鸠山，就矗立在曾经和安泽同为一县的长子县与现在的安泽县的交界处。安泽商周战国前称伊氏，西汉时称寄（也称隋）氏县。唐李吉甫撰《元和郡县志》载：

长子县，隋开皇九年县称寄氏县，属潞州，十八年改寄氏县为长子县，发鸠山，在县西南六十五里。

这里的潞州正是炎帝最后一世参卢即帝榆罔被黄帝所封之地——潞，即今天潞城、榆社一带。

除过这些一鳞半爪的文献记载外，安泽县域也流传有不少关于炎帝的民间传说。譬如，这则关于黄花岭连翘的传说就极富意味：

相传炎帝伊耆氏在离黄花岭下十多里的郭都建立起他的第一个国都。那时的黄花岭只有草木，没有黄花。人类也还过着苦不堪言的洞穴渔猎生活，尤其是瘟疫传染，对人的威胁最大。炎帝不忍心人类大批捕杀野生动物充饥为生，但为了让他的子民过上好日子，就进山寻找人能食用的五谷和能治病的百草。说不清是哪一年哪一月，一种流行性疾病袭来，许许多多的百姓染上了打喷嚏、流涕、高烧不退的疾病，百姓大批大批地死亡。炎帝也不幸染上了同样的病症。炎帝不顾臣民的劝告与自身生命安危，瞒着人们只身上了黄花岭，去寻找能治这种传染病的草药。他尝了一种又一种，也不知误尝了什么毒草，竟然中毒倒地昏死在大山上。太阳出来又落山，过了黑夜又白天。几天过去了，昏死的炎帝还是没有醒来。山里那些吃人的狼豺虎豹，非但不吃他还为他守护，树上的飞鸟也不再喧闹鸣唱，而是哀伤地聚落在他身旁以行孝道。不知是上天还是西天，有位开天辟地的真神云游路过此地，看到死去的炎帝连食人的野兽都来朝拜，饱受人类伤害的鸟儿也来祭祀，便知此人是个德比天高的圣者。真神大动恻隐之心，他从宝葫芦里倒出几粒果实（猜想一定

相传炎帝尝百草救百姓的“黄花岭”，今日依旧山花烂漫。

是连翘果）塞到炎帝嘴里。不过半个时辰，炎帝醒了过来。真神对起死回生的炎帝说："快把嘴里的果实咽入腹中，不然你还得死去。"炎帝说："我活着不能普救天下苍生，生不如死。"真神再次为炎帝心系黎民、解民倒悬之情所动，连道："此人为君，善莫大焉。"言罢从葫芦内倒出一把种子，朝着大山顺风撒去。真神飘然而去后，黄花岭霎时满山金黄。原来这黄花结出的果实竟是退烧解毒的一剂良药。

（百度百科《黄花岭》）

这则神话传说里提到一个郭都，说是炎帝"建立"的第一个国都。我们不能就此认定历史事实就是这样，因为所谓的"都"是后来有了文字后人们对国家最高行政机关所在地方的称呼。但也不能完全说它是凭空捏造的，因为这个郭都村的的确确是存在的，它距安泽县城所在地府城仅6公里。郭都这个名字是怎么来的？地方志里没有记载，民间也没有相关的传说，但当地人祖祖辈辈就是这么称呼的。任何事物都不会是无本之木，无源之水，即便是虚假的东西也有它合理的真实性作为基础。所谓三头六臂，也无非是在作为人一头两臂的基础上又加了两头四臂而已。在安泽，类似的地名还有府城镇、良种场村等地名村名，这些名字确实给了我们无限的遐想空间。

另外，还有一条线索值得重视，那就是来源于《竹书纪年·义征》的记载：

炎帝自伊徙耆，故曰伊耆氏，伊即帝尧母家。

我们知道尧姓伊祁或伊耆。已经被考古证实的尧都陶寺遗址距安泽就百十公里，包括安泽在内的晋南广大区域都是尧统辖和活动的范围。而且在安泽县域，关于尧的民间传说也是纷纷扰扰，譬如前边提到的那个黄花岭的传说是来自于黄花岭的西面居民，而在黄花岭北边居民中间也有同样的传说，只是主人公由炎帝换成了尧。事实上尧也不只是一个部落的首领，更是一个延续了一定时间的部落或部落联盟首领的统称。（见拙作《“三皇五帝”都不是具体的人》）有史籍把唐、虞、夏、商称作前后相沿的四个朝代，尽管有些悖理，但仔细捉摸，也并非完全是无稽之谈。

“伊即帝尧母家”，是说帝尧部落孕育于伊即炎帝这个古老的部落。这条信息给我们的重要启示有两点：一、史籍的记载、民间的传说、考古的发掘（陶寺遗址）和安泽的实际地理位置都符合炎帝故里应该具备的特点。这在我们神州大地上，安泽是唯一的，所以，说安泽是炎帝故里是可以站住脚的。二、《史记·王帝本记·索引》载：

> 尧初生时，其母在三阿之南，寄于尹长孺之家，故从母所居为姓也。

联系“伊即帝尧母家”这句话来看，我觉得这里提供给我们可以破译的文明密码是，炎帝伊耆氏部落是尧部落孕育的母体，尧部落应该是在尧时代以前很早就已经存在了。尧和黄帝、帝喾并没有什么血缘关系，帝挚也并不是尧的什么兄长，他们可能是一种延续了一定时间的比较亲密的部落联姻关系或部族联盟关系。司马迁的《史记》把黄帝供作了中华民族的始祖，把黄帝之后的四帝即颛顼、帝喾、尧和舜，看作是黄帝的直系后裔，是历史“正统”需要的一种虚构。司马迁“五帝”正统论来源于孔子删定的《尚书》。中国社科院考古所所长王振中先生在《重建中国上古史的探索》一书中就说，《尚书》在叙述中原主要部落和其他部落之间的关系时，把帝尧、虞舜、共工、四岳、皋陶、伯益、大禹，乃至商之始祖契、周之始祖弃等原本属于不同族系的邦君或部落首领安排在了一个朝廷里，组成了天子（君王）与朝臣这样的关系，从而建构了儒家最初的中华古史观体系。显然，这样的古史观体系是不可信的。

由此我们大致可以推导出这样一个结论：尧部落是炎帝部落的直系后裔，最初的尧部落就活动在安泽这一带——关于这一点，安泽县域除过有相关的历史记载和民间传说可以佐证外，安泽及其附近的一些古地名，也在无言中指证着这个史实的可能性。譬如，在安泽现有的四个行政区划镇中，有一个镇叫唐城镇，还有一个村叫唐村，就可能都和尧有着这样或那样的渊源关系。大家知道，根据古籍记载，尧是古唐国人，当然还有一说认为尧被封于唐地，尧因此又叫作唐尧。另外，安泽县还有一个镇叫冀氏镇，按《路史》的说法，冀氏的远祖就是唐尧。安泽县城往西，还有尧店村、尧峪村，等等。

至于其他地方的帝尧故里，我认为都应该是二代尧、三代尧……或者是尧文化二次转移后的帝尧故里。

我的这些观点只是一己之见，是为抛砖引玉之举，错误在所难免。欢迎诸位专家批评指正。

“民主禅让制”和尧舜的悲剧性命运

2016年3月19日，由《光明日报》社与山西省委宣传部、中国先秦史学会、中国伦理学会共同主办的“尧舜禹文化与当代社会核心价值”研讨会在北京京西宾馆举行。我应邀参加并被指定为大会发言人。但由于家里忽然出现变故，我没来得及发言就不得不于会议举办期间提前退出，返回太原。该文是我为这次研讨会准备的发言稿。本文主要阐述了“民主禅让制”是当时中华历史发展的必然趋势，历史的偶然性在于选定了尧作为这个历史发展的推手。

尧舜禹的“民主禅让制”传说在中国由来已久。经孔子梳理删定后的《尚书》首先记载了这个故事：

帝尧和众大臣在宫殿里处理朝政大事。尧对四方首领说：“啊！我在位70年了，你们谁能顺应天命接替我的职位呢？”

首领们说：“我们德行不够，不配继任帝位。”

尧说：“你们可以推举下面隐伏的高明之人啊。”

众人都向帝尧进言：“下面有位独身的男子，叫虞舜。”

尧说：“对呀！我听说过。这个人怎么样？”

首领们说：“他是乐官瞽瞍的儿子，父亲愚蠢固执，后母嚣张悖谬，兄弟象傲慢骄横，但舜却能与他们和谐相处，这是因为他孝德厚美，处理家务没有邪念的缘故。”

尧说：“我要考察他！”

于是，尧把两个女儿嫁给虞舜，以此来观察舜与自己两个女儿生活时的言行品德。

尧让舜负责推行德政，舜便谨慎地引导臣民以父义、母慈、兄友、弟恭、子孝这五典为行为准则，臣民都能顺从舜的教导而不违背；尧让舜总理百官事务，百官都能听从舜的命令而把各自的事情做得井井有条；尧又让舜到明堂四门接待四方诸侯的宾客，宾客们都对舜肃然起敬，称赞有加；尧派舜进入深山老林接受考察，舜在暴风雷雨的恶劣天气下也没有迷失方向，安然地走了出来。

尧说：“来吧！舜啊。你谋事周到，言论恰当，建议又切实可行，顺利地通过了三年考验，你现在可以登上帝位了！”

舜觉得自己德行浅薄，要让给有德之人，不肯继承。

后来在正月的一个吉日，舜在尧的太庙接受了尧禅让的册命。舜观察了北斗七星各自的方位和顺序，并据此列出了七项政事。舜又祭祀了天地四时和山川群神，向天帝报告了继承帝位的事情。之后，又收齐了诸侯的五种圭玉，选择吉月吉日，接受四方诸侯君长的朝见，再把圭玉颁发给他们。

基于此，孔子在《论语》中首开狂颂“圣王”之先河：

帝尧作为一代君王是多么伟大！他像崇山一样高高耸立着，上天是最高大的，帝尧就是在效法着上天！他像大地一样一望无际，民众简直无法用现有的词语来称道他！他所成就的功业是如此崇高伟大，他所制订的礼仪制度是如此灿烂辉煌！

此后的墨子、孟子、司马迁，乃至一代帝王李世民、武则天、宋仁宗、康熙等，都对尧舜禹“民主禅让制”传说从各个方面不吝词句地予以溢美神化，再加上后世儒家倾力打造，所谓“尧天舜日”，所谓“禹行舜趋”，尧舜禹就因此成为中国历史上光芒四射的三位“圣王”。

但荀子不认同这一点，他在《荀子·正论》说：

世俗之为说者曰："尧、舜擅让。"是不然。

荀子的反问理直气壮：

天子者，势位至尊，无敌于天下，夫有谁与让矣？

韩非子也和荀子一样有着相同的看法，他在《韩非子·外储说右上》直言不讳：尧根本没行禅让，只是因为年老力衰而被篡位的舜所"逼"。事实的真相是：

舜逼尧，禹逼舜，汤放桀，武王伐纣，此四王者，人臣弑其君者也。

如果就是这两个老夫子说说也就罢了，偏偏相传为战国时魏国史官所作古本《竹书纪年》也对尧舜禹"民主禅让制"传说史实予以了断然否认：

昔尧德衰，为舜所囚也……复偃塞丹朱，使不与父相见也。

双方针尖对麦芒，各执一词，言之凿凿，不遑相让。

这就有点意思了。

众所周知，尧舜禹所处的时代正是王振中先生所说的"邦国"联盟时代，亦即史书所称的"万邦"时代。"万邦"就是形容天下有很多"邦国"和部落的意思。尧、舜、禹都是各自的"邦国"首领，同时也先后担任了"邦国"联盟的首领，后人因此称之为帝（《重建中国上古史的探索》，王振中著，云南人民出版社2015年8月第1版）。从典籍记载的"尧治平阳，舜治蒲坂，禹治安邑。三都相去各二百余里，俱在冀州，统天下四方"（《左传·哀公六年疏》）来看，也恰恰证明了王振中先生的说法是不错的。尧、舜、禹可能是他们各自所属邦国的首领或邦国名称，另外，像四岳、皋陶、后稷、伯益、鲧等大臣也都可能是这个华夏“邦国”联盟中实力比较强大而又有着巨大威信的核心成员“国”。

尧以前，是前“邦国”联盟即部落联盟时期，联盟盟主之位基本上是在黄帝族系内部传承，这从司马迁关于颛顼、帝喾和帝挚都是黄帝后裔的记载可见一斑。颛顼、帝喾和帝挚，包括尧舜，都可能只是黄帝族系的核心联盟部落，不一定有血缘关系（《重建中国上古史的探索》，王振中著，云南人民出版社2015年8月第1版）。

黄帝是靠武力打败蚩尤、征服炎帝族系而称霸中原的，这种血雨腥风式的征伐一直延续到颛顼时代，直至颛顼打败共工，实行“绝地天通”的专制统治以后，天下才稍微稳定一些。但那些被击败的蚩尤、颛顼后裔，以及其他受压制的氏族、部落，却一直就心怀不满，并时有骚动（《史记·五帝本纪》）。

尧应该是在帝挚专制统治被联盟部落推翻以后，凭着巨大的威望被大家推举上位的。那时的“邦国”联盟盟主对“邦国”联盟中各“邦国”、部落并没有绝对的统治权，更大意义上是靠赢得人心的威望来发号施令。虽然每个“邦国”、部落，都是一个世袭的独立王国，都有绝对独立的人事任免权和财富支配权，但这种联盟盟主是必须经过民主协商，得到大家的公认后才能上任的。显然这是一个流传已久而为各“邦国”、部落所奉行的规则，不是说尧天生就道德修养高，而是规则帮助他提高了自己的道德水平。从《尚书》《墨子》《史记》等典籍记载尧传位于舜，舜又传位于禹，甚至从禹传位于益，最后被他的儿子启“窃取”帝位的情况来看，这种“民主禅让制”的的确确是存在的，而且还有着具体详细的规则内容：

一、盟主在位时，要通过任用贤能来治理天下，并需在后期挑选帝位继承人选，予以考察。考察合格再任以政事。尧用舜，舜用禹，都经过了遴选、推荐、考察和任用这一过程。

二、盟主之位不是终身制，在其年老力衰时，要主动退居二线，把国事交给继承人行使盟主职能，而盟主则变成“太上皇”，行使监管职能。譬如，按《尚书》《史记》的说法，尧就当了28年的太上皇；舜做了17

年的太上皇；禹也做了10年的太上皇。

三、盟主的位置即帝位不是法定世袭，必须传给包括盟主长子在内的联盟内部有德望之“邦国”首领。尧继承的是挚，舜继承的是尧，禹继承的是舜，但作为禹子的启却继承的是禹的帝位。盟主长子直接进入最后两个继承人之间的竞争，谁最终获得继承人的资格，是在盟主去世后由各邦国来最后选定。这种选定的办法是，公推的盟主继承人于盟主去世时要在第一时间将代表国家权力的印信和宝器送到盟主的儿子那里，交由盟主的长子保管。然后再治丧三年。这三年期间由两个候选继承人共同治理邦国联盟事务。三年治丧期满，各“邦国”对帝位继承人进行选择——就是由各“邦国”或部落首领带上自己部落的印信和宝器去拜见本“邦国”或部落选定的盟主继承人。最后再以去往两个继承人所在地的人数多少来决定最终的盟主继承人。作为公推的盟主继承人，舜和禹分别战胜了作为盟主长子继承人的丹朱和商钧，但是作为盟主长子的启却绝地反击，依靠自己如日中天的威望击败了益，从而子承父职，登上了盟主的高位。

我以为，正是这些可以杜绝暗箱操作的具体规则才保证了尧舜禹时代帝位的传承交接能在和风细雨中顺利完成，也由此成就了尧舜禹三代“圣王”光耀千秋的美名。但恰恰也是由于这些规则存在不可避免的缺漏性，才导致了《荀子》《韩非子》和古本《竹书纪年》所说的尧、舜晚年的悲剧性命运，给这个美好的传说抹上了一丝悲壮的色彩。

按一般规律，一个人到了晚年，其精力和智力都处在衰竭期，甚至发展到严重程度会变得像幼童一样放纵而无节制，这时如果没有一个严格的规章制度能对他予以有效制约，他就可能会做出很多出格的蠢事。信史记载的在中国历史上创造了丰功伟绩的那些不世帝王，诸如秦皇汉武、唐宗宋祖等，没有一个晚年不是在糊涂昏聩的浑浑噩噩中度过的。尧也是一个有血有肉的普通人，《竹书纪年》说他年老“德衰”，正是一个普遍规律，因为舜上位以后，把尧原来所重用的几个大臣都给法办了：“流共工于幽州，放讙兜于崇山，迁三苗于三危，殛鲧于羽山。”（《尚书·舜典》）再加上他人老思亲——并没有太多过错的长子丹朱还因他选定舜作为继承人，被他无情地流放外地。情绪濒于崩溃边缘的尧是有可能会干一些干政的糊涂事儿的，所以，“舜放尧于平阳，取之帝位”也是情理当中的事情。

舜的晚年面临着可能比尧还悲惨的命运。一是他和大禹有杀父之仇；二是大禹上位是他不得不接受的帝位继承人选，因为大禹治洪功比天高，各“邦国”和部落的呼声他不能不视而不见。事实上，这两个继承人和被继承人之间一向就有些问题，这从史籍记载的二人的对话就可见一斑。

《尚书·舜典》记载，舜逼禹前去治洪，如果不能成功，他的下场就会跟他父亲鲧是一样了。后来禹治水成功，回到朝里，舜让禹畅所欲言，禹表面上是在替自己表功，实际却是在诉说委屈和不满：“哦，我说什么呢？我只想每天勤恳努力地做事。”

皋陶追问道：“怎样才叫勤恳努力？”

禹说：“洪水滔天，浩浩荡荡，包围了高山，漫上了丘陵，下民都遭受着洪水的威胁。我在陆地上行走乘车，在水中行走乘船，在泥沼中行走乘木橇。在山路上行走就穿上带铁齿的鞋，翻山越岭，树立木桩，在山上做了标志。我和益一起，给黎民百姓稻粱和新鲜的肉食。疏导九条河道并把它们引入大海，又疏浚田间沟渠引入河道。和稷一起赈济吃粮困难的民众。粮食匮乏时，从粮食较多的地区调剂给粮食欠缺的地区，或者叫百姓迁到有粮食的地区居住。民众安定下来了，各诸侯国也都治理好了。”（语义自《史记·夏本纪》）

禹自以为有大功于天下，对舜说话也就不再那么客气，甚至可以说有些教训的味道了：“帝啊！谨慎对待您的在位之臣，稳稳当当处理您的政务吧。辅佐的大臣有德行，天下人都会响应拥护您的。您只要用清静之心奉行上帝的命令，上天就会经常把美好的符瑞降临给您。”（同上）

《韩非子》说，舜晚年死于苍梧（指零陵，今湖南永州），是“禹逼舜”的结果。禹“威足以临天下，利足以盖世，天下从之”。所以，舜晚年到苍梧不是去做什么巡视，而是被禹流放到了那里。这话有一定道理。

文献上这些片言只语，当然不足以让我们洞悉事情的全部真相，但被考古界几认定为尧都平阳的陶寺遗址的发掘，却让我们不得不直面历史更残酷的一面。

曾任陶寺城址发掘领队的中国社会科学院考古所研究员何驽先生在《从陶寺遗址看中国早期国家特征》一文中说："陶寺晚期，城墙被扒毁，中期大墓和中型墓被捣毁，宫殿被破坏，观象台被平毁，灰坑中有残杀的人骨与建筑垃圾、手工业垃圾和生活垃圾共存，带有明显的政治报复色彩。例如宫殿区IT5026揭露的陶寺晚期灰沟HG8里不仅出土大量石坯剥片，而且还出土了六层人头骨总计30余个，散乱人骨个体40~50人。人骨明显被肢解，许多颅骨有钝器劈啄痕，其中人工劈下的面具式面颅有6个之多。经我所专业人员现场鉴定，这些人骨以青壮年男性为多。T5126揭露的HG8层还出土一具35岁左右的女性完整骨架，她被折颈残害致死，并在阴道部位插入一件牛角。"（《中国古代文明与国家起源学术研讨会论文集》，科学出版社2011年9月第1版）

陶寺古城兴建与使用的时代为距今4300~4100年，和史籍记载的尧舜禹"民主禅让制"时代基本吻合。

何驽先生认为，陶寺早期与中期的政权更迭，是在陶寺文化内部两个没有血缘关系家族之间争斗的结果，这与新石器时代社会统治权力仅在文

山西临汾陶寺遗址出土的遗骨明显带有被残害致死的特征。图为一副被残害致死的女性骨架。

化内部同一血缘宗族内部传承相比，发生了本质的变化，意味着地缘政治苗头的出现。于是导致陶寺晚期陶寺文化内部政治混乱、社会动荡，国家社会特有的政治报复现象极为惨烈，扒城墙、毁宫庙（包括观象台）、挖祖陵、滥杀等就是其典型的行为标志。“我个人认为，陶寺早期王族后裔在陶寺中期便沦为平民即被统治阶级，饱受中期王族的欺压，陶寺晚期时早期王族后裔带领全体被统治阶级揭竿而起，推翻了中期政权在陶寺的统治，采取了极端的政治报复行为。陶寺中期大墓和中型墓流行壁龛藏物的葬俗，陶寺早期基本不见，我推测就是中期的王和大贵族下葬之前就防备着死后有人造反毁墓。事实证明，大墓IIM22和中型墓IIM26在晚期被捣毁后，仅壁龛和立靠在墓壁上的随葬品幸存下来，防范措施确实收到实效。这个例子充分说明陶寺中期时，统治者与被统治者之间的矛盾已非常尖锐，统治者自己早已心知肚明。”（《中国古代文明与国家起源学术研讨会论文集》，科学出版社2011年9月第1版）

由此可见，尧舜禹时期的“民主禅让制”绝不像后人传诵的那样美好，其中也充斥着一些见不得阳光的东西，但是因此而否认“民主禅让制”的光辉，甚至否认“民主禅让制”的存在，那也是剑走偏锋，只见树木不见森林的另一个极端了。

我们知道，尧所处的时期是黄帝、颛项征伐杀戮之后，天下尚不太稳定的“万邦”时代，不论是作为统治阶级的各“邦国”部落首领，还是深处底层的劳苦大众，都渴望能有一个和平稳定的社会环境。尧的重大历史功绩就在于他能够顺势而为，想天下人之想，忧天下人之忧，从“协和万邦”的“天道”思维出发，利用自己所处的盟主地位的特殊优势，充分吸取他之前部落联盟民主选举的经验和教训，创立了符合历史潮流的“民主禅让制”——这种有着一整套遴选、推荐、考察和任用等竞争上位的制度，确实在最大程度上保证了三“帝”能够依规而行，循矩而为，从而保证了天下“大同”的和乐状态。

无可否认，历史上统治者发动的各种战争，或者是为了争夺生存空间，或者是为了争权夺利，但最终遭殃的总是命贱如蚁的黎民百姓。

人性如水，水没有不下流的。尧清楚地看到了这一点，《庄子》就记载了这样一个尧拒绝“华封三祝”的故事：

唐尧在华州巡游，守卫华州封疆的人对他说：“咦，这不是圣人吗？请让我为您祝福。啊，请求上天让您长寿。”

唐尧说：“我请求你不要这样说。”

“那我请求上天让你富有。”

唐尧说道：“我请求你也不要这样说。”

“那我请求上天让你子孙繁多。”

唐尧再次说道：“我请求你不要这样说。”

守卫封疆的人感到不可思议，就问他：“长寿、富有、子孙繁多，都是人们所希望得到的，您偏偏不希望得到，这是为什么呢？”

唐尧回答说：“子孙繁多就会使人增加畏惧。当然这是传说中圣人的回答，而在民间这三种祝愿都是最美好的。富有就会使人招惹更多的祸事，长寿就会使人蒙受更多的屈辱，这三件事都不是可以用来滋长德行的，因此我拒绝了你的祝福。”

“寿、富、多男子”，乃人之所欲也，“尧独不欲，何耶？”尧的圣明在于他的远见：多个男孩就多了一层忧惧，多财物就多了麻烦，寿命长就会多些困辱。但天下人并不能都像他那样高瞻远瞩，提前就能有个预判，所以，制定相应的法规，来规范天下人行为，保证社会的和谐安宁就成了他的一项主要职责。《尚书·尧典》说尧：

> 象以典刑，流宥五刑，鞭作官刑，扑作教刑，金作赎刑。眚灾肆赦，怙终贼刑。钦哉，钦哉，惟刑之恤哉！

这段话用现代汉语翻译过来，意思就是说，在器物上刻画五种常用的刑罚。用流放的办法来宽恕犯了五刑的罪人，用鞭打作为官吏的刑罚，用木条打作为学校的刑罚，用铜作为赎罪的刑罚。因过失犯罪，就赦免他；有所依仗终不悔改，就要施加刑罚。慎重啊，一定要慎重！要谨慎用刑，使罪犯感化向善。

中国最早的国别史著作《国语·鲁语上》说，黄帝能替各种事物命名，使百姓了解事物的名称，供给所需的财赋；颛顼又能进一步加以修订；帝喾能序列日、月、星辰以安定百姓；舜努力民事而死于野外；鲧堵洪水而被杀；禹能以德行修正鲧的事业……同其他“四帝”相比较，尧治天下的特色是，他能竭力平均刑法以为百姓的准则，即“尧能单均刑法以仪民”。

从这些记载可以看出，尧很重视“依法治国”，法制思想才是其精华所在。所谓的“以德治国”，是处于附属地位，是为“依法治国”而服务的。正是有了这些一视同仁的法律法规，天下人才能在趋利避害的潜意识中，逐渐提高自己的道德修为，从而达到他天下大治的目的。

当然，这其中的重中之重是如何保证帝位的顺利交接而不会有血雨腥风的动荡出现。

“民主禅让制”可看作是帝尧为此所做的一个伟大创举。但是，尧那个时代毕竟还处于人类文明发展的初期，他虽然对于帝位的继承人选制定了一整套严密的遴选体系来予以保证，但还是百密一疏，让历史的车轮把他的这些规则撞出了一个大洞，继而又碾压成了一片乱舞飞扬的齑粉。

首先，“民主禅让制”对退居二线的“太上皇”和实际执政的“天子”没有一个明确的职责划分，这应该是导致尧舜晚年悲剧的一个直接原因。司马迁在《史记·五帝本纪》中说：

帝尧老，命舜摄行天子之政，以观天命。

尧都回家养老了，但是对既往的权力还是念念不忘：

讙兜进言共工，尧曰不可而试之工师，共工果淫辟。四岳举鲧治鸿水，尧以为不可，岳强请试之，试之而无功，故百姓不便。三苗在江淮、荆州数为乱，于是舜归而言于帝，请流共工于

幽陵，以变北狄……（《史记·五帝本纪》）

舜已经在“摄行天子之政”了，尧还要揽权，强行干政，这其中包含着诸多的政治、经济利益，以及情感等因素，两“帝”之间“明争暗斗”就不可避免。为了顺利实施自己的大政方针，年富力强又大权在握的舜，“逼尧”乃至“囚尧”，都是顺理成章的事。几十年后的舜，并未能吸取这个教训去主动完善这种“禅让制”，以至于他重蹈尧的覆辙，被他的继任者流放到了偏僻而荒凉的苍梧之地。

其次，“民主禅让制”忽视了盟主所在的“邦国”可能会一支独大，最后强大到各诸侯国和部落无法控制其言行的时候该怎么约束盟主这个问题。尧时代，各诸侯国和部落，尤其是重要的几个“邦国”的实力都相差不大，作为联盟盟主，不论是尧，还是舜，乃至禹，都能在联盟成员国的监督下认认真真、兢兢业业地遵照规则发号施令。盟主不能，也不敢逾矩而行，因为整个联盟有一种制衡力量。但历史并不是一成不变的，从联盟初期，到联盟后期，整个社会是趋向于“九州大统”的，盟主的威望和权力越来越大，尤其在大禹治水时，禹及禹部的足迹几乎遍及神州大地：

东渐于海，西被于流沙，朔南暨，声教讫于四海。

（《史记·夏本纪》）

禹所在的邦国，其声誉和实力都达到了几乎无法撼动的程度，所以，“帝赐禹玄圭，以告功成于天下”（同上）就必然是人心所向，大势所趋。作为“帝”的舜，在选定禹作为接班人的问题上，实在已经没有了太多的回旋余地。禹“践天子位”45年，应该也是禹所在邦国声誉和实力还在不断提高的45年，所以被禹选作法定继承人的益，在禹“三年丧毕”，“让帝禹子启，而辟居箕山之阳。禹子启贤”，“天下属意焉”。（同上）

启的上位意味着华夏社会已经由初步的“九州大统”完成了向“天下一尊”朝廷社会制度的转变。实力、权力和威望都到顶点的帝启，已经打破了各诸侯国和部落原有的制衡力量，纸面上的道德修养在巨大的诱惑力面前已经起不到任何有效的制约作用，尧舜禹的“禅让制”只能在大夏初升旭日的熠熠照耀下，踉跄着走向它的坟墓。

“民主禅让制”是当时中华历史发展的必然趋势，历史的偶然性在于选定了尧作为这个历史发展的推手。“民主禅让制”严密的规章制度造就了尧舜禹三个“圣王”，但她的缺陷和漏洞也给这三个“圣王”的光辉形象抹上了一层阴影。但正是这层阴影才让我们明白了“圣人”也是人，“圣人”也有五脏六腑，也有七情六欲。圣人之所以能为圣人，乃在于社会能够给他提供一个法规健全、法制完善的良好社会环境，在于这个环境能够有效地激发他善良的向往光明的一面，同时把他的恶欲钳制在一个合理的范围内。

儒家几千年来一直在说“以德治国”，他们没意识到，人的道德修养是随着环境的变化而变化的。没有有效法规制约和保护的“德”，即便是一个德行高大的圣人君子，也会在地位和名利转变的过程中，异化成一个人人唾弃的恶魔。所以，“以德治国”，更要依法治国，但这个法必须是有助于培养社会高尚风气的良法、善法。

胡适先生在《道德和规则》一文中说：“一个肮脏的国家，如果人人都开始讲规则而不是谈道德，最终会变成一个有人味儿的正常国家，道德自然会逐渐回归！一个干净的国家，如果人人都不讲规则却大谈道德，人人都争当高尚，天天没事儿就谈道德规范！人人都大公无私，最终这个国家会堕落成为一个伪君子遍布的肮脏国家！”

胡适先生的这段话就是关于尧舜禹三个“圣王”和他们施行的“民主禅让制”一个最好的注脚。

“三皇五帝”都不是具体的人

2015年4月14日至15日，由山西省委宣传部和临汾市委市政府共同主办的“尧文化暨德廉思想研讨会”在临汾市举行。本文是我在这次研讨会上的发言文本，收录于大会组委会编发的《尧文化暨德廉思想研讨会部分资料汇编》中。原文题目为“‘三皇五帝’的身份需要重新认定”。本次发表做了部分修改。本文认为，包括帝尧在内的“三皇五帝”根本就不是具体的个体生命，而是几个比较著名氏族部落的名称或该氏族部落首领的统称，他们的家族图谱也不过是几个重要氏族部落之间政治联盟或政权衔接的另一种真实折射后的虚幻反映。

写《中华祖脉》时，有一个问题一直困扰着我，那就是被后人无限传颂的“三皇五帝”（关于“三皇五帝”，历史上说法甚多，没有一个确切的概念。相对而言，伏羲氏、女娲氏、神农氏作为天、地、人“三皇”，黄帝、颛顼、帝喾、尧和舜作为“五帝”为大多数历史学家所认可。至于燧人氏、华胥氏、共工氏、少昊和大禹等，也分别曾在不同的典籍中被不同的历史学家请进了“三皇五帝”的序列中）到底都是些什么人？他们是一个个鲜活的生命个体吗？他们真是如史籍言之凿凿的那种“就之如日，望之如云”的亘古一圣人吗？尽管我们很多的历史学家和民间学者对此确信无疑，并写下了浩如烟海的各种学术论文和著作，但在“三皇五帝”身份的认证问题上很难说得清楚，并由此导致了研究方向上的诸多误区。

翻阅过众多的历史典籍，聆听了太多的民间传说，实地考察了黄河中下游地域有关“三皇五帝”的无数遗迹和出土文物，我恍然发现，包括帝尧在内的“三皇五帝”根本就不是具体的生命个体，而是几个比较著名氏族部落的名称或该氏族部落首领的统称，他们的家族图谱也不过是几个重要氏族部落之间政治联盟或政权衔接的另一种真实折射后的虚幻反映而已。

这种虚幻反映首先表现在“三皇五帝”的年龄问题上。譬如说尧，《尚书》《竹书纪年》《史记·五帝本纪》和《通鉴外纪》，都说尧在位百年而崩，如果按尧年二十而登帝位的话，尧的寿命应该是118岁至120岁之间，其他如虞舜和大禹也都在史籍记载中活过了100岁，尤其令人喷饭的是，伏羲居然被“活”了900岁，仅在位就800年。也有说，伏羲在位达到了2400年，如此等等。女娲的寿命也是众说纷纭，莫衷一是，有105岁之说，有107岁之说，还有说女娲在位达到了110年，甚或在位时长达到了2380年。

如果把包括尧在内的“三皇五帝”看成是单独的个体生命，这些记载和说法都会显得很荒唐。在“三皇五帝”活动的那个年代，生产力水平极为低下，更谈不上什么科技医疗水平，人们靠天吃饭，以狩猎为生，日夜为国事操心劳肺的帝皇们怎么可能活到100多岁呢？现代人的生活医疗科技水平如此发达，人们的平均寿命才70多岁。在前些年美国旧金山召开的一次跨学科科学大会上，研究人员称，在本世纪，人的平均寿命最多可达到85岁，那种认为人类的平均寿命能到100至120岁的说法是没有科学根据的。即使医生能控制癌症、心脏病和中风等威胁人类长寿的病症，人类平均寿命也最多能增加15年。其主要原因是人类的细胞寿命有限，而且人身上又没有可以延年的基因可以激活。由此可见，从年龄上来判断，“三皇五帝”都不会是具体的个体生命。

如果再来看看“三皇五帝”的谱系记载，我们的疑问又会加深一层。譬如说黄帝，司马迁在《史记·五帝本纪》中记载云：黄帝有25子，其中14人有姓氏。但真正被记入史册的只有黄帝正妃嫘祖所生二子，即玄嚣（司马先生认为玄嚣和青阳是一人）和昌意，因为这二人之后裔“皆有天下”。

司马迁记载的黄帝二子谱系如下：

玄嚣—蟜极—高辛（帝喾）—挚、尧（放勋）—丹朱；

昌意—高阳（颛顼）—穷蝉—敬康—句望—桥牛—瞽瞍——舜、象。

这种记载初看似乎没有什么破绽，但经不住仔细推敲。欧阳修早在千年以前就在他的《帝王世志图序》中朗声发问了：

司马迁所作《五帝本纪》，根据是《大戴礼记》《世本》诸书。按照他的说法，尧、舜、夏商周都是出自黄帝……稷、契是高辛即帝喾的儿子，他们系同父异母兄弟，据此推算下去，成汤与王季同世，汤下传十六世而为纣，王季下传一世而为文王，二世而为武王，文王以十五世祖臣事十五世孙纣，而武王以十四世祖讨伐十四世孙，代之为王，何其荒谬呵！

清人梁玉绳在《史记志疑》中也质疑：玄嚣和昌意是黄帝的两个儿子，玄嚣三传生尧，昌意七传生舜，难道说玄嚣的后人就都能活得时间长，昌意的后人就命短？……何况说舜是尧族的玄孙，……尧的两个女儿嫁舜，是以族曾孙娶曾族姑，不是乱套了吗？颛顼至舜，隔时很久，而鲧和禹竟能经历四朝，他们怎么就如此长寿呢？尧舜在位，合起来150年，然后传给禹，禹出生时间又怎么这么晚？

关于黄帝谱系记载，还有几个版本：如《五帝本》和《世本》认为玄嚣和青阳皆为黄帝子，这里没有了昌意；许宗元《帝王世纪辑存》则认为黄帝生二子是昌意和青阳；王谟及秦嘉谟《世本》认为黄帝有三子，即昌意、少昊和玄嚣；司马光《稽古录》记载黄帝有三子，即昌意、少昊和玄嚣。各种记载虽然五花八门，但万变不离其宗，即黄帝之后的“三皇五帝”中的“四帝”均为黄帝后裔。那么根据姓氏起源学，“五帝”之后的中国近百个姓氏家族都有着同一个祖先黄帝，有着同一血缘关系，这是否意味着上古时期“万国林立”的史实就不可能成立，“三皇五帝”也不可能成为“万国”盟主呢？否则，我们都是黄帝的子孙，那其他氏族呢？其他氏族的后人呢？另外，从医学角度来看，作为炎黄子孙的中华民族又何以能够克服近亲婚姻畸形繁殖的先天缺陷而卓立于世界上最强大的民族之列呢？更何况，在上古时期，部落之间通婚已是基本的常识，我们视之为无所不能的古贤圣人，岂能犯如此低下无知的错误！所以，就流传下来的黄帝谱系而言，那些林林总总的关于“三皇五帝”分别就是一个个体生命的认知判断也是不能自圆其说的谬论。

再者，我们从分布在全国各地的“三皇五帝”的废墟遗址，以及纷纷扰扰的民间传说中也可发现，把“三皇五帝”当作一个个鲜活的生命个体也是荒谬绝伦。单以尧为例，全国多地都有所谓的尧乡、尧故里、尧陵，譬如，“河北顺平说”“湖南攸县说”“临汾伊村说”“江苏金湖说”“江苏宝应说”“山东青州说”，位于川南黔北接合部的“四川尧坝古镇说”，如此等等，众说纷纭，莫衷一是。我们不能轻易下结论说，你那儿是假的，我这里就是真的。不可否认，有些地方出于某种利益，有虚假的成分在内。但大多数都不是空穴来风，即便是恍惚迷离、虚幻缥缈的神话故事也有其合理的真实成分在内，毕竟，虚假也是真实世界的另一种折射反映。但如此一来，我们就不得不再次面对一个棘手的问题，在“三皇五帝”生活的那个时期，还没有便捷的交通工具，他们的行军打仗，他们的辗转迁徙，更多的是靠徒步行走，他们的翻山越岭，他们的填山造海，只能是肩扛手提、手足并用。即便是驯化了牛，也只能是帮他们犁地耕种，从速度上说并不会有质的提高。可是全国有那么多的尧的遗迹、尧的传说，甚至是还延续着千年不辍的纪念尧的习俗，尧靠徒步行走，或者是骑牛而行，他能跑遍那些数不清的地方吗？一会儿湖南，一会儿贵州，一会儿山东，一会儿河北，一会儿又是山西……他即便是什么国家大事也不做，整日在山水中跋涉奔波，短短的一生中也不可能留下那么多的遗迹和传说。这只能说明，把尧当作一个个体生命来传颂，在常识上就讲不通。同样的情形在“三皇五帝”中比比皆是，兹不赘述。

最后还有一点，也可以说明三皇五帝不是以一个单独的人来存在的。譬如说黄帝，《史记·五帝本纪》称他有很多功绩：

……修德振兵，……官名皆以云命，为云师。置左右大监，监于万国，……举风后，力牧，常先，大鸿以治民。……时播百谷草木，淳化鸟兽虫蛾，旁罗日月、星辰、水波、土石、金玉……种五艺，抚万民，度四方。……东至于海，登丸山及岱宗，西至崆峒，登鸡头；南至于江，登熊湘，北逐荤粥，合符于釜山，而邑于涿鹿之阿。

再譬如尧，“他上山下乡，访贤问能，使他的朝堂上能够群英汇聚，人才济济；他钦定历法，敬授民时，结束了天下百姓盲目而耕的历史；他号召百姓广凿水井，抵御大旱，终结了子民‘逐水而居’的苦难历程；他设定礼乐制度，区分老幼尊卑，开启了中华传统文明的先河；他制定法律条文，惩治四凶，从源头上奠定了中国法治的基础；他命大禹治洪，凿开龙门，洪水沿河而下，万古奔流的滔滔黄河竟摇身一变成为哺育万世后代的母亲河；他划分九州，初定天下，雄立于地球之巅的东方民族终于在‘中国’旗号下，成为一个万众一心、继往开来、永葆青春的伟大民族……”（《中华祖脉》，李琳之著，西苑出版社2014年1月版，第6页）

读到这些不世丰功伟业的时候，我们会感到我们面对的不是一个有血有肉的个体人，而是一个无所不能的神。在茹毛饮血的原始社会里，一个人再伟大，再英明，他在有限的生命年轮里能够完成如此众多的伟业吗？

其实，所谓的“三皇五帝”从历史记载上看，无不如此，都是能量巨大的超人。如果我们稍作思考，稍微理智一些，就会发现其中太多的东西根本不符合最基本的常识。

尤其是被学界所公认的“尧都平阳，舜都蒲坂，禹都安邑”，不论是从个体生命的有限性上来说，还是从建都和迁都的难度系数上来说，平阳、蒲坂和安邑作为都城分别只存在了短短几十年，都是随着尧、舜、禹的“禅让”而退出了历史的视野——如果尧、舜、禹都是如史籍所说的“爱民如子”的古圣帝王，如果舜和禹都是尧亲若手足的“良臣贤相”，他们会劳民伤财地另起炉灶，再造都城吗？此说有太多不符合常识的成分在内。反之，如果把尧、舜、禹的“禅让”看作是万邦联盟内三个氏族部落之间的权力交接则显得更加合情合理。

由此可见，那些千百年来关于“三皇五帝”的基本解释都是说不通的。众所周知，上古时期属于“万国”即部落氏族林立的时代，各个氏族之间，有征战讨伐，也有和平往来。“三皇五帝”各自所处的部落也不过是“万国”中的一个势力和威望都比较大的“邦国”而已，他们还没有强大到能够灭掉其他所有部落而建立起属于自己的“帝国”。这些部落氏族为了巩固自己共有的地盘，就建立起了一个强大的联盟，以对抗外族的侵略。从某种意义上说，尧、舜、禹的“禅让”传说，更可能是部落氏族之间的轮流执政，或是一定期限的联盟公选。而“三皇五帝”以及典籍中提到的他们的儿子或大臣都可能是其中几个部落或者部落首领的统称，譬如尧就可能是一个氏族部落的名称或者是该氏族几代首领的形象综合体，就好比一部小说中的主人翁，既有张三的影子，也有李四的声音。从这个角度去看待史籍和民间传说中的“三皇五帝”，我们上面所遇到的一切问题都将迎刃而解，所有的关于他们身份的质疑也都能有一个合理的解释了。这样一来，他们的年龄不再是问题了，他们的帝系图谱也不再是狭窄的血缘关系的指谓，而变成了政治联盟中各氏族部落之间的关系图谱，我们由此对他们的活动范围和让后人叹为观止的不世功绩也能有一个比较恰当的直观解读。

事实上，早在20世纪40年代，钱穆先生在他的《黄帝》一书中也表达过类似的观点，今人中也不乏专家学者持相同见解，只可惜都没有引起足够的重视，以至于我们很多人都还在这种迷雾里继续着他们执拗、艰辛而又毫无收获的探索。大方向错了，一切的努力都只能是错上加错。所以，弄清“三皇五帝”的身份问题在史学研究中有着重大意义，它可以帮助我们冲破历史迷雾的怪圈，从林林总总的典籍记载和五花八门的神话传说中走出来，去真实地还原“三皇五帝”时代的本来面目——我们雾中观花的中国上古史或许可能就此改写。

“忠义”文化的直根在古晋都赵康古城

2013年8月24日，由《生活晨报》《山西商报》和襄汾县委宣传部共同主办的“大家学堂”第三讲走进襄汾，开讲“晋都故绛忠义三公”。专家学者从不同角度对历史上“赵氏孤儿”的种种疑云和“忠义”文化进行了研讨。在这次研讨会上，我应邀做了“‘忠义’文化的直根在古晋都赵康古城”的发言，《山西商报》和《生活晨报》全文刊发。本次发表又做了一些补充和完善。

赵盾的故里东汾阳村距离我的出生地山西襄汾南赵村就两里地，南赵村据传也是赵氏后人所居地之一。可以说，我从小就对赵氏孤儿的故事耳熟能详，一直生活在这样一个忠义文化的氛围中。我们谈“忠义”文化，很多人只知道三公，是指程婴、公孙杵臼、韩厥三个人。但是作为学术研究，我们要弘扬这种“忠义”文化，就应该探究一下它的渊源，因为它不是凭空诞生的，不是无本之木、无源之水，不可能是赵朔被屠岸贾、晋景公杀死之后，突然之间这“三公”就来这么个惊人的义举，它的爆发应该有一个长期的积累过程。

我大致梳理了一下，这个过程是这样的。

公元前669年，晋献公将晋都从曲沃迁移到故绛即赵康古城，从那时起，到晋景公15年即公元前584，晋都在这里待了共85年，这个85年是晋国历史上惊天动地的85年。我们所熟知的唇亡齿寒、假道灭虢、退避三舍、秦晋之好等很多成语中的故事都发生在这个时间段内。

当时，晋献公手下有一个叫荀息的股肱之臣，可谓智勇双全。他最大的功绩就是出奇策帮助晋国灭掉了虞国和虢国。唇亡齿寒和假虞取虢，都是说的这件事。虢国所辖区域大致就在今天河南三门峡一带，晋献公想要攻打虢国，但是中间必须要经过虞国，就是现在的平陆县一带。荀息给晋献公献计：可以贿赂虞国，假虞国之道以取虢国，结果晋国不费吹灰之力就把虢国灭了。晋国班师回朝，又顺手牵羊把虞国的版图收归囊中。所以荀息在晋国一班朝臣中有着举足轻重的作用，很得晋献公信赖。晋献公晚年，骊姬乱晋，太子申生被逼死，重耳和夷吾逃亡，晋献公病入膏肓，临死前托孤给荀息："我死后要立爱妃骊姬的儿子为太子。"

荀息头脑很清楚，知道这事是逆潮流而动，大臣、老百姓都反对的，但是他念及晋献公对自己这么看重，就用愚忠的心态向晋献公表明了自己的态度：一定竭尽全力把这件事做好，即使死也在所不惜。

晋献公死后，荀息秉承晋献公的遗志，要立骊姬的儿子奚齐为国君。可在立国君的当天，就有个叫里克的大臣将小国君刺死了。荀息特别悲伤，但是他觉得自己无论如何都不能辜负晋献公的重托，就又把骊姬妹妹的儿子卓子立为国君。里克又将卓子刺死。荀息悲愤难忍，知道自己是在逆天道而行，断难成功，于是在两个小国君被杀死后，他也拔剑自刎，到阴曹地府追寻他的主子去了。荀息用自己的一腔鲜血捍卫了自己的忠诚，但毫无疑问，这是一种愚昧的忠诚行为。

山西襄汾县现在有一个荀董村，据说就是荀息和秉笔直书的晋国史官董狐的故里。

荀息死后，重耳走上了历史的舞台。重耳的忠诚义举格外炫目。

两个小国君和荀息死后，里克等大臣就去请重耳，希望重耳回晋做国君，因为重耳在晋国有很响亮的忠孝之名。与此同时，秦穆公也派人来请重耳回去继承君位，但是重耳的回答却出乎了所有人的意料。他说："我父亲在他病重期间，我没能尽孝，作为一个臣子、作为一个儿子，在这个时候回去继承君位，不能服众，我自己觉得于心有愧。”所以重耳婉言谢绝了这份好意。

重耳的回答掷地有声，一个忠孝都不全的“乱臣逆子”，怎么好意思去继承君位呢？重耳不计前嫌的那种对国至忠，对父至孝的忠义之举，令整个天下叹为观止。

重耳不回去做现成的国君，他的弟弟夷吾捡了个现成的便宜，这个夷吾就是后来的晋惠公。晋惠公以小人之心度君子之腹，害怕重耳以后会回来跟他争君位，就毫不犹豫对重耳一行人展开了追杀行动。重耳他们不得不四处逃亡，受尽了颠沛流离和寄人篱下之苦。

他们到了楚国，楚国国君却热情招待，对他们照顾得无微不至。一次酒席上，楚国国君漫不经心地开玩笑问重耳，您将来继位后怎么回报我呀？重耳回答说，我会记住您对我的厚恩。如果以后我们两国迫不得已要交战，我们在战场上相遇，我会退避三舍，以示礼让。在古代，一舍相当于现今的30里，三舍就是90里。

这个“预言”还真不幸被言中。楚国后来争夺天下霸权，和晋国在城濮即今天山东鄄城西南一带交战，重耳践诺，命令士兵，往后退了90里路。楚军统帅成得臣十分狂妄，以为晋国是怕他，就穷凶极恶、马不停蹄地追了90里。结果，楚军中了晋军的埋伏，几乎全军覆没，这就是历史上著名的城濮之战。

此战彻底扭转了当时的局势，晋文公一跃而成为春秋霸主，晋国的霸业就此延续了150多年。

不义之位不取，不义之战不打，信忠践诺，这就是晋文公重耳带给整个晋国的忠义文化影响。

晋文公死后，他的功勋老臣赵衰的儿子赵盾成了晋国的国相。有一次回家，赵盾在路边的一棵枯桑树下遇见一个饿晕的人。赵盾赶紧让马夫停下车，亲自上前喂那人食物，直到他苏醒。而后还给了他两块干肉，说你赶紧吃吧，充充饥。那人却说，我不能吃，因为我家中还有老母亲饿着肚子，我想把肉留给老母亲。赵盾很感动，就说，你吃吧，吃完了，我再给你两块。那人这才吃了。于是赵盾又给了他两束干肉，还有100枚钱。

过了两年，晋灵公要杀赵盾，在宫殿里埋伏了刀斧手等待赵盾前来饮酒。赵盾察觉到酒宴中藏伏着杀机，酒喝到一半就起身悄悄逃去。晋灵公看事情败露，立刻派人去追杀赵盾。其中有一个杀手跑得飞快，他追上赵盾，对赵盾说，你赶快跑，我给你掩护，为你回去死战！

赵盾奇怪地问，我不认识你，你为什么要这么做啊？再说这么多人你能挡住？那人说，我叫灵辄，就是当年枯桑下你救活的那个人，一饭之恩当以性命相报！赵盾就跑了，那人与追杀赵盾的那些杀手厮杀在一起，最后被乱刀砍死。

晋灵公想要杀赵盾的贼心不死，就又派了一个叫鉏麑的杀手去杀赵盾。鉏麑暗伏在门外等候，想要等着赵盾睡着了再刺杀他。结果到凌晨四点了，赵盾还不睡，一直在批阅公文，研究国事。赵盾公忠体国的精神居然感动了作为杀手的鉏麑，鉏麑放弃了杀赵盾的打算。他认为杀了赵盾，对国家是一种巨大的损失。但这是国君的命令，他又不能违抗，如果不杀，是不忠；杀，是不义。在忠义之间难以抉择的他，触槐而死。

一个小小的杀手都甘愿成为“忠义”文化的殉道者，可见“忠义”文化对晋国人的影响是何等的夹肌沦髓！

从丞相荀息、国君晋文公、到卫士灵辄、剑客鉏麑，这种忠义思想，在整个晋国大地上构成了一个产生、发展、壮大的过程，所以等赵氏一脉被晋景公和屠岸贾残杀得仅剩一个尚在襁褓中的赵氏孤儿的时候，出现程婴、韩厥和公孙杵臼这样的“忠义三公”就丝毫不奇怪了。

在这之后700多年，赵康古城南边百十公里的地方，解州——就是现在运城市的盐湖区，出了一个关公，他把这种忠义文化发挥到了极致，成为中国忠义文化最典型的代表人物。现在基本上有华人的地方，就有关帝庙，关公崇拜几乎成为一种世界现象。

后来，唐朝的时候，尉迟恭被封在北距赵康古城仅十公里的汾城，也是历史的一种冥冥选择吧，因为尉迟恭也是以忠义闻名于世的。

尉迟恭之后，在赵康古城和运城解良之间的绛州龙门黄河边上，一位忠勇撼天的白袍将军薛仁贵又成为大唐、成为中华民族的“忠义”象征的传奇。

后世所说的燕赵文化、燕赵悲歌，或者燕赵慷慨之士，如果溯源的话，也是来源于这里。赵国的国君，他的政权，就来自于晋国国都故绛，即赵康古城；就来自于赵氏孤儿的后代——赵襄子和他手下的那帮忠义之士。从“忠义三公”之前，到“忠义三公”之后，有一个源远流长的过程。

赵氏孤儿“忠义”文化遗迹，在赵康古城方圆几十里内都有分布，而且都有相关的故事在流传。

首先，赵康古城，遗址还在（赵康古城往南走，是国家一级保护文物普净寺，现有建筑群建于明清时期，但它的始建年代可以上溯到东汉初年。当时佛教进入中国时，就已经建立了）。赵盾一家360口人被杀死后，据当地民间传说，被义士程婴埋葬在9座墓中，每冢埋40口人。九冢分布在赵雄村及靠西九原山下的方圆几里内，现在已经找到的有7个冢的废墟残迹。其中，位于赵雄村里的第七冢坟完好如初，位于西汾阳村地界内的赵盾墓也还保护得不错，只是没有开发。

赵盾墓东北，是赵盾故里东汾阳村。东汾阳村往北两里地是汾阴洞。这里也很有意思，蒲剧《美人图》里面说的故事就发生在这里，现在汾阴洞附近有个丑姑姑墓的遗迹还在，最初这个地方叫绵上。传说，当时有人发现介子推跑到这里来了，而后被烧死。但不是母子一起抱着死的，是他一个人。晋文公感念介子推大恩大德的忠义精神，就把他的母亲接到了宫中去养老。晋文公为此还下令在这里建立了一个介公庙。曹文敏先生在《临汾景观文化汾城古十六景》中说，汾阴洞的庙会日在清明节这一天，明显是祭祀介子推的。而张坦村的庙会是二月二龙抬头那一天，无疑也是在纪念介子推割股啖君的义举。邱文选老先生考证后指出，汾阴洞这个庙建立在春秋时期，庙下面的隧洞是赵氏后人为了躲避屠岸贾追杀而开凿的一条逃亡暗道。隧洞有十多里长，一下延长到了十里地以外的定兴村。

我推测，这个汾阴洞，不是我们后人所说的三公庙，它以前应该是一个祭祀介子推的庙宇。因为，地面的文物可以焚毁，地面遗迹可以焚毁，但是人们的风俗习惯不能焚毁，而且这个庙会日还是清明节，再加上《太平县志》里面的相关记载，以及汾阴山的这些传说，我觉得这个庙很可能就是晋文公下令建立的那个纪念介子推的庙宇。当然，这一点还有待考证。

总之，这一带如果开发“忠义”文化，具有很深厚的历史传统、理论基础和浓厚的文化氛围，而且景点集中。

希望有关部门能予以认真考虑。

作者注：据晋史专家邱文选先生考证，古晋国前后共七都六迁。周成王九年（前11世纪），始封叔虞于唐，唐城即今之晋城遗址赵康古城；周康王十年（前11世纪），燮父徙于晋水旁，作宫今临汾、襄汾间晋水之阳，此一迁；三传成侯（前11世纪）时，徒于曲沃（在今山西省闻喜县境内，有曲沃五侯古城，历成、厘、靖、僖、献五侯，史称曲沃五侯），实为二迁；八传至穆侯时于前881年，徙于绛，后孝侯改绛为翼，此绛史称古绛，此三迁；又二传至昭侯时，封成师于曲沃后，晋国形成翼、曲对峙局面，武公灭翼，继桓、庄之族于前678年再都曲沃，实为四迁；献公尽戮桓庄、游氏之族，于前669年迁都之绛，史称故绛，即今之晋城遗址赵康古城，历献、惠、怀、文、襄、灵、成、景八公，此五迁；景公于前585年徙绛，即今侯马新田，史称新绛，此六迁也。晋都新田，历悼、平、昭、顷、定、出、哀、幽、烈、孝、靖等11君，至公元前369年，韩、魏、赵三家分晋，晋亡。（《史坛耕耘集》，载《古晋国七都六迁始末》一文，邱文选著，中国文史出版社2010年版）另外，还有历版《太平县志》关于古晋都就是赵康古城的凿凿记载，以及笔者调查走访后写的多篇文章，诸如《赵康古城》《故绛一诺》《层台夜月》《小人治国》《晋城霸基》《赵宣子故里祭》（以上均见《中华祖脉》，李琳之著，西苑出版社2014年版）等，都说明今天赵康古城废墟即为当年的晋都故绛遗址。

漫谈中国祭祖文化

2017年3月9日，我应邀到太原理工大学“清泽人文讲坛”做了题为“漫谈中国祭祖文化”的讲座，本文即是这个讲座的文本节选。我在这个讲座中，主要阐明了以下几个问题：一、祭祖是由于祖先崇拜而产生的一种纪念先人的庄严仪式；二、祭祖文化在中国五六千年中的历史流变； 三、祭祖文化是中国传统文化的源和根，本和魂；四、祭祖文化是千百年来中国人世代相传的一种生活方式，是中国人的主流意识和基本信仰。

祭祖是由于祖先崇拜而产生的一种纪念先人的庄严仪式。“祭，祭祀也，从示，以手持肉”。（《说文解字》）古人认为奉献鲜肉是对先祖表示敬意，祭的本意就是左手持滴血鲜肉的意思。“祖，始庙也，从示，且声”。“示”指“先人”，“且”本形为“男根”，本义为“生育”，引申义为“增加人口”“增加帮手”“增加力量”，一般用为“加力”“给力”的意思。“示”与“且”联合起来表示“给我们子孙力量的先人”（同上）。

祭祖是祖先崇拜的一种特殊表现形式。祖先崇拜来源于原始社会的鬼神崇拜，是鬼神崇拜发展到一定阶段后的产物。祖先崇拜与鬼神崇拜不同之处在于，祖先崇拜有长期固定的崇拜对象，并且与崇拜者有一脉相通的血缘关系。人们尊崇祖先的亡灵，定期举行祭祀，认为祖先的亡灵会保佑子孙后代，赐予他们幸福。同时祭祖还蕴含着教化的思想在内，即感恩祖先赋予了后人血肉生命，后人应该慎终追远，返本报德。在原始社会，由于氏族、部落都拥有同一个祖先，祭祖就又起着凝结人心的作用，所以祭祖就像祭天一样，在原始社会各氏族、部落中，占有非常重要的地位。氏族、部落首领甚至是靠着垄断祭天祭祖的权利，来维护和加强其统治权威的。进入阶级社会以后，统治阶级继承并发扬光大了这种民间信仰，并以此作为“家国同构”的基础来维护其宗法制度，祭祖文化因而成为中华文明的一根主线，贯穿于中华文明历史的始终，成为中华文明历数千年而弥新的不死基因。

祭祖，对个体，对家族而言，是祭祀某个家族和宗族的祖先，对民族，对国家来说，则是祭拜这个民族和国家的祖先神。将祖先作为神明来看待的观念起源很早。《国语·鲁语》中有一段关于历代“祖先神”的记载：

> 有虞氏禘黄帝而祖颛顼，郊尧而宗舜；夏后氏禘黄帝而祖颛顼，郊鲧而宗禹；商人禘舜而祖契，郊冥而宗汤；周人禘喾而郊稷，祖文王而宗武王。

这些列入国祀的“祖先神”根据有没有血缘关系可分为两类：一类是被认为是有一定血缘关系传说中的氏族英雄，如有虞氏拜祭的尧和颛项，夏后氏拜祭的鲧和颛项，商人拜祭的冥和契，周人拜祭的后稷等；另一类被认为是没有血缘关系，但是作为古史传说中的重要的民族英雄，成为超越氏族的远世共祖而受到后人祭拜，如有虞氏和夏后氏禘祀的黄帝，及商族和周族禘祀的帝喾等等。

在中国几千年文明史中，历朝历代的统治者除过供奉祭祀自己认定的祖宗神外，传说中的伏羲、女娲、神农、黄帝、炎帝、颛项、尧和舜等“三皇五帝”还是他们列入最高级别——国家祀典共同祭奉的民族始祖神。所以，祖宗和祖宗神共祀，宗族祖先和民族祖先同祭，是中国祭祖文化“家国同构”的一个特有现象。

考古发现，早在距今五六千年的时候，中国人祭祖就有了庄严的规制和仪式，并且具有了相当大的规模。这主要表现在祭坛的出现上。祭坛是古代用来祭祀神灵、祈求庇佑的一种特有建筑。古人认为天圆地方，圆是天的形象，方是地的形象，所以祭祀时便“圜丘祭天”“方丘祭地”。20世纪80年代，在辽宁省喀左县东山嘴遗址，发现了一座大型祭坛，坛址是用很讲究的石材加工砌筑而成，占地总面积约2400平方米。址中建筑呈中轴对称分布，中轴线南北两边分别各竖立一座祭台。南边祭台呈圆形，直径约2.5米；北边祭台呈方形，东西长11.8米，南北宽9.5米。址中还分布着以石板、石块积砌而起的葬骨墓穴，随葬品只有用于祭祀祖先神灵的礼器——玉。这表明尚处于母系氏族社会的红山文化，就已经以敬天祭祖为其核心内容了。

比起北方来，南方的祭祖文化也是不遑多让。几乎在同一时期，以礼制为特点的祭祀文化在长江流域也陆续粉墨登场。譬如，在浙江余杭瑶山，属于良渚文化时期的祭坛就是一个很好的例子。祭坛被修建在山顶之上，居高临下，肃穆威严。整个祭坛是一个近乎方形的三重台面。在祭坛的南半部，依规模大小一溜排列着12座墓，越靠近祭坛中心的越大，随

位于山顶的浙江余杭瑶山祭坛遗址，肃穆威严，随葬品众多。

葬品也越丰富。像这样的祭坛墓地，在长江流域一带已经发现了好几处。

实际上，在长江下游地区，早在良渚文化之前的崧泽文化时期，祭坛墓地就出现了。譬如位于浙江省嘉兴县的南河浜遗址和位于浙江省无锡市惠山区的钱桥遗址等，都发现有大小不等的祭坛和墓地。另外，安徽含山凌家滩也发现了一处距今5500年、面积约600平方米的祭坛墓地。祭坛同样被建在丘陵的最高处，墓葬品有大批精美的玉器、石器和陶器等，其中多是具有宗教意义和用于祭祀的器物。

祠堂，即宗祠，又称宗庙、祖祠，是中华民族以血缘关系为基础建立起来的供奉祖先、举行祭祖活动的场所。祠堂在国叫太庙——也就是古代皇帝的宗庙。古时的祭祖活动一般都在祠堂里举行，祭祀时该用什么样的器具，该做什么样的摆设，该穿什么样的服饰，仪仗与祭祀该有什么样的程序，都因主祭人的身份及祭祀名目的不同而有着详细、严格的规定。中国历史上关于太庙最早的记载是由孔子删定的《尚书·舜典》：

> 舜让于德，弗嗣。正月上日，受终于文祖。

司马迁解释说：

> 文祖者，尧大祖也。（《史记·五帝本纪》）

大祖，就是太祖、始祖。这里的文祖是指尧的大祖之庙，亦即唐尧王国之太庙。这句话翻译过来就是说，舜觉得自己德行浅薄，要让给有德之人，不肯继承。后来在正月的一个吉日，舜在尧的太庙里接受了尧禅让的册命。

尧舜时代祭祖文化有一个重大变化是，祖宗与祖先神、祖宗象征物“祖”与祖先神像出现了分离。这从陶寺宫城出土的众多垒砌“且”的陶楔残片上可以得到证实。陶寺陶楔“且”构建时，是由陶寺王族每个有资格的家支或家庭，贡献一片陶楔，共同建立起来的。其目的是要强调认同同一个王族祖先，并归入同一宗法体制内部。这些陶楔元件组合在一起，象征着每一个家族都是王族的一分子，大家共同支撑王族存在于世，并且共同孝敬共同的祖先。“且”之顶部象征着王族的同一个祖先，此下逐步分支出各大宗、小宗家支、家族，形成宗法关系塔形模式。这个陶楔搭建的“且”就是礻+且=祖。这个祖，外形虽是男性生殖器，但是完全超越了男性生殖崇拜的观念，而强调的是宗法制度下的抽象的祖先崇拜，所以陶楔祖本身已超脱了具象的祖先神像，成为强调宗法血缘关系的抽象祖宗，可称之为“陶寺陶楔祖宗”。正因为人们那时已经明确了祖宗与祖先神的区别，所以尧的祖庙设置在陶寺宫城内东北部，靠近宫城东北角门，而“陶寺陶楔祖宗”则摆放在陶寺宫城东北角北宫墙一带。（何驽《陶寺宫城陶楔祖宗发现探索琐记》，见2016年12月1日《考古汇》）

由于目前发现最早的文字是殷商出土的甲骨文，因此可以追溯到祭祖活动最早、最详细的记载也就是甲骨文中有关祖先祭祀的记载，如巫、卜、贞、奠、尞、占、鬼、报等。在殷人的头脑中，祖先不仅仅是恩赐后人血脉之躯的先人，还是死后经常制造各种灾祸令人恐惧的亡灵。为了祈福求吉，防止祖先鬼魂作祟，殷人常定期举行祭祀活动，通过奉献牺牲的方式取悦祖先等神灵，祈求保佑。殷人奉献的牺牲更多的是人牲，就是用活人献祭祖先，其手段非常残忍，如砍头、活埋、焚烧、肢解，甚至把他们剁为肉泥，等等。这大概就是《说文解字》里关于“祭”——“从示，以手持肉”解释的出处。

殷商的祭祖行为显然还保留着原始社会浓厚的祖先崇拜的宗教信仰色彩，但到了周代，祭祖礼仪中祖先崇拜的色彩在淡化，而巩固国家统治的政治含义却相应地增强了。周代是典型的宗法社会。周王自认为是上天的儿子，代天治理天下，是所谓的“大宗”，同姓诸侯则为“小宗”。这种宗法关系直接体现在宗庙设置上：

> 天子七庙，诸侯五庙，大夫三庙，士一庙。庶人祭于寝。
>
> （《礼记·王制》）

“天子七庙”是指周天子的父、祖、曾祖、高祖之四亲庙，高祖的父和祖父之二祧庙，以及其始祖后稷之庙；“诸侯五庙”是各诸侯王父、祖、曾祖、高祖和始祖之庙；大夫以下类此递减，到了庶民百姓这一级，“祭于寝”，也就是说，庶民百姓只需在寝室里设祖宗牌位即可，不能单独设祖宗之庙。周王朝通过礼制严格限定不同身份群体的庙数差异，其实际目的就是维护周王朝金字塔般的社会等级制度。

春秋时期，祭祖内涵发生了一些变化，对祖先的敬畏与祈求更增添了“致意思慕之情”的伦理观念。孔子反对过分厚葬。他认为，祭祖的目的并非一定要用厚葬达于神明，更重要的是要唤起致祭者内心虔敬的情感，激发致祭者为忠臣、为孝子的良知。

> 孔子谓：为明器者，知丧道矣，备物而不可用也。哀哉！死者而用生者之器也。不殆于用殉乎哉？其曰明器，神明之也。涂车刍灵，自古有之，明器之道也。孔子谓为刍灵者善，谓为俑者不仁，殆于用人乎哉？（《礼记·檀弓下》）

孔子认为，用明器陪葬的人是知道丧葬之道了，器物齐备却中看而不中用。悲哀啊，死者用活人的器物，那岂不相当于用活人殉葬吗？之所以把它们叫作明器，是因为只有神灵才能明白这些器皿如何使用。用泥土做成的车，用茅草扎成的人，自古就有，这就是明器之道理所在。孔子说，以刍灵为陪葬品的人心地善良，而以茅草扎成的人为陪葬品的人不仁爱，以茅草扎成的人为陪葬品岂不接近于用活人殉葬吗？曾子后来继承孔子这种思想，明确提出了“慎终追远，民德归厚”（《论语·学而》）的主张——如果对于去世者的丧礼能慎重处理，日后还能定期举行祭礼，不断追思先祖，那社会之风俗道德也一定可以渐渐笃厚起来。孔子和曾子这种更具人性化的思想将祭祖文化提升到了一个新的高度，成为两千多年以来中国统治阶级治理天下遵循的不二法宝。

周代，不管是官方，还是民间，祭祀文化都得到了很好的继承和发展，天子、诸侯和庶民百姓，都在各自的领域里，按照礼制规定的方式敬天祭祖，繁而不乱，场面颇为热闹。这一情景在《诗经》里得到了集中的反映。《诗经》是一部西周初年至春秋时期的诗歌总集，收录了300余篇来自宫廷和民间的乐歌，但其中竟有51首是以祭祖为主题的（梅新林《〈诗经〉中的祭祖乐歌与周代宗庙文化》，《浙江师大学报》1999年第5期）。如这首《有瞽》：

有瞽有瞽，在周之庭。
设业设虡，崇牙树羽。
应田县鼓，鞉磬柷圉。
既备乃奏，箫管备举。
喤喤厥声，肃雝和鸣，先祖是听。
我客戾止，永观厥成。

翻译成现代文大意是这样：

盲人乐师真不少，共同奏乐在周庙。
钟鼓架子设置好，崇牙上面饰羽毛。
小鼓大鼓与悬鼓，鞉磬柷圉排一道。
已经齐备就演奏，还有笛子和排箫。
声音和谐又嘹亮，雍容娴雅好技巧，先祖神灵都听到。
我的贵宾光临了，看完演奏称奇妙。

时至汉代，在汉武帝的倡导下，汉儒继承孔子“未能事人，焉能事鬼”的思想，找到中国人祭祖的本源——孝，并进行了深度的理论阐发，将孝道思想和祭祖礼仪有机地结合起来，成为汉王朝治国的重要思想根基。汉代统治者一方面通过诵读《孝经》等方式，将孝道推广到政治、经济、教育等社会各个领域，形成以家族伦理为核心，逐步向社会伦理和政治伦理扩展的孝文化，另一方面又通过大力推举孝子、让不孝入罪等方式将孝文化提升为稳固国家政治统治高度的治国策略。

由于汉王朝统治者对孝文化的大力提倡，汉代的祭祖与社（古代指土地神和祭祀土地神的地方）祭遂成为普通百姓日常生活中的重大事件，社祭也成为凝聚社会功能的重要活动。汉代民间社祭，场面热闹，人山人海，形式也不拘一格。由西汉戴圣编纂的《礼记·郊特牲》如此形容当时社祭的盛况：

> 唯为社事，单（殚）出里；唯为社田，国人毕作；唯社，丘乘共粢盛，所以报本反始也。

里中百姓人家尽数出动，祭社神时，还举行田猎活动，人们都积极参与，不甘落后，丘间庶民共同向社神献上上好粢食。

汉代民间祭祖祭天情景在“汉乐府”诗歌里也多有体现，如这首《郊祀歌·青阳》：

> 青阳开动，根荄以遂，
> 膏润并爱，跂行毕逮。
> 霆声发荣，壛处顷听，
> 枯槁复产，乃成厥命。
> 众庶熙熙，施及夭胎，
> 群生啿啿，惟春之祺。

春天来了，小草开始生根发芽。春天的雨露滋润万物，一切都在它的覆盖之下。春雷阵阵，蛰伏在岩洞里的动物无不结束漫长的冬眠，开始欢欣的生涯。冬天枯萎了的草木也都重新焕发了生机，那些生灵都在春的季候里恣意成长。春天万物和乐，春天的恩泽惠及每个生命的犄角旮旯。天下万物生机勃勃，都是因为受到了春天的福化。

这首诗歌是春天祭祀时唱的乐歌，用于迎送和歌颂祖先神。歌中写出了大地回春的一片欣欣向荣景象，也表达了歌者向祖先神祈福的心愿。

魏晋后，佛教思想逐渐被改造成中国百姓喜闻乐见的本土文化，祭祖思想也融入其中，形成了以祭祖文化为基本思想的“三教合一”的传统文化主流。

孔子在春秋时提出“礼不下庶人”的观点，直接影响了后世礼制的制定和发展。讲“礼”成为王公贵族的特权，礼实际成为区分社会等级身份的工具和标志。先秦至隋唐时期，黎民百姓的祭祖行为一直被排斥在国家礼制范畴之外，只能以民间习俗的方式在各地延续。

祭祖礼仪作为皇家贵族特权的垄断局面被打破是在宋代。宋王朝由于推行科举制度，士庶阶层的界限被打破，社会阶层结构得以重新调整，这使得不同阶层可以共享重大祭祖礼仪这一文化盛事。

在宋朝还有一件影响中国祭祖礼仪发展的大事是朱熹《家礼》的出现。《家礼》是理学家朱熹编写的冠、婚、丧、祭四礼指南。朱熹认为由于每个人所处的环境不同，因此在行祭礼时，不必要拘泥于烦琐冗杂的礼仪要求。这样才可以保证祭礼的可操作性，也方便社会上各个阶层的参与。朱熹对秦汉以来的祭礼进行了精简，按照祭祀时间、地点、人物、器物、仪节五个主要方面制定了“五礼”规制，即通礼、冠礼、昏（婚）礼、丧礼和祭礼。这一规制模式就成为后来中国人举行祭祖礼仪的标准范式。

宋代是中国文化繁荣昌盛的时期，祭祖文化也因此得到长足发展，祭祖观念也更得以深入人心。普天同祭，人人参与，就是这一时期祭祖场景的最好反映。宋代是中国古代诗词达到顶峰的时代，其中不少诗歌都反映了普通百姓的祭祖场景，如高翥这首脍炙人口的《清明》诗：

南北山头多墓田，清明祭扫各纷然。

纸灰飞作白蝴蝶，泪血染成红杜鹃。

你看啊！四面八方的山头上竟然有这么多的墓田，清明时节各家子孙前来祭扫，来来往往络绎不绝。坟前烧化的纸钱灰，随风起舞，犹如白色蝴蝶，哀哭流泪，像杜鹃啼血那样悲伤。

经过宋末元初的战乱后，明清的统治者更加意识到可以利用中国传统的祭祖文化达到人心归化的目的，从而实现国家长治久安的长远目标。明朝洪武六年（1373年），朝廷就明文规定，公侯品官于居室之东修祠屋三间，以祭祀高、曾、祖、考（生为父，死为考，入庙为祢）。嘉靖十五年（1536年）又规定，三品官以上立五庙，以下立四庙。三品以上官“今之得立庙者为世世奉祀之祖，而不迁焉，四品以下，四世递迁而已”。（转引自秦永州、杨治玉《明清时期的家庙与毁庙、祫祭》，见“立身国学网”）

如上所述，在先秦时期，礼制规定“天子七庙，诸侯五庙，大夫三庙”，但该规定是以毁庙制作为代价的。“四庙”祭祀高祖、曾祖、祖、父四代，但等新一代家族的长辈去世，四庙就不够用了。于是，原来祭奉的高祖就要被“除名”，而被请进“祧庙”，藏在祏（古代宗庙里藏神主的石函）或专设的房间内，留下最亲近的先祖。

“今之得立庙者为世世奉祀之祖，而不迁焉”，是说三品以上官员所立五庙可世世代代祭祀，不再实行毁庙制度。这个“不迁”突破了先秦以来的祭祀礼制，满足了民间厚葬久祀的愿望。自此以后，立庙者得以世代奉祀。随着子孙后代的不断繁衍，祭祀历代列祖列宗的宗族祠堂就在中国大地上漫延开来。受此影响，明代全国很多地方都因此出现了“家必有谱，族必有祠”“无祠则无宗，无宗则无祖”的兴盛局面。

但民间祭祖在彼时也有了更详细的规制。岁时节日、人生仪礼、生活事件等各个方面，人们都得祭拜祖先，祖先成为全体家族成员走好未来人生之路的重要精神支柱。明清时，徽州曾流传有一本《祈神奏格》，仅其“书卷”部分所述祭祀祖先篇目就有：元旦拜祖先，新正送祖先，新正拜坟，四仲月祀祖先，清明祀祖先，中元祀祖先，做年祀祖先，高、曾祖妣忌日祀祖先，考妣忌日祀祖先，每常祀祖先，生日祀祖先，生子祀祖先，冠礼拜祖先，婚礼拜祖先，嫁女辞祖先，腊月二十四接祖先，除夜祀祖先，离家赴任、经商祀祖先，抵任、抵商安家祭祖先，官署、客旅祀家先，新娶拜坟，如此等等。（王振忠《明清徽州的祭祀礼俗与社会生活——以〈祈神奏格〉展示的民众信仰世界为例》，见《历史人类学学刊》第1卷第2期）

朝廷不仅是下文要求、鼓励臣下和平民百姓虔诚祭祖，皇帝本人也经常为此做出表率。据《大明会典》记载，明代皇帝亲临或委托大臣拜祭的不仅有天地日月等自然神、社稷之神，历代祖先、历代帝王、先圣先明等更是他们祭祀不可少的内容。清乾隆皇帝就曾经四次不远万里到大清皇帝爱新觉罗氏族的祖陵——今抚顺永陵——祭祖，并在路经抚顺、兴京等地时，写了近30首诗，抒发他沿途观感和祭拜祖先的思想感情。譬如，这首《进柳条边》就反映了乾隆彼时祭祖的心态：

九关台引柳条边，峻岭崇山相属连。
一入分明别内外，沛丰近矣意欣然。
胜时结柳原堪禁，衰际修城办易颓。
皇子扈从谓知否，守成难论慎思之。

一个慎终追远、诚惶诚恐、勤勉敬祖的帝王形象跃然纸上。

毫无疑问，在中国历史上，祭祖文化不仅是一个人安身立命的根本，也是历朝历代宗庙制度赖以产生和延续下去的思想基础。可以说，祭祖文化就是中华文化的源和根，是中华文化的本和魂。作为以宗庙、礼乐、汉字为三大特征的中国传统文化，应该说都是祭祖文化中祖先崇拜的物化形式，又都是祖先崇拜发展到一定阶段的产物。

《大戴礼》云，“礼”有三个根本：

天地者，生之本也；先祖者，类之本也；君师者，治之本也……三者偏亡，则无安人。故礼，上事天，下事地，尊先祖而隆君师，是礼之三本也。

礼有多种，但祭为之本，亦为之先。《说文解字》曰：

礼，履也。所以事神致福也，从示从豊。

礼有五经，吉礼、凶礼、军礼、宾礼和嘉礼，诸礼之中，莫重于祭（吉礼）。祭的意思就是，人奉祀祖先神灵以求吉祥福慧，所以，事祖（神）致福乃“礼”字之本义。

《说文解字》共收录有540个部首的9000多个字。其中，在“示”部当中共有63个字，它们共同反映了中国历史上丰富多彩的祭祀文化内容，譬如：祠，“春祭曰祠，品物少，多文词也”；礿，“夏祭也”；祓，“除恶祭也”；禳，“磔禳祀，除疠殃也”；禬，“会福祭也”；禅，“祭天也”；禂，“祷牲马祭也”；禧，“礼吉也”；禛，“以真受福也”；禖，“祭也（求子祭)”，如此等等。

当然，在《说文解字》中，祭祀文化并不仅限于这一个部首，但是这一部首却具有典型的代表意义——代表着祭祀对象、祭祀场所、祭祀活动、主祭人物等。

由于我们的祖先在原始社会人类发展的初期便有了鬼魂的观念，经过长时间口耳相传的渲染，祖先便俨然具有了一种神秘的超自然力量。他们能于冥冥之中监视后人的言行，并加以护佑或者惩戒，后人也深信通过祭祖可使祖神保佑与赐福自身。因此，祭天祭祖就成为原始社会人们最早也是最基本的社会活动。有什么样的需要，就会有什么样的发明产生。正是祭天祭祖和其他人类初始活动的需要，才推动了第一批汉字的产生。譬如，“祖”“宗”二字，“祖”字，其古体字为“且”，本形为“男根”，代表着生殖崇拜升华后的祖先崇拜，其形又如立于台上之祖宗牌位。“宗，尊祖庙也。从宀从示。”（《说文解字》）段玉裁注云：“《传》曰：宗，尊也。”尊莫尊于祖庙，故谓之“宗庙”。（同上）

如果梳理一下中国传统文化脉络，我们会发现，自始至终，祭祖都像一根红绳一样，贯穿于中国传统文化的整个发展过程，而且，其影响已经渗透到国人生活的各个方面。举凡政治、经济、法律、文化等各个领域，无所不包。如，我们的姓氏就是对我们家族祖先的纪念，我们的“中华”“华夏”则是对我们民族祖先“华胥氏”“有夏氏”的缅怀。再以成语为例，流传下来且还在广泛使用的，就有三四十个之多，诸如祖宗法度、祖宗成法、显祖扬宗、显祖扬名、祖武宗文、绳其祖武、成佛作祖、认祖归宗、九宗七祖、荣宗耀祖、光宗耀祖，等等。

国有太庙，族有宗祠，家有祖龛，祭祀祖先的场所在中国大地上无处不在。缅怀祖先，孝敬父母，显祖扬宗，世人景仰；数典忘宗，败坏家风，辱没祖先，社会不齿。文化者，文以教之，化以育之也。祭祖文化千百年来早就成为中国人世代相传的一种生活方式，成为中国人的主流意识和基本信仰。

下编

薪传有自

我恍然觉得，故乡就是一个浓缩的中国版图。她封闭在马鞍形似的大山环抱里，却在一片安宁祥和的环境中孕育了璀璨的中华文明；她背负着沉重的历史包袱，却在丰厚的历史文化底蕴下造就了数不清的才杰俊士。但她现在就像一个年过花甲、蹒跚而行的老人，在五彩缤纷的霓虹灯闪烁中，瞪着茫然失措的眼睛，四顾徘徊……

皇天后土

一

在山西省吉县城南的挂甲山上，傲然耸立着一座简约而不失庄严的皇天后土庙。被传为女娲、伏羲主要活动区域的人祖山和它相隔仅咫尺之遥，被誉为民族母亲河的黄河（壶口瀑布）就在不远处的山脚下狂奔呼啸着，昼夜不息，千年如斯。庙内塑有伏羲、女娲神像，周围环以原始人制陶、渔猎等栩栩如生的生活场景群塑，逼真、形象，给人以无限的遐想空间。

其实，该庙是个“赝品”，原来的皇天后土庙在吉县城东北的榭悉村，始建于北宋天圣元年（1023年），距今已经千年有余，庙内建筑早已坍塌废弛。乡人遂于1996年重新选址在此依1比1的比例仿建了一座，面宽进深各三间。

虽说重建少了一些古暮之气，缺了些原建的厚重之感，但流连其间，眼睛逡巡于伏羲、女娲粗糙的塑像上，一股幽幽的思古之情还是忽忽撩撩地弥漫到了我的浑身上下。

在偌大的空旷庙堂里，在隐隐约约的黄河尖啸声中，我孑然一人在与远古的伏羲和女娲对望，进行着一种心灵上的时空对接。我知道，我面对着的不是两个个体的生命象征，而是一个民族伊始的读本，一个民族物化的图腾。猿类在经过艰难的几万年、几十万年，乃至几百万年后才进化为能够站立思考的人类，这个大写的“人”字才最后定格在了他们的身上，一个民族的魂魄也才开始在他们的血液里奔腾。

我久久地徘徊在这狭窄的大殿里，缓慢的脚步声由清晰变为朦胧，又由朦胧变为清晰，我的思绪也跟着从现在走向远古，又从远古走回现在……

那时候，黄河流域的黄土高原一带已经有丁村人等原始人在此活动，其时植被丰密茂盛，森林蓊郁苍翠，气候湿润，四季分明，高山、平原交错纵横，汾河、黄河蜿蜒流转，具备了原始人类所有必需的生存、居住条件。但是不知过了多少年，突然有一天，浩渺的天际雷鸣电闪后，无数的陨石在狂风暴雨的携裹下袭向地球，山崩地裂，江翻海倒，森林大火汹涌，洪水泛滥肆虐，人类遭受到了毁灭性的打击。当时的伏羲、女娲二人躲避在高山上，也就是现在吉县、乡宁这片冈峦起伏的崇山峻岭上，由此逃过了一劫。时正值人类进化的母系氏族社会时期，作为部落首领的女娲忧心忡忡之余，勃发豪云干志，炼五色石以补苍天，断鳌足以立四极，杀黑龙以济冀州，积芦灰以止淫水。于是乎，“苍天补，四极正，淫水涸，冀州平，狡虫死，颛民生”。

伏羲、女娲本是兄妹，为了使人类能够再生繁衍，两人产生了结为夫妻的想法，但这不合“天道”。两人又不甘心，不想眼睁睁地看着人类就此灭绝，于是各自生起一堆烟火，许下心愿：老天如果愿使二人结为夫妻，则两股烟火合为一股；如果反对，就让烟雾各自消散。许愿刚完，两股弥漫的烟雾就袅袅娜娜地飘合到了一起。女娲和伏羲二人就按照上天的旨意，悲壮地结合成了夫妻。不久，女娲怀孕、生产，但可能是“近亲结婚”的缘故，女娲生下来的竟是一个巨大的肉胞。伏羲一气之下就用石头把肉胞砸了个稀烂。但奇妙的事情发生了，这些肉渣竟然在瞬间变成了一个个赤裸裸的男男女女，而且见风就长，很快就长成了四肢健全、思维正常的成人模样，人类由此获得新生。

中国历史上，“三皇五帝”的概念变动不居，没有一个统一的说法，但在“天皇、地皇、人皇”三皇中，最为普通大众接受的理念则是天皇伏羲、地皇女娲、人皇神农。所谓皇天后土就是天地或天地神灵的总称。旧时迷信天地能主持公道，主宰万物，实际上就指的是伏羲和女娲两个天神和地神。虽然后世的道教把主宰天界的玉皇大帝供奉到了首位，虽然共工的儿子句龙，也就是曾锲而不舍追踪太阳的理想家“夸父”的祖父，也因所谓“平定九州”被称为地神，但是在历代文人和学者，尤其是在老百姓的心目中，伏羲和女娲的“皇天后土”地位却始终不可动摇。

后土就是养育大自然的土地。土地就像一位生殖力旺盛的产妇，春风徐徐拂来之时，漫山遍野的花木虫草就从她的母体分娩出来，把整个世界打扮得绚丽烂漫、生机盎然。这正如婴儿从女性阴道中生出，幼兽自母畜的生殖器里产出一样，自然万物也正是产自大地母体。一种简单拜物教的类比思维，就使得我们的祖先把以生殖为特征的大地女神后土与氏族始祖女娲简单地联系在了一起。后土信仰由此有了它最坚实的原始根基。

世界各民族虽然进入文明的脚步有快有慢，但相同的进化之路，相同的环境和遭遇，也注定了人类相同的思维模式。所以，当中华民族创造了盘古开天辟地的美好传说时，西方也就有了上帝七日创世说。当中国人把伏羲和女娲当作自己的始祖时，亚当和夏娃也就成了中东和西方人传说中人类的生命之初。

二

我循着伏羲的足迹追寻到了山西洪洞县淹底乡的卦地村。相传这里是太皞伏羲创制八卦的地方。卦地村地势较高，村中有一道反“S”形沟壑，将这块塬地分为首尾相接的一对分别叫作南卦地、北卦地，形似太极图的鸳鸯鱼。令人称奇的是，卦地村周围有8个村庄，两两相隔8里路，8个村庄分别距卦地村也是8里路。8个村庄再向外围扩延，又有10个村庄环绕，且两两相隔均为10里地。卦地村新近出土了几通巨型古碑，其中一通正面镌刻“伏羲画卦处”5个大字，背面碑文曰：

洪洞县治之东南50里有村曰卦地，伏羲画卦之所在。村有伏羲庙，庙旁有冢，冢前有画卦台……

落款为“嘉庆捌年拾壹月二十二日吉立”。据相关史料，该村曾在清乾隆年间建有伏羲庙、娲皇庙等，可惜毁于70年前的战乱日子里。

出洪洞城向东南，蜿蜒爬过一条又一条的乡村油路，就到了一个高高凸起的丘陵地带，卦地村就静静地坐落在这山环水绕的核心，像北京的紫禁城一样，她心安理得地享受着周边村寨“警备森严”的供托护卫。

在原来伏羲庙址东侧，有一块凸起的平地，据乡人说那就是伏羲帝的画卦台。站在那里凭高远眺，但见四面丘陵环绕，沟谷起伏，披锦纂秀，水声潺潺，俨然一幅深不可测的太极图。

卦地村周边的地貌展示的就是八卦方位：“村子的正北有一条清流，自东而西缓缓流过，像是喻指河水的坎卦；东北方丘陵重叠，势搂九箕山，像是喻指山脉的艮卦；正东是裸露黄土的峰峦，现在显然不见绿树，但上古时曾经林木森茂，此景象是喻指物象为树、天象为雷的震卦；东南方地势偏低，风入云至，像是喻指风、云的巽卦；正南方豁然开阔，日至当午，亮阳高照，像是喻指丽日的离卦；西南则黄土垣增，适宜耕种，像是喻指土地的坤卦；西面土缺地陷，洼凹蓄水，像是喻指湖泊、沼泽的兑卦；西北方天际空旷，田陌平坦，冬天来风，寒冽刚猛，像是喻指天行健的乾卦。”（孟伟哉《洪洞卦地村与“伏羲画卦处”》）八方自北顺时针转，东北、东、东南、南、西南、西、西北、北符应着地理、天象，合成坎、艮、震、巽、离、坤、兑、乾八卦，是一个天然混成的太极八卦图。

伏羲被后人称为宓羲、庖牺、包牺、牺皇、皇羲、太昊等，传说他曾教人们织网捕鱼，使人类从原始的狩猎状态进入初级的畜牧业生产；他确定了婚嫁制度，发明了乐器，教会了人们制作和食用熟食，结束了人类身披树叶、茹毛饮血的野性状态；他替人把脉看病，成为中医学的创始人。最重要的是，伏羲始创了中国古代文化的秘密符号——八卦，这是一组代表自然界天、地、水、火和山、川、雷、电的象形文字，其中蕴含了博大精深的中国古老文化的深刻内涵，成为震古烁今的古代东方哲学的标志。

由于实证史料的缺乏，我无法确认卦地村的伏羲遗迹到底有多少真实的成分，因为神州大地上，大大小小、林林总总，被称为伏羲、女娲的祠庙和活动遗迹的地方不下两万处。即使在少数民族，在南方的“三苗地区”，这种遗迹和传说也是随处可见、不遑多让。其实这也没有什么奇怪的，在远古时代，“三苗”也是炎黄和蚩尤子孙的一个族支，后因争夺地盘的战争和天灾人祸才辗转迁徙到了南方云贵一带。

不过，仔细观察这些伏羲、女娲的祠庙及其相关遗迹的分布，就会发现一个规律，那就是在晋南、晋东南，以及豫南、陕东的小部分地区即沿黄河中下游流域一带，这些遗迹更为密集，可谓俯拾皆是，其他地方都是星星点点，零散分布，不成系统。更重要的是，各种卷帙浩繁的典史记载和民间传说，也指证着该地区就是伏羲和女娲活动的核心地带。仅在晋南一带就有洪洞县侯村的女娲陵、吉县柿子滩女娲造人补天的岩画、人祖山、人祖庙以及乡宁县云丘山上的伏羲陵、万荣县汾阴脽上女娲抟黄土造人处、河津市连伯村的高禖庙、芮城县风陵渡的女娲陵（相传女娲风姓，故风陵渡由此而得名；另有一说是由于黄帝的大臣风后死后埋葬于此而得名）。另外，垣曲县和阳城县交界处的王屋山，古称皇母山、女娲山，当地人传为女娲炼石补天处。还有长治市天台山的女娲炼石补天的望天台、晋城市浮山北谷的女娲炼石补天的娲皇窟、黎城县广志山的女娲足迹所至的娲皇庙、阳城县南郊高禖神祠（百子庙）等等。

三

梳理过这些纷纭杂乱的头绪，我的眼光盯到了洪洞县的女娲陵。这不但是因为女娲陵让我向往已久，更因为洪洞乃是我们远祖活动的核心区域，是中国人盛传的祖宗圣地。我们耳熟能详的“三皇五帝”，还有诸多的人类祖先，都曾在这块土地上留下了他们的足迹。尧王访贤、舜耕历山、大禹治水、皋陶判案、造父驾车、许由洗耳、师旷正音、叔向贺贫……

女娲陵在山西洪洞赵城镇东4公里处的侯村。我和临汾市委党校的石耀辉教授从羊獬唐尧故园驾车赶往侯村时，已是上午11点多了。刚进女娲陵庙的大门，一片墙倒屋颓的荒乱景象就映入了我的眼帘：随处堆放的砖块、横七竖八的椽檩、随风飘荡的纸屑……原本兴奋的心情，一下变得荒凉起来。进门有一条宽阔的柏油大道，黑鲜光亮，看来是刚修不久。大道正中矗立着一座正在修理中的女娲补天雕塑。女娲上身不伦不类地裹着一圈黄绸布，但那双手高高托举着的补天石和那庄重的面部表情还是让我肃然起敬。基座是用黄砖垒成，前边还放着一摞新砖，说明女娲庙正在修葺。大道左手是拆得七零八落的一排排房屋废墟。从残留在墙壁上的标语和黑板报可以看出，这里原来是一所学校。大道右边是零零落落的几间重修后的庙宇建筑和原来一些残存的石碑。靠墙有两块叠在一起的形状不规则的石头，两块石头都是千疮百孔，显然是经过了千百年的风侵雨蚀，石头后面有一通字迹漫漶不清的石碑。我上前仔细辨认，才隐约看出是“女娲补天石”几个字。

我心里忽然有了一些激动，用手轻轻抚摸着这块表面沟壑、洞窟纵横遍布的“神石”时，脑海里却浮现出了远古人类最初在地球上共同遭遇不幸的情景。

几乎是上万年前，当我们的远古祖先面临“四极废，九州裂；天不兼复，地不周载；火炼炎而不灭，水浩洋而不息；猛兽食颛民，鸷鸟攫老弱”这样的厄运时，地球上其他地方的先民也都未能幸免于难——世界几大古老文明都有类似的悲壮传说。中东的巴比伦神话中讲到风暴神恩利耳不顾母亲女神伊纳娜的恳求，接受众神委托去毁灭对神不敬的人类，最后只有兹乌苏德拉及其家人乘“方舟”成了仅剩的幸存者；希伯来神话传说的“诺亚方舟”也是讲洪水泛滥毁灭了人类，神通过幸存者诺亚重新开启了人类的新纪元；美洲的神话传说，在洪水灭世前，伊拉玛斯观察到群星的不祥排列，曾向人类发出大难临头的预警，可惜，无人响应，他只有带着儿女去山顶避难，幸存后才重新开始了人类在地球上的繁衍生息；在澳洲的神话里，也是因为洪水将前一个世界毁灭，由幸存的兄妹成婚开始新世界的生活；在非洲约鲁巴人的神话里，海神俄洛昆曾一度狂怒，发大水淹没陆地，结果是天神俄仑弥拉带来《易法预言秘籍》救助了人类……相似的传说，不约而同的背景至少昭示了一个基本事实：多灾多难的人类发展史早期一定曾遭遇过全球范围内的毁灭性灾难。

幸存的女娲可能就站在我脚下的这片土地上，开始了拯救人类的行动。她“炼五色石以补天”，是说用五色石修补坍塌的窑洞顶部，因为古人以头顶三尺为“天”；“断鳌足以立四极”，是说女娲面对人类所赖以栖身的山窟洞穴遭受到地震坍塌后，从鳌足以立身体的现象得到启发，遂用树木立四柱以搭建茅棚来遮风避雨；鳌，是海中大龟，《一切经音义》说它“负蓬、瀛、方三山”，长有四只巨足支撑身体，力大无穷。“杀黑龙以济冀州”，按《山海经》此黑龙即黑水，指乡宁黄河对面的云岩河。不仅如此，吕梁山一带还保存着黑龙关（蒲县）、黑水沟、黑龙庙（临县）、黑龙窊（岚县）等带有黑龙名称的地名。冀州，古人指位于天地中心的黄土高原地区。这句话的意思是，女娲通过整治泛滥的黑水河从而使冀州地区重新具备了人类赖以生存居住的最起码的自然条件；“积芦灰以止淫水”，是指女娲氏利用森林火灾产生的灰烬、焦土，填塞沟壑，堵止污浊的洪水肆虐泛滥。

我在冥想时，耀辉先生的呼叫声把我猛地惊醒，原来他正站在不远处一个高高的废墟上兴高采烈地说：“看，底下这个院落里就是娲皇陵。”我迅捷地跑过去攀爬到那堆废墟上，果然下面是一条静寞的陋巷。正对着我们有一个简陋的小门，两扇锈迹斑斑的铁门紧闭，还上着一把锃光发亮的黄锁，门上方“娲皇陵”三个繁体字突兀醒目。从院墙望过去，院里耸立着一座荒草萋萋的硕大坟茔，其上疏疏朗朗地夹杂着几颗刚吐嫩叶的细小杨柳，墓碑侧面有一颗圆锥形的小柏树，在一片灰突突的色流渲染下，更显得寂寥萧条。远眺那通墓碑，似乎隐隐约约地写着“娲皇正陵”几个字。我不觉愕然，怎么娲皇还有正陵和副陵之分？恰遇一农妇打此路过，经询问才知道，正陵园后50米处还有一副陵园。正陵里安放的是娲皇的金身，副陵则是娲皇衣冠冢。

由于地形不熟，街上又无行人可问路，我们穿过一条条大街小巷，费了不少周折才找到那个娲皇副陵。一样的院落，一样油漆脱落、紧闭着的大铁门，掩映于周围鳞次栉比的农家院落包围中。无法进去，我们就爬上附近的大土堆踮起脚尖，匆匆观瞻。看不出和正陵有什么不同，里面也是枯枝败叶密布的一座墓冢，萧萧然，不觉让人油然而生一种凄清的悲古之感。

《太平寰宇记》记载女娲墓，在赵简子城东南5里。《赵城县志》云：

> 陵前古柏一百八，树多八九人围。俗言鸟雀不粪、虫蚁不蚀，亦好事者之说也。正陵右有“补天石”。宋乾德四年（966年），诏给守陵“五户长”吏，春秋奉祀，其后代有祭告。国朝历次遣官致祭，祭文并砌石，立庙中。

《平阳府志》说：“唐天宝六年（747年）重修。”庙中旧塑女像，滚冕执圭，旁侍嫔御。殿壁绘“断鳌”“炼石”各图。清乾隆十七年（1752年）以太常卿金德英奏，悉撤去之，更设木主。庙后有陵及补天石。宋以后代有祀典。《大清一统志》记载“庙周围约五里许”，庙中《大元国重建修娲皇庙碑》说：

> 辛未（971年）春……乃诏诸郡、县，应境内有历代帝王陵寝之处，俾建寺庙，四时祭享，庶百姓祈福焉。娲皇冢……庙有碑，自宋以上，率剥裂不可考，独开宝六年（973年）所制者故在，具述奉敕重修本末。然则赵城之有娲皇庙，其来尚矣。

想到史料关于女娲陵的这些记载，我试图从中能得到一些新的发现，于是再次返回到娲皇陵庙。到了庙后，我的眼睛被那两颗盘根虬曲、古枝杈丫的老槐树所吸引。虽然清明已到，春风拂面，地下不知名的小草都顽强地伸出了嫩黄的芽叶，但是那两棵树仿佛还睡眠在寒冬的季节里，光秃秃地偎依在浩渺的天空里，似乎不愿意搭理这春天的脚步。

正当我们看得忘神时，后面断壁处正对的那个黑门“吱呀”一声开了，一个中年妇女走了出来。我们赶忙走过去搭讪。女人以为我们是政府部门过来考察拆迁的，态度很友好，就自管自顾地说了她们家的好多困难。等到知道我们只是游客时，不免显得有些失望。不过，她倒是说出了一条非常有价值的信息。她说，前一段时间，有专家考证，这两棵树的树龄有3000多年的历史。我真有些大喜过望，这无形印证了方志的记载，如此说来，该树的寿龄已经超越太原晋祠大院里的那两棵周柏。那么，据此推断，女娲陵庙的建筑也应该有3000多年的历史了。如果此结论能够成立，那么这座女娲陵当是天下之最了，她的真实性也就大大增加了。

陈香梅女士题词的碑刻

娲皇陵其实名声震于寰内已久，陈香梅女士和冰心女士都在生前先后来此凭吊，并留了珍贵的墨迹。甚至在20世纪90年代，还有来自东瀛日本的游客，到这里焚香祷告，祭奠这位中华民族伟大的母亲。

思绪至此，我转过身，缓缓走回去，用手摩挲着那棵枯皮皲裂的古树，蓦然感觉自己像是在触摸岁月的荒凉，更像是在吸纳母亲温馨的气息……

四

闻名世界的壶口瀑布之东，距河岸约20公里处，有一座叫作人祖山的大山。这里漫山遍野都是蓊蓊郁郁的千年古木，峰高林密，遮天蔽日，瀑布飞溅，流水淙淙，飞鸟成群，野兽出没，是一处尚未完全开发的天然森林公园、一个优雅的理想避暑胜地。尤其可贵的是，这是一座兼有众多传说和累累古迹的文化名山。人祖山主峰为人祖庙，海拔1742.4米，周围建有大小庙宇16座，绵延掩映于苍松翠柏之中，祥云缭绕，雾气腾腾，真是一处难觅的人间仙境。

人祖庙巍然耸立在伏羲岩上，里边修建有后宫、献亭、乐楼、钟鼓楼等，占地300平米左右。山巅西南有一平台，人称“卧云台”，其上有碑碣数通。在千年凄风冷雨的吹打下，那几通碑碣已变成了满眼窟窿的蜂窝石，文字更是漫漶不清、模糊难认。台畔靠崖处有一锅状石窟，乡人称“天盆”，传说为娲皇洗漱用盆。悬崖峭壁上龙飞凤舞地刻着“伏羲岩”三个繁体大字，其鬼斧神工之妙令人叹为观止。岩下依次设有十八罗汉雕塑、南天门、卧云石、舍身崖、苇于梁、南山沟寨、风云洞、“多手佛”寺、窟窿寺等景点。

司马迁在《史记》里说它偏僻荒凉，重耳避骊姬之难时曾躲避到这里生活过一段时间，但未提具体名称。公元6世纪，郦道元在《水经注》称之为风山。这可能和史籍记载的女娲氏是风姓人有关。人祖山这个名字最初出现在宋朝前后，当地乡绅为了“人根之祖曾在吉州”名副其实，遂改称至今。

我关注人祖山，是因其不同凡响的两个特别发现：

其一，所谓娲皇遗骨的出土面世。20世纪80年代中期，乡人阎金铸先生一次偶然的机会在人祖庙娲皇塑像下面发现了包有黄绫的一封木函，由于不甚了了，并未引起相关部门的注意。直到近年才在北京大学考古研究所的帮助下，用同位素C_{14}检测，竟发现这封木函里面的遗骨是距今6200年的人头骨。该木函上镌刻文字为：

> 大明正德十五年，天火烧了金山寺，皇帝遗骨流在此。大明正德元年，先人流下。

6200年前的遗存，当然不可能是明朝皇帝。山西师范大学文学院教授冯彦山先生说，人祖山下面的柿子滩、人祖山造化坪和水懒坪出土的细石器以及人祖山周边的众多细石器文化遗址可以证明距今一两万年以前，人祖山一带就有古人类活动。冯彦山先生进一步说，史料记载，女娲、伏羲为风姓，而人祖山因有“众风之门”——风洞（见郦道元《水经注》）称为风山，所以在人祖山一带活动的人应该就是女娲、伏羲部落。这一发现如同石破天惊，成为全世界瞩目的焦点。

与此相联系的第二个发现是，人祖山脚下柿子滩的万年岩画，竟被专家学者确认为迄今为止中国最早的岩画作品。靳之林先生认为该岩画表现的内容与女娲有关，而包括山西大学文学院院长刘毓庆先生在内的诸多专家都认为这幅岩画就是关于女娲造人补天的内容反映。岩画突出了女人的丰乳肥臀，并十分夸张地放大了女性生殖器。刘毓庆先生说，岩画上的女人，乳房硕大下垂，可能意指正值生育期的女性；女人头部上方曲曲折折的7个点当代表的是北斗七星，表示浩渺天宇；女人右手高举一圆形物，上接苍天，寓意为“举石补天”；女人中腹部一圆孔，当是肚脐——在原始人的观念中，肚脐是有生育意义的；女人下部几个排列纷乱的点，当代表婴儿，是指生育人类的意思。所以整幅岩画表现的无非是女娲神话的核心内容，即“补天”“造人”。

柿子滩处于清水河流汇入黄河处的一块台地边的山崖上。这里沟深峰险，依山傍水，不仅渔猎方便，而且有大量的野果可供采摘，应该是原始人一块比较理想的栖居地。在柿子滩开阔的台地上，随处都散落着有数千年乃至上万年历史的“绳纺陶片”。考古工作者考察后确认：“柿子滩遗址”是一处“中石器时期”原始人类栖息、生存的遗址。在这里生活居住的，可能是一个过着采集、渔猎生活和有着自己精神生活的原始氏族集团。

我在为这两个发现激动不已时，却也同时发现了一个奇妙的现象，那就是这两个发现都没有伏羲的参与。再联想到先前去过的洪洞侯村女娲陵和万荣后土祠，也不见伏羲的踪影，我不禁诧异，这两个既是兄妹又是夫妻的人类始祖岂能被后人活生生分开？后来在查阅大量典籍史料的过程中，我才恍然发现，伏羲和女娲是被后人，确切地说，是被汉以后的文人“被兄妹”“被夫妻”的。也就是说，至少在秦汉以前的著作文献中，伏羲和女娲各是各，没有关联，更没有交集。另外，关于女娲人面蛇身形象，也大多是后人的杜撰、想象，没有根据。

很多学者都认为，最早记载女娲的典籍是战国晚期的《楚辞·天问》，其实不然。比《楚辞·天问》早400年左右的西周末年的著作《史籀篇》就有记载。《史籀篇》是我国见于著录的第一部尚处于萌芽状态的字典，相传为周宣王太史籀所作，在西周末年开始流传。秦始皇统一中国后“车同轨，书同文”，籀文被废弃不用。现在所能看到的籀文，主要保存在《说文解字》和《石鼓文》《诅楚文》中。许慎撰写《说文》时，《石鼓文》《诅楚文》尚未出土，籀文材料仅存于《史籀篇》。“娲有籀文”，说明《史籀篇》载有女娲之名。秦汉以前，详细记载女娲形象和事迹的只有《楚辞》和《山海经》。屈原《楚辞·天问》只此一句：

> 登立为帝，孰道尚之？女娲有体，孰制匠之？

《山海经》曰：

> 有神十人，名曰女娲之肠，化为神，处栗广之野，横道而出。

这里都没有提到伏羲，也没有提到女娲人面蛇身的形象，更没有提到二人的兄妹关系和夫妻关系。所谓的伏羲、女娲两尾相交的石刻画像，肇始于汉代。那是因为汉代是对传统文化的一个总体大整合时期，人们的思想和想象力有了进一步发挥的空间。

其实，女娲生活的年代远早于伏羲。女娲是母系氏族社会的代表，而伏羲是父系氏族的一个部落首领名称。女娲的图腾是蛙，象征着人类的生殖崇拜，是黄种人的“始母”。她是最初的“天皇”，应为“三皇”之首。但是后来的父系氏族社会抬高了男人的地位，伏羲以象征男性生殖器的蛇为其图腾崇拜，并取而代之，女娲的地位随之下降到了第二位，被后世文人和统治者附会成了“地皇”“后土”。

做这一番枯燥的理论考证，很有些歉意，连自己也觉得无味，但为了说明事情的真相，还不得不为之。但由此我们至少明白了一个道理：吉县的人祖山、洪洞的女娲陵、万荣的后土祠都是最初原汁原味的女娲事迹相关记述，也说明了女娲造人和补天的主要活动区域就在晋南、晋东南这一带。虽然其中也夹杂了不少后世文人的想象，但还是难掩其淳朴的原始痕迹。

写到这里，我忽然想起了作家王晓鹏先生写的一首关于凭吊人祖山的诗歌，恰代表了我此时此刻的心境：

我走进的不是传说，不再是缥缈的云烟
啊，谁能穿越亿万年的时光隧道
聆听激越的鼍鼓唤醒沉寂的山峦
如月满弓射出的箭镞，呼啸而来
在举起的神弓之后，是一张妩媚的笑脸
一座山，就是一篇永远也读不完的文章
传说和历史，往往就是山的这边和山的那边
我用心触摸柿子滩远古篝火留存的温热
北斗七星和南斗六星照亮了先祖们的慧眼
打制的石器剥开了弥漫的历史云烟

人祖山，我品读你怀抱里迷茫的昨天

五

对万荣后土祠，我早已如雷贯耳，但一直忙于俗事，未能一睹芳容。没想到观瞻洪洞女娲陵三个月后的一天，《山西商报》和《生活晨报》共同组织了一次万荣李家大院学术座谈会，邀我前往。时值盛夏，故乡一带酷暑难熬，我是深有体会，因此就有点畏首畏尾。然而，当组织者乔琰先生告诉我，会后还可以去后土祠游览一下时，我毫不犹豫就答应了。

后土祠离李家大院也就20公里左右的路程。在李家大院那两天，骄阳当空，炙气逼人，走不了两步路，就大汗淋漓了。许是后土娘娘为我的诚心感动，我们次日午后离开李家大院时，还是烈日高悬，待赶到黄汾两河交汇地带的后土祠时，已经是乌云漫天、凉风习习了。

后土祠原处历史上著名的“襟汾带河”的“汾阴脽上”——一条背汾（河）带（黄）河的长形高地。清康熙年间由孔尚任主编的《平阳府志》云：

脽者，河东岸特堆崛长四五里，广一里余，高十丈，钜灵坐

在全国数不清的后土祠庙中，汾阴后土祠被视作祖祠，也被公认为是“海内后土祠庙之冠”。

处以形成。高起如人尻。

“脽”字从辞源的解释看：一是丘类，即小土山；二是人的臀部，也有的解释为女人的阴部。汾阴脽就是一座形状像人的臀部或女人阴部的河中之丘或河中之岛。关于汾阴脽还有一个美丽的史前神话故事。传说在远古洪荒时期，人类正遭受洪涝灭顶之灾时，一个力大无穷、顶天立地，名叫钜灵的英雄横空出世。他伸出两臂，大喝一声，就把华山掰成了两瓣。泛滥肆虐的洪水遂由此处浩荡奔泻，汇至黄河。钜灵由于用力过猛，被巨大的反作用力震得一屁股坐到了地下，这块地方就被挤压成了形似人股的高阜“脽”状。自此，天下瑞气皆往此聚，汾阴脽就成了闻名遐迩的钟灵毓秀宝地。

这一带近年来陆续发现了大量的古脊椎动物化石和新旧石器时代的砍砸工具，其中有50万年前已灭绝的三趾马牙齿化石，有许多万年以前的犀牛、野牛、虎、大象、鹿等化石。还有稀少而珍贵的鸵鸟蛋化石，鼹鼠化石和珍贵的“山西兽”动物化石。还发现了许多古人类用过的石刀、石斧、石球及各种形状的砍砸器等。尤其是这里还发现了旧石器时期代表性的黄色的石錾子、黑灰色的石斧和大块砍砸器等，说明这里是远古动物和人类频繁活动的地方。

民间传说，后来的女娲就是躲到这个僻静的地方来“抟土造人”的。她干得又忙又累，竭尽全力干还达不到满意的效果，于是她就拿了一根绳子把它投入泥浆中，然后拽起绳头一甩，泥浆洒落在地上，就变成了一个个的人。富贵的人是女娲亲手抟黄土造的，而贫贱的人则是女娲用绳子甩落泥浆到地上变成的。这个神话传说充满了“黄”的色彩，显然与“黄河之水”“黄色人种”出自于“黄色之土”有关。许多专家由此推测，女娲氏部落的女人们可能是为躲避野兽的侵害而来到了这个四面环水的岛上生育产子，后人遂演绎成了抟土造人的神话。李白在那首脍炙人口的《上云乐》就击节称叹：

女娲戏黄土，抟作愚下人。
散在六合间，蒙蒙如沙尘。

汾阴脽东周时属魏国，史书上说的“秦惠王伐魏”确切的地理位置就在这里，所以也称“魏脽”。黄帝在冀州的涿鹿、阪泉一带打败蚩尤后，完成了部落统一的壮举，挟裹着一种胜利者的豪情和对先人的感恩之情来到这里祭祀“后土”。汾阴脽就是轩辕黄帝祭祀后土的郊台，因为没有正规的祭祀礼仪形式，他只是扫一抔黄土来表示他对大地母亲滋生万物、养育人类的崇敬之情，后人称此“扫地为坛祭祀后土”。据文献记载，之后的尧、舜二帝，夏、商、周三王都先后来此祭奠后土圣母女娲氏。女娲氏遂在远古帝王前赴后继、一连串的祭祀“造神”中，直线上升到顶级神灵的地位。

在全国数不清的后土祠庙中，汾阴后土祠已经被视作祖祠，被公认为“海内后土祠庙之冠”。不论是从建祠历史、建筑规模，还是从建筑级别、文化底蕴上来说，它都当之无愧。甚至从我们拾级而上的祭道中也能看出它的与众不同。这是一条不断蜿蜒攀升的呈阴阳鱼交线的S型“太极道”。从慈恩亭到山门前，设9组石台阶，暗喻9重天；每组台阶12层，暗合1年12个月；在第6组和第7组之间，建石门1座，称“天门”。天门前6组石台阶，共72层，代表地府72司；门里3组台阶，共36层，正合罡数，亦即北斗星的勺柄，为36个；12层9重天，共108阶，应对着12个月、24个节气、72物候。

当我们一行12人气喘吁吁、汗流浃背地登上最顶端的山门时，一股凉风拂面而来，不觉清爽惬意，大有心旷神怡之感。转身放眼瞭望，但见崖下绿意盎然，阡陌纵横；右边是滚滚而过的黄河，水天相接，莽莽苍苍；正面和左手，群山环抱，雾气腾腾。再看脚下，人影憧憧，炊烟袅袅。一时激动，我竟情不自禁地轻声吟哦起了李适那首著名的《后土祠》：

我行岁方宴，极目山河分。
神光终冥漠，鼎气独氛氲。
揽涕步脽上，登高见彼汾。

雄途今安在？费非有白云。

入山门，立即有一种庄重肃穆的感觉袭面而来。整个祠堂占地面积不过两万多平米，但各种楼堂庙宇的建筑古色古香，浑然一体。深褐色的琉璃瓦，大红色的外廊柱，暗灰色的大理石，苍翠蓊郁的参天古木，还有间或“扑棱棱”飞上天空的鸟儿，共同营造了一个古韵依依的氛围。

穿过举世闻名的“品”字戏台，迎面就是供奉“后土娘娘”的正殿。大门两侧的对联引起了我的注意：上联是“后配六合之天，至上至尊，圣德自应崇代代。”下联是：“土为万物之母，资生资育，世人所以称娘娘。”明眼人一眼就可以看出，该下联无论从文辞还是意境，都不能和上联相配。据说，主殿的木质楹联在“文革”中流失，只找回了上联，后广泛征集下联，才有了此对。可惜，金花没有配上银花，反倒配成了西葫芦和南瓜。

由于天色渐暗，我们还要赶回太原，所以其他景点只是走马观花地过了一下。我们重点欣赏了一下秋风楼。秋风楼因汉武帝的千古名作《秋风辞》而闻名遐迩。

公元前113年，汉武帝在雍县（今陕西凤翔县南）祭天时，对大臣们说：“今上帝派朕亲至城郊祭祀，但此地无后土祠堂，无法行祭祀之礼啊。”博学多才的太史令司马谈（司马迁之父）家乡在夏阳（今陕西韩城，一说山西河津），与汾阴县仅一水之隔。他熟悉当地的风土人情，更对后土祠的历史风貌了若指掌，遂建议汉武帝到汾阴县祭祀后土。汉武帝在原来后土庙的基础上，大兴土木，扩建成后土祠，亲率群臣到汾阴祭祀，“亲望拜，如上帝礼”。返程时，泛舟于河汾之间，汉武帝同群臣欢宴于船上。志得意满之余，极目远眺，却见烟波浩渺，风帆点点；大河两岸，秋风萧瑟，草木落黄；抬首仰视，天高云淡，鸿雁南归。联想到自己倏忽之间已逾不惑之年，不觉黯然神伤，遂放悲声：

秋风起兮白云飞，草木黄落兮雁南归。

兰有秀兮菊有芳，怀佳人兮不能忘。

泛楼船兮济汾河，横中流兮扬素波。

箫鼓鸣兮发棹歌，欢乐极兮哀情多，

少壮几时兮奈老何。

后来，汉武帝又先后五次到汾阴祭祀后土，还在后土祠建造了一座万岁宫。

秋风楼位于正殿之后。这是一座完全木质结构的观景楼，走上去恍如走进了那个峨冠博带的年代，踏上楼梯“咯吱咯吱”木梯晃动的声音伴随着雄浑沉闷“噔噔噔”的脚步声，再加上眼前身后发散着陈旧气息的古木围裹，以及幽暗昏浊的光线，一种幽幽的思古之情刹那间流转全身。

整座楼高32.6米，分三层，四周回廊。当我们踏上最顶层时，倾盆大雨突然从天而降，在“轰隆隆”的雷鸣电闪中，在“哗啦啦”的大雨滂沱声中，我们倚栏凭眺，但见大地覆盖在一片灰茫茫的雨雾中。远处的山峰若隐若现，近处泛着白光的黄河像一条蜿蜒曲折的丝带，被大雨连接上，仿如从远古走来，又好像从浩渺的天际倾泻而下。此时，我忽然觉得，远古时代，女娲选择这里缔造人类，有如此山河气势作为凭依，华夏民族焉能没有吞天吐地的博大胸怀？焉能不屹立于世界东方而成就绵延8000年的中华文明？

史载，汉武帝之后，至唐宋，先后有汉宣帝、汉成帝、汉哀帝、光武帝、唐明皇、宋真宗等十几个帝王先后来此祭祀后土。宋真宗时期，皇家拨巨款对后土祠重新修葺扩建。据后土祠庙貌图碑所记，当时的后土祠面积达到了63万平方米，是现存后土祠面积的25倍，比北京故宫还要大。明万历年间，由于黄河发大水，浊浪滔天，脽丘塌陷，原祠瞬间被毁，成为一片白茫茫的洪水汪洋。后土祠被迫择地迁建。清顺治年间，黄河再次泛滥成灾，后土祠变成一片瓦砾，所幸还留下了个别门殿及秋风楼。到1870年，时荣河知县戴儒珍才在众乡绅的力促下，将祠迁移于庙前村北的高崖上，也就是我现在看到的后土祠。

毫无疑问，万荣后土祠是明以前历代帝王祭祀后土的庙宇。只是到明代以后，由于帝王之都迁至北京，路途遥远，“日理万机”的皇帝老儿多因出行不便，遂先后在北京建起了象征皇天后土的天坛、地坛，皇家的祭祀中心也由万荣转向了京城。久负盛名的后土祠终于成了皇家5000年专利祭祀的弃儿，它被迫低下高昂的头颅，无奈唏嘘地转向了民间。

六

从现有的文献看，最早提到皇天后土这一概念的，应该是《左传》：

> 晋大夫三拜稽首曰履后土而载皇天，皇天后土，实闻君之言……皇天，例以皇祖皇考，则后土亦地母也。

皇天后土本质上是祖先崇拜中“父”“母”，“天”“地”，“人”“神”合一的产物。其实，稍加留意的话，我们会发现，在所谓的“后土”“地母”“大地之神”产生后，在我们的神话体系中，在道教、佛教等宗教领域里，又先后衍生出了掌管某一地域的“社神”，掌管幽都的“冥神”，掌管某一地方的“土地神”“城隍神”以及“山神”“河神”“海神”，如此等等，不一而足。但万变不离其宗，我们都可以从中找到后土神的影子。

从后土祠返回北京后，我经常在想一个问题，那就是伏羲和女娲究竟是人，还只是神话中的传说？如果说他们是单个的人，他们所做的很多事情根本非一人所能为，而且在母系氏族社会，根本就不会有伏羲这个男人的位置，更不可能把他抬到神明的高度。另外，很多文献说伏羲仅在位就达115年，这和关于尧、舜、禹都活到了100多岁的传说一脉相承。这显然是弥天大谎，连人类最起码的寿命常识都说不过去。因为根据科学考证，在原始社会里，人类的平均寿命不会超过40岁，即便是在今天，科学医疗技术如此发达，人类的平均寿命也才达到73岁。但古代各种文献都振振有词地记载了他们的相关事迹，全国各地的民间传说，也纷纷扬扬，大同小异，这说明其中肯定有他们的活动痕迹，否则不会空穴来风的。综合以上两点，我推测，伏羲和女娲分别应该是两个不同时期部落的首领名称，也就是说，他们分别是各自部落几代、十几代，甚至几十代部落首领的综合体。这就好像一部小说的主人公，不是简单的某个人的社会反映，而是由小说家经过加工后的多个个体的形象反映，其中有张三的影子，也可能有李四的声音。只有以这样的思维方式来看待伏羲和女娲，我们才能从汗牛充栋的典籍史料中找到比较合理的答案。这一点也得到不少学者的首肯，易中天先生就认为女娲是母系氏族社会一个部落数代首领的名称，伏羲呢，则是父系氏族社会一个部落的几代首领的统称。从时间上来说，两者相差好几百年乃至几千年。

伏羲和女娲不管是人是神，他们都成了华夏民族共同的人祖，成为了我们这些炎黄子孙顶礼膜拜的皇天后土神明，是我们民族精神的根祇，因而，他们的名字将会永远成为我们民族信仰的象征。

2200年前，汉武帝曾在后土祠高歌：

> 穰穰复正直往宁，冯蠵切和疏写平。
> 上天布施后土成，穰穰丰年四时荣。

我想，这不仅仅是一代天骄汉武帝的愿望，也该是我们所有黄种人的发自肺腑的共同呼声。

炎帝陵

一

受正统观念影响，一直以来，我就认为“5000年文明看山西”中的“山西”是特指晋南，即现在的山西临汾、运城一带。因为汗牛充栋的各种典籍史料和这一区域琳琅满目的地上地下文物遗迹，还有大量纷纷扰扰的民间传说，都确凿无疑地指证着这块古代被称为河东的地方是中华民族的祖脉所在，是华夏文明的滥觞之地。但前两天的晋东南之行，动摇了我几十年的看法，我发现这种观念是狭隘的，或者说，至少是有所欠缺的。

晋东南地区，古称上党，其蜿蜒于澎湃汹涌的黄河中游，雄踞巍巍太行南端。西北是崇山峻岭的太岳山系余脉，西南毗邻云遮雾绕的中条山脊。其疆域最大时，除基本包括今长治、晋城两市所辖三区二市十五县外，还包括周边河北省西南部、河南省东北部、晋中和晋南等邻近省市的一部分。狄子奇在《国策地名考》中说：这里“地极高，与天为党，故曰上党”。《潞安府志》说它“居天下之脊，山以太行为宗，群山皆分脉络”。该地不但山高峰险，而且河多水众。“川以漳水为大，诸水为之汇归。洵乎钟灵毓秀，为宇内大观也。”长治古称“潞”，晋城古称“泽”，都与水有关。考古发现，这一带在亿万年前是一片浩无边际的汪洋大海，所以后来就留下了无数的水泽湖泊，如漳河、丹河、郯水、沁水等。山陵、丘阜、平原、湖泽、森林、草地……多层次的景观生态为原始人类提供了可猎、可采、可耕、可牧、可渔、可躲避涝灾、可战胜旱灾的栖居生存的必要条件。

同世界上其他文明始祖的脚步一样，当我们聪明的祖先找到这片可赖以栖居生存的青山绿水时，中华文明漫长的旅程也就从这个点上，徐徐拉开了她艰难而辉煌的序幕。

在远古上党浑沌迷离的神话舞台上，首先向我们走来的是怒发冲冠的巨神共工。他人面、蛇身、朱发，眼似灯笼，头可摩天。因与颛顼争夺部落盟主地位失败，共工气急败坏，一头撞向了巍然屹立的不周山，霎时天崩地裂，日移月动，星隐辰遁，“水潦尘埃归焉”。这不周山就是今天晋东南长子县城西约25公里处，由三座主峰组成的奇峭绝险像三尊傲立苍穹巨人的发鸠山。

天塌地陷，洪水泛滥，数以万计的生灵百姓被吞噬，人类面临着灭绝的危险。这时，在浪涛拍岸的太行山巅上，袅袅娜娜走出来披头散发、神情悲壮、左手高举一块五色补天石、右手托着几个泥人的女娲氏。女娲氏抟泥土以造人，炼五色石以补天空，折神鳖之足以撑四极，平洪水以杀猛兽。这位被后世尊为“三皇”之一的“后土娘娘”，凭一己之力，拯救了几乎就要灭绝的人类。被乡人历数千年而传为上党地区的补天处，就在长治县的上郝村。那里有一座天台无影山，山上建有娲皇庙。另外，这个地区还有两处女娲补天传说的地方：一处是位于晋城市东南17公里处的浮山，一处是位于阳城县与河南济源市交界处的王屋山。王屋山又称皇母山、女娲山。后人感念女娲的功德，就在神州大地上修建了数不胜数的女娲祠庙。这在晋东南地区更是星罗棋布，譬如潞城市戚里店娲皇圣母庙、襄垣仙堂山娲皇宫、襄垣城关镇娲皇庙、平顺堡沟村娲皇圣母庙、井底村娲皇庙、鹞坡村东北娲皇宫，黎城岚沟村三皇圣母庙、广志山巅娲皇梳妆楼、武乡下合村娲皇圣母庙、晋城市磨齿山娲皇庙、阳城县南郊高媒神祠，等等，其密度之广，当为全国罕见。

女娲治住了逞凶肆虐的洪水，但发鸠山巅下却形成了波涛汹涌的汪洋大海。炎帝的女儿女娃嬉游东海，不慎溺水而亡。但女娃魂魄却绝不善罢甘休，发誓要填平东海，造福她的同胞。于是，她化成了精卫鸟，用尖细的小嘴一次又一次地衔叼着发鸠山的细木碎石，扔到海里，日复一日，年复一年，没完没了。也不知过了多少个岁月，这座东海终于被填平了，于是山峰林立，河道重现，哗哗水流向东蜿蜒而去。史载“漳水出焉，东流注于河”。

陶渊明读了这个神话故事后，久思不能成眠，其悲壮之情，让他诗意蓬勃，却之不能。于是，一首千古名作喷薄而出：

精卫衔微木，将以填沧海。
刑天舞干戚，猛志固常在。

发鸠山主峰就坐落在长子县境内，上存女娃祠一座，其脚下浊漳源头尚有“泉神庙”，皆为祭祀女娃而设。另外还有皇姑坟，也就是传说中的女娃坟。20世纪70年代，该坟被盗。墓道门石额上题刻的“视死如归”字迹尚隐约可见。距其不远处传说是纪念女娃即精卫鸟的灵湫庙，正殿前还有木刻联一副：

女娃理水，南经北纬，汇集神泉出灵湫；
漳源泻碧，西流东注，灌溉上党万顷田。

精卫填海的故事很凄美，让无数的文人墨客念念不忘，唏嘘不已。除陶渊明外，唐代的岑参、韩愈等，以及宋、元、明、清都有骚人雅士前去凭吊，并留下了众多的咏赞诗文。

又过了若干年，到了后羿时代。天上居然有10个太阳同时出现在天空。火辣辣的骄阳把土地都烤焦了，庄稼枯死，植物烧毁，人类面临着死亡的考验。这场史无前例的灾难惊动了天帝。天帝立即命令箭神后羿下凡，救助人类脱离苦难。后羿带着天帝赐给他的一张红色的弓，一口袋白色的箭，还带着他美丽的妻子嫦娥一起降临人间。为避免伤亡，后羿先是劝说十个太阳，让他们每天轮流出来一个，这样既给大地温暖，还能赐予人类光明，不至于生灵涂炭，但是太阳们并不听从后羿的劝告。后羿被激怒了，他弯弓搭箭，开始了射日的战斗。后羿箭无虚发，一箭一个，十个太阳很快被射下九个。天上只剩下了一个太阳，天地间又恢复了昔日的温暖和光明，人类从此得以安居乐业。据《古今图书集成》《潞安府志》等史书记载，后羿射日的地方就在今长治市屯留县的三嵕山顶。三峰鼎峙，一名麟山，一名灵山，一名徐陵山，故名“三嵕山”。自唐代开始山上修建庙宇，宋朝“额封羿神，为灵贶王”，赐建三嵕大庙。之后，历代帝王都有重建和扩建，计有先师庙、金禅庙、唐王庙、喜神庙、关帝庙、黑虎神庙等。

愚公移山的故事，中国人耳熟能详，这大概是因了毛泽东那篇同名文章。愚公要搬走的太行山和王屋山，就处在晋东南境内境外那片连绵起伏的山域。愚公移山把中华民族不怕困难、坚持不懈、战天斗地的精神表现得淋漓尽致。

晋东南地区实是中国远古神话的故乡，这里还残留着尧、舜、禹时期的诸多古迹，并流传着相应的传说轶闻。据说，尧把帝位禅让于舜后，为怕长子丹朱捣乱，就把他分封到了今天长治市的长子县。丹朱知耻而后勇，为当地老百姓做了很多善事，深得当地老百姓爱戴，他死后被安葬在了现在的丹朱岭上。丹朱岭原名叫丹朱陵，也就是丹朱的葬身之地。丹朱岭脚下有一条河，乡人为纪念丹朱，就称此河为丹河。这里还有著名的大禹治水的诸多传说。譬如，《潞安府志》就说，平顺奥治村西有错鐅沟，传说是大禹治水的遗址；襄垣县的常隆村，也有大禹与恶龙对抗的神话故事流传；壶关的辛村有一条沟叫作龙尾沟，也在缥缈恍惚的传说中和大禹治水挂上了丝丝缕缕的联系。

如果说这些地面密集的遗址、遗迹和铺天盖地的神话传说还让我们懵懵懂懂、半信半疑的话，那大量的考古发掘却无言地指证着我们的祖先早在六七千年前就栖居生息在这片充满神奇的土地上。

考古学上一般将距今七八千年至一万年左右定为新石器时代早期，或称为“前仰韶时期”；距今五六千年左右定为新石器时代中期，也称为仰韶时期。其早、中阶段为母系氏族社会，晚阶段为母系向父系氏族社会过渡期，个别地区则完全进入父系氏族社会；距今四五千年左右定为新石器时代晚期，亦称龙山文化时期。新石器时代最根本的标志是出现了原始农业和畜牧业，这在人类进化史上有着划时代的意义。

新石器文化遗址，上党地区已发现100余处，分布广泛而又相对集中，而且早、中、晚期类型俱全，遗址面积大，延续时间长。如磁山文化遗址，就发现于紧邻长治市东边的河北省武安县磁山地区，距今五六千年前左右。磁山遗址出土了目前已知的世界上最早的农业果实——在发现的88个窖穴中，储存着惊人的13万斤霉烂的粟谷灰烬；长治市城区东关北石槽村东南150米处，为一新石器时代遗址，从采集的标本分析，时代包括新石器文化早、中、晚期。有些陶器类型则具有二里头时期（即夏文化期）特征。标本表明，当时长治市区一带种植、畜牧、制陶业等都有相当规模；长治市西北5公里处的小神村文化遗址，发现了仰韶至周若干时期六个文化层的文化遗存，总计揭露面积达到了600余平方米。其中五六文化层中有半地穴式房址2座、灰坑40个、土坑竖穴墓8座。其遗物有石、骨、蚌、陶器、杯、盘、碗、豆、鬲、甑等，其饮食用具较为完备，自成体系。

如此丰富多样的地上地下文化遗存，在整个神州大地上绝对是压倒元白、鹤立鸡群了。难怪孔子北上晋国刚走到这里就要“回车南归”。

史载，孔子周游列国，讲学传道。当孔子同众弟子乘车从郑国入晋，走到晋国边境天井关下一山村，即今山西省泽州县晋庙铺镇境内时，正碰上几个髫龄儿童玩筑城游戏，不予让路。孔子发急呵斥，一小孩便起身朗声说道："只有车绕城，哪有城让车之理？"孔子无言以对，见此孩虽小，却有过人之处，心下感服，便躬拜小孩为师，令弟子绕"城"而过。当行至天井关时，突见一只松鼠口衔核桃碎步跑至他们面前行礼鸣叫。孔子感慨：晋国顽童如此聪明，连动物亦懂大礼，自己还跑来讲什么学呀！遂怏怏而归。

我想，博学多识的孔子当然应该知道晋国厚重的文化历史底蕴，他当然知道女娲和伏羲们就是在这里完成了他们的神圣使命。也许，他发感慨时，还看到神农氏炎帝高举着女娲和伏羲的接力棒在上党大地上正姗姗向他走去……

二

高平，这个位于山西东南部、太行山西南边缘的县级市，就处在天脊上党围拥的臂弯之中，神农镇则坐落在山环水绕的臂弯肘部，南距高平市12公里，与长子、长治两县比邻，自古即为泽、潞两州的分界地。史书称其"岭限二郡，麓跨三邑，山高千余丈，磅溥数十里"。满眼皆是神农遗址、遗迹的羊头山就位于神农镇北部。从山头至山巅，炎帝活动遗迹历历在目、随处可见。那松林茂盛、古柏参天的秀丽山峰，就是炎帝采摘到的第一粒谷物种子。他还发明农具，教农耕种，使我们祖先从渔猎游牧生活转变到定居农耕生活，并建了中华农业文明滥觞之地——神农城。虽然神农城已经销毁殆尽，但那孑然屹立、斑驳陆离的石柱、水井和石井架依然迎天而立。我在满腔怀古的忧思中，情不自禁地聊发感慨：

问楼头、登临倦客，有谁怀古？
回首独醒人何在，
空把清尊酹与。（宋·许及之《贺新郎》）

那在羊头山正东稍许的上清化寺，虽然已在千年风雨的飘摇中，墙倒祠颓，野草萋萋，但仍掩不住炎帝曾经故居的缥缈神灵之气。《重修清化寺碑记》有言：

> 此山炎帝之所居也。昔者摄提纪岁之后，燧人化火之前，穴处巢居，茹毛饮血，爰逮炎帝御宇，道济含灵；念搏杀之亏仁，嗟屠戮之残德；寻求旨味，以替膻腥；遍涉群山，备尝庶草，届斯一所，获五谷焉。记其神异，石类羊首，遂立为名。于是创制耒耜，始兴稼墙。

那位于羊头山中段马鞍形山岭之上的残垣断壁，虽然在四季轮回的数百万个时日侵蚀下显得凄清荒漠，然而，我还是从中隐约读出了它当年作为炎帝高庙被香烟缭绕的恢宏气势——原有正殿五间，塑有神农及后妃、太子像、后庙、神像……

炎帝中庙建在神农镇下台村，规模宏大，占地面积竟达12000平方米，为三进院落形式。下院南为戏台，西厢为禅房，东厢为看楼。中院建有太子祠，是元代修建的无梁殿，建筑风格别致。左右两侧分别为药王殿和蚕姑殿。后院为炎帝正殿。东西配殿分别供奉关帝、高禖。炎帝殿内存清康熙九年（1670年）碑碣，其文曰：

> 吾泫（泫指泫氏，高平古称）有上、中、下庙，在换马者为上，在县之东关者为下，而余乡（下台村）由其中也。奉敕建立其来久矣，创兴之始杳不可考，重修则于至正元年。

炎帝下庙位于高平城东关。据清康熙三十三年（1693年）所立石碑云：

是庙（指炎帝上庙）去县治几四十里，祭之期恐远不逮焉，爰附东郭立庙，今所谓下庙是也。但问庙之建，无有能言其创始者。其重修则自宋元以迄，明诸碑记悉载之。

可知，下庙时间年代当在宋或宋之前，中庙、高庙之立庙时间当更早。惜上、下庙均毁，只剩中庙孤立人间，冷眼旁观，“乱石穿空，惊涛拍岸，卷起千堆雪……人生如梦，一樽还酹江月”。（宋·苏轼《念奴娇·赤壁怀古》）

离此咫尺之遥就是炎帝行宫所在的故关村。炎帝行宫原名“黄花馆”，虽然占地面积不大，建筑也较为普通，但古朴典雅，庄重大方，颇符合炎帝全心为民的忘我精神风范。正殿五间，坐北朝南建于石台之上。院内立有石碑数通，均系明、清两朝重修炎帝行宫之始末和炎帝的相关历史掌故。惜磨损毁坏严重，完整石碑仅存二通，分别是明成化十一年（1475年）和明崇祯十六年（1643年）的重修碑记。始建年代则因“肇建太古，无文考验”。院内南面是戏楼，东西配殿是楼阁式两层建筑。

小小一个神农镇不仅充满着关于炎帝生活场景的诸多庙寺物质遗存，甚至其中的不少村名也和炎帝息息相关。据说，炎帝有一天为救一百姓性命上山采药，先后中毒70次。炎帝肚子疼痛难忍，不能骑马，只好让人用担架抬着走，这个炎帝下马换乘担架的地方就被后人叫作换马村。走了一段后，发现炎帝已不省人事，人们千呼万唤，炎帝也不应声，这个地方遂被称为“不应村”，高平土语“不应”和“北营”同音，后来就演变成“北营村”。炎帝去世后，炎帝的坐骑在北营东边岭上，不吃不喝，长夜悲鸣，狂奔乱跳，此岭以后就叫作“跑马岭”。人们把炎帝抬到一个山沟里停尸祭拜，后人就把此沟叫为“卧龙湾”。炎帝装殓之地被称为“装殓村”，后人避讳，遂谐音为如今的“庄里村”。

明代乐律家朱载育在《羊头山新记》一文中说：

（羊头）山之东南八里曰故关村，村之东二里曰换马镇，镇东南一里许有古冢，垣址东西广六十步，南北袤百步，松柘茂密，相传为炎帝陵，有石栏、石柱存焉，盖金元物也。

三

我造访炎帝陵，纯出于偶然。

2013年8月下旬，我受邀参加由山西省国际文化交流协会在晋城王莽岭主办的“晋沪两地文化交流座谈会”。车子甫入高平县境，我一眼就瞥见了指示牌上大大的“炎帝陵”三个字。那一段时间，我正在研究中国的始祖文明，自然表现出了极大的兴趣。后来在协会执行会长崔晋宏先生的帮助下，我和原山西省青少年报刊社社长丰小平先生、山西大学哲学与社会学院教授王碧红先生在高平县委宣传部新闻中心崔杨主任的陪同下，专程拜谒了炎帝陵。

炎帝陵位于羊头山东麓，晋长二级公路边庄里村五谷庙东边。

始到方知，数千年的沧桑巨变，已经使得炎帝陵荡然无存，唯有一通立于明万历三十九年（1611年）的“炎帝陵”石碑，还默默地诉说着往昔的烟雨风云。只是这通石碑被高高竖起，镶嵌在五谷庙东厢房的正壁上。碑的上部还矗立着

立于明万历三十九年（1611年）的“炎帝陵”石碑，默默诉说着往昔的烟雨风云。

一块古旧的木匾，上面篆书“皇坟亭”三个古香古色的大字。这里原来是炎帝陵碑亭。看庙人张晚富是一位50岁左右的中年人，他家世代护陵，已有600多年的历史。他说，“文革”期间，他的父亲为保护陵碑不被毁掉，竟冒着坐牢的风险将它砌入墙中，20世纪80年代才刨开外面那层表皮，使其重现真容。可能是出于保护陵碑的需要，或者是要完整再现历史的真貌，该碑就一直原样嵌封在墙壁正中间。碑高约95厘米，宽约65厘米。碑身虽然谈不上巍峨宏大，但它举世无双，是目前国内现存最早的炎陵碑，具有极为珍贵的历史价值。

炎帝陵亦称神农冢。在炎帝陵碑的后面原有地道直通正殿后的坟墓。传说地道中还有一盏石制的万年灯。以前每年农历四月初八五谷庙会时，社首在持奉炎帝像出巡归来后，还要给万年灯添油，一次添一桶多。

五谷庙在庄里村外，就像是一个普普通通的农家小院。正对大门的是一间坐北朝南的“大殿”，说是“大殿”，其实就是一间平常的民居，简陋得甚至有点寒碜。里面供奉着三尊新铸不久的铜像，都是光腿赤脚，上穿一件粗糙的葛布麻衣，完全一副原始人的装扮。中间一尊即为面色慈祥的炎帝，其他两尊为炎帝的后妃。三尊铜像鲜活生动、气势不凡，和外面院里杂草丛生、破烂不堪的荒芜，形成了鲜明的对照。据说，原东西两墙雕刻有关于神农氏尝百草精美的壁画，可惜在“文革”时被毁。“大殿”前有一个被从地面起锯断的古树桩，周长有6米多，断面枯黑皲裂。张晚富惋惜地说，这颗古树有上千年的历史，可惜在20世纪50年代被伐，盖了房子。我的心蓦地像被人揪了一把，凄凄然竟有欲哭无泪之感。

据《高平县志》记载，历朝历代都有祭官代表官府参加每年农历四月初八日举行的炎帝祭祀庙会活动。元成宗大德九年（1305年）官府派遣官员祭祀时还下诏令禁止樵采。主办庙会的首领从七村八社中推举。逢会之日，人们要敲锣打鼓，由社首持奉炎帝塑像到附近7村领先出巡，场面热闹非凡。当地民谣传曰：

四月八，神农活，
炎帝子孙都记得，
祖先种地都靠他。

四

中国历代典章古籍关于炎帝的说法多是缺首少尾、挂一漏万，相互攻讦、矛盾百出。我在翻阅这些史料时，常常被搞得昏头转向、不知所以。在经过无数个不眠之夜的比较、鉴别、揣摩后，我才终于在远古迷雾的恍惚中，约略梳理出了炎帝的大致轮廓。

炎帝，烈山氏，号神农氏，又称赤帝，是中华民族的始祖之一，生活在距今五六千年的时期，与女娲、伏羲并称三皇。炎帝不是一个人，而是一个部落数代首领的名称。有说他延续了8代，有说他延续了17代，且言之凿凿：从第一代神农氏炎帝到最后一代被黄帝灭掉的榆罔，有整整520年的历史。还有说他前后有70世，甚至说轩辕黄帝和战神蚩尤也是他的后裔。这当然是古人留给我们的一个不解之谜，几千年来没人能说清楚。

神农氏和炎帝不能完全重合，但又有交集。炎帝的涵盖范围更广大一些，神农氏是早期炎帝几代首领的统称。战国以前，炎帝与神农氏被看作是两个人，西汉时才被合而为一，并为后世所公认。

炎帝是在伏羲部族没落远逝后健步走上历史舞台的。

他目光如炬，却忧心忡忡。狩猎为生，靠天吃饭，显然已经不能满足他和他的子民的要求。百病来袭，百姓惶恐不知所措，只能听天由命、束手待毙。炎帝的双眉凝成了两个疙瘩。无数的不眠之夜后，他终于上山开始了他的培育谷种之旅。他在羊头山上成功地捡拾起了第一粒种子，在冷暖变化无常的天气下，摸索出了春种夏长、秋收冬藏的四季运行规律。于是，我们的原始人类祖先终于从野蛮的游牧狩猎时代跨上了文明的定居的农业时代台阶。

一代又一代的炎帝前赴后继地奔波穿梭在山间田野、森林草原。他们制耒耜，种五谷，使子民可以“食果腹”；他们制麻布，造葛服，使百姓能够“衣蔽体”；他们“尝百草”，捡药材，让黎民可以祛病延年；他们立市廛，辟市场，使得天下有了最初的商贸萌芽；他们做五弦琴，乐器遂兴，让人类开始享受音律的节拍；他们弯木为弓，斫石为器，让敌人不寒而栗……当“三皇五帝”千变万化的时候，神农氏炎帝却始终坐稳了“三皇”的一把交椅，在无常的轮回里，笑看人间沧桑。

五

炎帝姓姜，是因为其出生地有姜水从此流过。刘毓庆先生在详细考证后说，古上党地区有一条最为古老的姜水，而且是见于先秦文献中的唯一一条姜水。《山海经》有云：

> 又北三百里曰陆山，多美玉。郯水出焉，而东流注于河。（郭璞注：或作郯水）

郯字从“姜”“炎”，正照应着“姜姓”“炎帝”，旁加“阝”字，正是古氏族活动遗留地名的说明。虽然茫茫历史变迁已经使我们今天无法确知姜水是晋东南地区的哪一条河流，但它与漳河同源同向，一起东流汇入东海，应是确凿无疑。《左传》还说：“姜，大岳之后也。”“大岳”就是太岳。所以，《左传》的意思不言而喻，炎帝与太岳山本来就是一体的。

古文献记载，炎帝一族主要活动于淇山。因有淇水发源于今山西陵川县境东北处群山，横穿壶关，从河南林县注入卫河，故名。古籍中的淇山、沮洳山、大号山均是此地崇山峻岭不同时段的名称。

《山海经》所载“精卫填海”更是明确了炎帝的活动范围就在发鸠

之山和漳水河流域。精卫既为炎帝之女，属未嫁待阁之人，就一定跟随在炎帝身旁，在炎帝生活领域一带活动。所以当我站在太行之巅极目远眺时，我恍然觉得那曲折蜿蜒、泛着白亮的漳水就像是炎帝躯体上汩汩流淌的血脉，它在斗转星移的历史隧道中，穿山越岭，滚滚东去，奔腾不息地注入黄河，又挟裹着中华民族的恢宏气势，汇入到浩瀚无际的东海里。

屯留故城南的故留吁国西是炎帝少女精卫所居的发鸠山；正南是炎帝培植五谷的高平羊头山；东南的长治黎岭是炎帝所建黎国的古都遗址；正东是以炎帝文化遗存闻名于世的长治县百谷山；百谷山往北的黎、潞县域有羊神山、羌城、姜庄、黎侯镇……炎帝族的发祥地在古上党，上党地区形成了完整的炎帝族生活链。炎帝出生、成长、创业、建国、殡葬、陵庙群，都在古上党高平县羊头山方圆百里之内。

炎帝部落的图腾是羊。那绵善温顺的羊在世界各地都是吉祥物的象征。羊又是繁殖力极强的动物，著名的中草药淫羊藿就是古代中国的伟哥，所以羊作为图腾的象征意义就是生殖崇拜。

当我们的老祖宗面对着冷酷无情的大自然，需要足够的人力去和它搏斗时，更多地生殖繁衍人手就成为他们所面临的首要课题。这时候，他们发现了牛、羊，不仅具有旺盛的生命力，而且还能够在恶劣的条件下繁殖后代，在冥冥之中他们感觉到这是一种上天的意志。于是，当人类从母系氏族社会跨入父系氏族社会时，作为男权意志力的主宰，首先体现在男性的生殖上。当他们把羊或牛的形象当作图腾顶礼膜拜时，人类社会就在漫无涯际、跌宕起伏的旅程中，终于踉跄着跨入农业文明社会的门槛。

我们的炎帝部落在历史的行进中不是孤独的。当炎帝拖着疲惫不堪的身子还在跋山涉水去“种五谷，尝百草”时，在大洋彼岸，在遥远的古希腊和古罗马国度，一位西方的民族英雄也顶天立地般地站了起来，他就是狄俄尼索斯。狄俄尼索斯是古希腊色雷斯人信奉的葡萄酒之神，他不仅天然生成葡萄酒醉人的力量，还以布施欢乐与慈爱成为极有感召力的神。他推动了古希腊和古罗马的农业与戏剧文明，并确立了相关的法则，维护着世界的和平进程。

神奇的是，传说中的狄俄尼索斯同炎帝的形象惊人地一致。狄俄尼索斯有三个形象：葡萄树、山羊和公牛。酒神是葡萄树不足为奇，是山羊和公牛就意味深长了。这说明了中西文化在源头上的同步一致性。尤其值得玩味的是，古希腊另一个长着羊角、羊尾巴和两条羊腿的牧神和山林之神潘，更被塑造成了雄性激素高涨、性欲旺盛的样子。易中天在《祖先》一书中就此感喟说：“难怪中国古代最重要的牺牲是羊和牛。用牛羊献祭，既保证了饮食，又保证了生殖，可谓一举两得，一箭双雕。”

炎帝姓姜，被认为是古羌人的一支。实际上这支古羌人部落是从上党一带剥离出来的一支向西蜿蜒而去的游牧部落。《左传·襄公十四年》就说有来自西北的姜戎，他们自称是四岳之裔。四岳在《左传》中又被称作太岳，即山西古上党地区的太行太岳山系。

“羌”“姜”二字都从“羊”。“羌”字就是一个人装饰有羊头形状

绵善温顺的羊在世界各地都是吉祥的象征。羊又是繁殖力极强的动物，所以羊作为图腾的象征意义就是生殖崇拜。

的象形文字。至今西南羌族中还有崇拜羊的习俗，应该说是原始社会炎帝部落图腾崇拜遗迹。在上党地区，崇拜羊的习俗已经缠缠绵绵延续了数千年，沦骨浃髓，成为亘古奇观。

传说炎帝“尝百草”，是让羊先尝的。羊吃了平安无事，人才品尝。高平羊头山上的石碑座，不是雕成“龟驼碑”的形状，而是刻画为一只硕大的山羊。这一地区的各种祭祀活动，有条件的杀猪宰羊，没条件的必须蒸面羊。面羊形态各异，有公羊、母羊、群羊、独羊、卧羊、站羊等。“公羊身上披满谷穗，和面掺黍米面，用豆做眼，麦粒作唇。一头面羊，黍、稷、菽、麦、稻，五谷俱全。显然这与炎帝神农氏发明五谷的传说是相关联的。孩子过满月时，姥姥、舅舅家要送5只大小不同的面羊，据说是取‘伍’的谐音，表示与羊为伍。大羊的头下戴一把锁，用红线把三枚古铜钱套在羊脖子上。另拴羊石一块，意思是把羊拴住。羊在这里已经完全变成了孩子的替代物，把羊拴住就等于把孩子拴住了，这样就不至于被恶魔拉走。孩子15岁时要开锁。开锁时姥姥家也必须蒸15只面羊，象征孩子度过了15个春秋。但与以往不同，面羊头下取消了锁，也没有了拴羊石。开锁仪式完毕后，孩子拿着一只面羊跑走，表示成人了，可以自由了。孩子用面羊找邻居家换一把盐，表示从此可以闯荡江湖，体味人生咸酸。”

乡人传言，炎帝在古上党“种五谷，尝百草”的地方有两处：一处在现长治市东北10里左右的百谷山（亦称柏谷山，今称老顶山）。山下有百谷泉。这里便是众说纷纭的炎帝选谷种、饮山泉之处。山上现在尚立有神农庙，修建时间无考。碑文只记载，因庙宇坍塌，公元573年即北朝北齐武平四年重修。另一处就是羊头山，神农庙祠林立，遗迹斑斑，且有炎帝陵巍然坐落其间。

据说，炎帝在羊头山五谷畦育谷成功后，就把距五谷畦东南称为五谷山的地方作为基地进行推广。为劳作方便，就住到了距五谷山仅一公里之遥的故关村。但炎帝为开荒播种没有合适的农具而发愁。有一天，炎帝上山看见两个年轻人在玩木棒插土的游戏。一人把一根尖木使劲插在土地里，另一人双手握住木棒的上部朝后用力斜压，木棒的前端居然挑出了一道细长的壕沟。炎帝看到此情此景，忽然现出灵感，由此发明了最古老的犁铧，继而又先后发明了石制的锹、锄、镰、钯等农用工具。

炎帝时代，人们基本上是靠天为生，无常的疾病会在忽然间夺走成百上千人的生命。人们没有相关的医学常识，只能是听天由命、束手待毙。炎帝忧心忡忡，决心“尝百草”以寻求祛病良药，为此，曾多次中毒直至殒命。炎帝有三个太子，他们聪明伶俐，又非常体贴父母。他们除帮助炎帝极力推广五谷稼穑外，还随父亲一道上山“尝百草”寻拣药材。结果，三个太子都因初尝谷子、麦子和豆子先后中毒变成了青面獠牙的丑八怪。炎帝后来又生的名为松圪枝的第四个儿子，也因试尝药丸身中剧毒，变成了“小脑袋、锅腰圪抖脚、满身疙瘩”的丑陋形象。

神农所种五谷为“黍、稷、菽、麦、稻”，这五谷其实只是一个杂粮的说法。杂粮主要产于北方，而其中的山西尤以盛产杂粮闻名全国，有“小杂粮王国”之称。晋东南又是其中之最，其所产杂粮有20余种之多。五谷之首的“黍”就是小米。太行山地区的小米早就闻名天下，“沁州黄”“泽州香”惹得历代皇帝老儿们都垂涎三尺，千百年来一直就是御用的贡品。

当我站在羊头山凭高远眺，当我奔驰在高速公路上左右瞻顾时，那广袤无垠的绿色田野，那不知名的各种杂粮植物，都在刹那间幻化成了炎帝弯腰播种收获的情景。我知道，炎帝手里攥住的不是普通的杂粮种子，而是中华文明那根看不见摸不着的红线头，他只是轻轻一抖，一个伟大的文明古国就屹立在了这个地球的东方之巅。

神农所尝的百草，在晋东南地区俯拾皆是。上党药材享誉全国。这一带有种子植物达到了1090余种。在古代，上党有名动九州的“鲍店药材会”，系当时全国最大的药材交易市场之一。每年的阴历九月至腊月廿三，集会绵延100天，吸引着云、川、青、藏、京、津、广等地的药材商纷至沓来，人数多达数万，场面蔚为壮观。

我想象着那激动人心的场面，五颜六色的各民族服饰，天南海北的不同语言腔调，“咿咿呀呀”的舞台扮相，共同荟萃在炎帝的脚下，一起演绎着一个民族盛大的文明香火传续大剧。

乡人历数千年而不衰的传说，典籍言之凿凿的明确记载，地面随处可见、宛然若现的故址遗骸，地下出土的石器陶罐文物，都明白无误地告诉我们，由炎帝引领的华夏农业文明、医药文明，就是在我脚下这片普通的泥土上，酝酿、引燃，由点点星星之火，向九州大地蔓延、燃烧，遂成燎原之势。

六

炎帝部落经过若干代的发展，已逐渐发展成为一个势力强大的部落联盟集团。炎帝部为扩展地盘，遂沿黄河北岸往东挺进。此时，原兴起于淮河下游，今豫、苏、皖地区的蚩尤部落联盟集团，在占据今山东地区后，由东南向西北方向的中原发展，开始进入华北大平原。两大集团狭路相逢，一场遭遇战一触即发。

蚩尤族以善于制作兵器著名。其铜制兵器精良坚利，且部众勇猛剽悍，生性善战，擅长角牴。蚩尤族又联合巨人夸父部族和三苗一部，一鼓作气击败了炎帝族，并占据了炎帝族居住的“九隅”，即“九州”。炎帝大败而归。

炎帝痛定思痛，决心扳回败局，就向由西北而来的黄帝集团求助。黄帝也想借此一统天下，树立自己的权威，将势力推向东方，便慨然允诺。

距今大约5000年前，炎黄部族联手与蚩尤部族集团在今山西运城盐池一带进行了一场史无前例的大规模恶战。

当时的蚩尤族刚好取得对炎帝族战争的胜利，有极强的号召力。他轻而易举就集结了所属的81个支族（一说72族），挟裹着胜利者的余威，并倚仗人多势众、武器优良等条件，率先向黄帝族发起了攻击。黄帝则率领以熊、罴、狼、豹、雕、龙、鸮等为图腾的氏族“集团军”，坚守阵地，沉着应战。黄帝命应龙利用位处上游的条件，筑土坝蓄水，准备以水冲击蚩尤寨，阻挡蚩尤族的进攻。

战争爆发后，适逢阴雨天气。生活在淮河以南的蚩尤族对此已经习以为常，而生活在中原黄河流域一带的炎黄华夏集团不能适应雨战。战争胜利的天平开始倾向蚩尤部。蚩尤部士气高涨，攻无不克，战无不胜。然而不久，天气放晴，有利的自然条件转向了炎黄联盟。黄帝把握住了这次难得的战机，并在玄女族的帮助下，利用狂风大作、尘沙弥漫的天气，乘蚩尤族部众迷乱、恐慌之际，以指南车指示方向，向蚩尤族大举压上，一举击垮了蚩尤部族，并在冀州之野成功擒杀蚩尤。这就是中国有史以来文字记载最早的一场战争——涿鹿之战。

炎黄族在战争取得胜利后，乘胜东进，一直进抵泰山附近，在那里举行了隆重的“封泰山”仪式。随后，黄帝“命少皞清正司马鸟师”，即命一位在涿鹿之战中德高望重、名叫少皞清的氏族首领留下统帅东夷部落联盟，他和炎帝率众浩浩荡荡，凯旋西归。

这次战争造就了华夏始祖黄帝数千年不变的崇高历史地位，原来的几大集团互相渗透、融合，形成了最初的华夏民族。

黄帝成了事实上的最高统治者，并得到天下黎民百姓的拥戴。大权旁落的炎帝心有不甘，于是，又一场争夺天下的战争爆发了。这场战争的主战场在阪泉，即今运城市靠南一带（一说在今山西省阳曲县东北，相传旧名汉山），史称阪泉之战。黄帝占尽天时、地利、人和，完胜炎帝。

落败后的炎帝部族四分五裂，有的跑到了今西部青海一带，有的逃难到今湖南株洲炎陵县一带，有的落荒至今陕西宝鸡地区。这些落败炎帝残部在新的地方又推出了新的首领，并统称为炎帝，还把原来炎帝部族的风俗习惯、宗族信仰又一代一代传下去了。这就是为什么在今天这些地方都有炎帝陵留存的原因。虽然今天那些地方的后人仍然信誓旦旦地保证说，只有他们那里才是最早、最正宗的炎帝部族活动区域，但在历史的迷雾消散的一刹那，我们还是看到了太阳的真容和那蔚蓝的天空。

炎帝部族四散五落，炎帝率残部退守到了今长治黎岭一带，并在此建立了耆国，亦称黎国，该国度延续了上千年，后成为殷西内属国。其首领勤劳王事，深得重用，是商王朝重要盟友之一。周文王灭密须国后，便挥师东进，将耆国版图收入囊中。

炎帝完成了他的使命，黯然离开历史的舞台。

又一代伟人正式站到了历史前台的中央，他就是被后人称为“五帝”之首的轩辕黄帝。

七

攀行在太行山惊险扭曲的古栈道上，蹒跚于满目荒凉的废墟遗址中，聆听着凄美悲壮的神话故事，我恍如走进了远古的炎帝部族。我知道，那身旁的一草一木，那脚下的一砖一石，甚至那干涸皲裂的黄泥巴，无不渗透着中华远祖文明的因子。我站在这里，就是站到了中国历史长河的源头。我看到了涿鹿之战蚩尤战败后被血淋淋肢解的惨象，我看到了阪泉之战炎帝落败后落寞寡欢的黯淡背影，我还看到了轩辕黄帝盛装出行的浩大场面——大象驾车，六龙伴驾，腾蛇保卫，凤凰护航，八骖如舞，龙凤呈祥……

我知道，神话就是神话，它意味着离奇荒诞，意味着怪力乱神，意味着坚实大地上空的谲云诡雾，还意味着人类对现实无奈后的精神祈盼。但我更知道，神话还是一个地域地理、历史及人文底蕴的折射反映。在久远的神话传说里面，一定隐藏着远古时代真实的历史，它是一个恍惚朦胧、半醒半睡的梦，折射着人类童年的影子。这个梦呓里蕴含着许多地域密码、时代人文密码，乃至族群的生命本源密码。

其实，当我们的三皇五帝开始了黄皮肤民族创世神话的时候，远隔千山万水的亚当和夏娃也正在上帝的旨意下，开创着白皮肤人种的衍生世纪。一部《圣经》让数亿白人如痴如醉。一个名叫戴维·罗尔的英国学者硬是逆流而行之。他跋山涉水，访古问疑，他稽古钩沉，青灯黄卷，在无数个不眠之夜后，居然推出了石破天惊的两卷本《时间的检验》。褪去神话色彩的外衣，剥掉荒唐怪诞的表象，他让我们看到了《圣经》故事后隐喻的真实人物和事件，看到了浮云蔽日下的历史本来面目。

罗尔在第一卷《圣经：从神话到历史》中指出：昔日考古学家们的一个谬误就是在寻找能证明以色列人历史的考古发现中，找对了地方，却搞错了时间。他在经过缜密的研究后，列出了一个新的历史年表，为《旧约》中的约瑟、摩西、约书亚、扫罗、大卫、所罗门等人物的真实存在找到了令人信服的考古证据下的历史影子。他的足迹遍至中东各地。库尔德斯坦有他挥汗如雨的影子，阿塞拜疆留下了他涉惊冒险的脚印，巴林群岛印证着他不屈的意志，埃及东部沙漠则成了他与古人对话的跨时空舞台。在第二卷《传说：文明的起源》中，罗尔又带领我们循着亚当后代迁移的模糊足迹，从远隔重洋的伊朗西部扎格罗斯山中的伊甸园，进入到苍茫浩渺的史前苏美尔沼泽。穿越过鸿篇巨制的美索不达米亚史诗，他把虚无缥缈的《创世纪》变成了真实的远古以色列人征服大自然的历史记录：他找到了巴别塔的原型，他拿出了《圣经》大洪水的原始记载，他还确定了诺亚方舟停靠的地点——朱蒂山……

中国的创世纪神话凌乱不成体系，各地传说纷纭，莫衷一是。然而，拨开远古重重疑云迷雾，梳理典籍杂乱无章的点滴记载，聆听百姓千年不断的神话传说，我终于发现，默默无闻的太行太岳山系实际上正是中国创世神话的滥觞之地。她和古河东地区（即现在的晋南）一起用她们厚重坚实的臂膀，用她们宽广仁慈的胸怀，孕育了我们民族扬帆起航的最初胚胎。炎黄儿女就是从这个原点起步，走向了四面八方，走向了天南海北，走向了这个星球的各个角落。

我们在这里可以看见女娲补天所剩的五彩石，我们在这里可以俯视伏羲画卦的伏羲台，我们在这里还可以听见精卫鸟的悲鸣呜咽……其实，这正印证着人类历史的发展规律：人类是由山林孕育而后逐步走向平原的。因为弱小的人类需要一个相对封闭、宁静的环境来培育自身的成长，那种不同生活习性、不同生活方式的族群骚扰“无法完成需要长期守候才能有所结果的种子培养”。古称“表里山河”的山西省，就是一个大的封闭区：

盖语其东，则太行为之屏障；其西则大河为之襟带。于北则大漠、阴山为之外蔽，而勾注、雁门为之内险。于南则首阳、底柱、析城、王屋诸山，滨河而错峙，又南则孟津、潼关皆吾门户也。（清·顾祖禹《山西方舆纪要序》）

古上党地区，包夹在太行山与太岳山系铜墙铁壁似的围裹中，又造成了一个大封闭区中的小封闭区。双重的封闭，加上黄河、漳河、丹河等水系的滋润以及四季分明的温带气候，农业文明萌芽阶段所需要的一切客观自然条件竟奇迹般地聚集在这片神奇的土地上。

神农氏炎帝选择这里作为他的活动领地的时候，他那浩瀚博大的心脏已经在“汩汩”流淌着伏羲大帝曾经的血液，他成为了“天皇”“地皇”之后理所当然的“人皇”。炎帝在这里完成了他的出生、成长、创业、建国、死亡……当英国学者罗尔用他《时间的检验》把《圣经》从天上送到人间的时候，中国的学者刘毓庆先生也在历尽千辛万苦后推出了本土的《时间的检验》——《上党神农氏族传说与华夏文明起源》和《华夏文明之根探源》，他用无可辩驳的事实把炎帝从渺远的神话王国里邀请到了曾经的神农故里——布满崇山峻岭和涓涓细流的晋东南地区。

中外历史的进程是何其相似，连“翻案”的时间都不遑多让。

我豁然明白，正是河东和上党，晋南和晋东南，这两个在全国毫不起眼的地方，一起孕育了中华民族8000年的灿烂文明。

黄皮肤人的根祇，中国人的祖脉，就绵延在我脚下这片普普通通的土地上。

尧迹昭昭

一

作家李存葆在其长篇文化散文《祖槐》中曾写道："临汾，地处晋南，古称平阳。在进入临汾市区东西南北的大道上，各矗立着一座崇宏轩昂的牌坊。牌坊的门楣上，皆嵌有赫然醒目的5个鎏金大字：'天下第一都'。这绝非临汾人的自我夸示。究览那万签插架的史乘典籍，人们会感到，临汾冠以'天下第一都'名下无虚。"话是这么说，但作为临汾人，我于激动之余，还是略微感到了一点不妥。

根据各种史料典籍记载，还有从陶寺出土的那些尧时代的陶器、彩绘龙盘、铜铃、乐器等，都说明了帝尧建都的确切年限应该是在公元前2240年前后。但是在同一时期，在远隔万里之外的尼罗河畔，一个成熟的古埃及奴隶制王国早已用她璀璨的文明熠熠照亮着这个尚是野蛮蒙昧的世界，其都城是举世闻名的孟斐斯。考古学家推断，古埃及王国时期包括第3~6王朝，时间公元前2686~2181年，我们现在看见的辉煌壮丽的金字塔——古代埃及国王的坟墓的修建就开始于这个时期，所以这个时期被后世称作金字塔时期。其实，古埃及早在公元前3200年就出现了奴隶制的统一国家，当时国王称法老；更早于中国奴隶制国家出现的地方是今天民不聊生、骚乱恐怖不断的伊拉克。5000年前，在幼发拉底河和底格里斯河两河流域文明的哺育下，这块肥沃富饶的美索不达米亚平原上，同样也建立起了世界上最早的国家形态。只可惜，同其他几个世界文明古国一样，由于这样或那样的原因，这些古老的文明都被扼杀在摇篮里，成为永远只能在传说或史籍里看到的美丽彩虹。中国文明是世界上唯一留存完整并在她的历史进程中不断被发扬光大的古代文明，这是世界之幸，是中国之幸，当然更是临汾之幸。

临汾是尧都——严格意义上的中国亘古至今的第一座都城，广而言之，是世界东方的第一座都城——因为古印度奴隶制国家的出现还稍晚于她几百年，但把她称作“天下第一都”还是显得有点夜郎自大了。

临汾悠久的古老文明历史确实让临汾人自豪，在她自尧时代起4000多年的漫长生涯中，这块土地先后成为了帝尧的都城，建都平阳，即今襄汾县陶寺一带，时间延续70年左右；春秋时期晋国的都城，分别建都于今曲沃县的“曲沃古城”、襄汾县的“赵康古城”和侯马市的新田遗址，时间延续700年之久；战国时期韩国的都城，初建都于平阳，时间延续70年之长；五胡十六国时期汉国的都城，遗址在今临汾城西南10公里处的金殿村，时间延续仅十多个春秋，一枕黄粱而已。

让临汾人自豪的，也为中国人羡慕的，不是她曾经作为其他不同时代国都存在过，而是她尧都的卓著声誉和中国传统文明在这里滥觞的粼粼波光。

二

人类历史上有个普遍的现象，大凡历史久远的事或人，囿于特殊条件的限制，史书上只能是一鳞半爪的点滴记载。模棱两可、语焉不详便给后人留下了无数想象和造假的空间，于是我们只能是雾里观花、恍惚辨认。譬如我们的远古祖先，被后人无限传诵的三皇五帝就都遭遇了这种尴尬的境遇，这其中尤以尧帝为甚。

我在查阅和尧相关的资料中，常常被各种自相矛盾、牛头马尾的史料记载搞得是晕头转向、不知所以。单以尧的出生及其年龄问题而言，有的说是尧活到了118岁，有的说尧活到了114岁，而且还言之凿凿地指证虞舜和大禹也都活过了100岁等等。

各种史料上的关于尧的出生和死葬问题的只言片语和一知半解，导致了全国多地一下冒出了几十个尧乡、尧故里、尧陵，譬如，“河北顺平说”，其主要依据一是元代翰林侍读学士、昭信馆大学士、冀国公郝经曾得到一方尧庙碑石。二是顺平境内有尧山，县志记载尧山又叫伊祁山，是尧出生的故地。尧山南有庆都山，传为尧母庆都出生地。庆都逝后葬于望都，望都之名即由登尧山望都山而来；“湖南攸县说”，那里有保存完整的丹陵、尧山等尧帝生、葬地遗迹和相关文献资料。其他还有“临汾伊村说”“江苏金湖说”“江苏宝应说”“山东青州说”，以及位于川南黔北结合部的“四川尧坝古镇说”等等，众说纷纭，莫衷一是。

相对而言，比较为大家所接受的相对流行的说法是，尧出生于河北顺平的尧山，后被封于山东定陶，又再封于河北唐县望都一带。后来尧为躲避东夷族无休止的战乱征伐，沿滹沱河迁移于汾水旁的晋阳，即今之太原，又由于汾河的洪涝灾害，不得不继续沿汾河南下，最后定都在古平阳，即今天临汾城东南30公里处、地势稍高的崇山脚下陶寺一带。

当然，在全国长城以北的广大地区，都有各种各样或多或少尧的遗迹，更有数不清的关于帝尧五花八门的美好传说。真真假假，虚虚实实，我只能在这错综复杂、扑朔迷离的残墟废迹和诱人的“神话故事”中，十分谨慎地整理我已经纷乱的思绪——我发现，在临汾周边50公里以内，关于尧的遗迹比比皆是，关于尧的传说更是众说纷纭，其密度当为全国之最。尤其令我振奋的是，这些残留在地上或地下的、物质上的或精神上的遗迹和传说，都和那些相对严肃的史料典籍上的记载相互比衬着、相互映照着、相互吻合着。

我走在临汾这块“抓一把泥土都能攥出文明汁液”的土地上，感觉就像走在了中华8000年文明的历史隧道上。我寻找的不仅仅是我们文明之祖帝尧的足迹，我要探寻的更是我们今天13亿人的精神根祖，是那些燎原于神州大地博大精深的中国传统文化最原始的那些迷蒙闪烁的点点星火。

三

考察尧迹的第一站是陶寺。当我在耀辉夫妇的陪同下驱车前往陶寺遗址时，说不上那是一种什么心情，有激动，有渴盼，有自豪，或许还有几分迟到的遗憾。说迟到是因为，早在10年前历时3年之久的陶寺大规模考古发掘工作就已经结束，在2003年前后，陶寺考古震惊国人、震惊世界的发现，曾引起了各种不同肤色、不同地域的人们关注的目光，引起了一股股中国传统文化的热浪。时山西省宣传部撰写了洋洋万言的《中华文明探源的惊世发现》以特稿形式在《山西日报》《人民日报》发表，向中国、向世界宣告了尧都古平阳遗址被考古专家、学者确认的丰硕成果：

> 由于年代太久远了，加之即使是在尧的时代，陶寺城邑也经历了早期、中期的多次变迁、扩建和重建。在这样的情况下仍能够留下现在这样的遗迹，确实是难能可贵的。更重要的是，从这些城址遗迹中我们完全可以看出当时城邑的建筑规模和宏伟气象，特别是各种标志性建筑，如宫殿、祭坛、天象台，以及仓储区、墓葬区、街市区和道路等遗迹的出土，更说明陶寺城址在当时不仅是典型的城邑，而且是一座气势宏大的“王都”。由此可以证实，尧确实是建都平阳。陶寺距离临汾古平阳大约30公里，由于历史上行政区划和地域称谓的差异所致，我们完全可以判定陶寺城址即尧建都的地方，也即平阳之所在。

我记得当时在读到这篇文章时，周身上下有一团热气在涌动，跃跃然想立刻飞过去看个究竟，但终因俗事锁身，未能成行。这一拖，居然就是整整10年。

对于不熟悉中华文明史，甚至不了解尧、舜、禹丰功伟绩的人来说，到陶寺去给心灵淘金肯定会大大地失望，因为这里除了一望无际的绿色小麦和高低不平的沟沟坎坎外，至少从表面上看，没有任何可以吸引你眼球的优美风景。然而我知道，就是脚下这片看似再平常不过的泥土里却渗透着久远浓浓的、秘密的文明因子。那不时可以看见破碎在路边田野里的陶瓷碎片，给我传达的是一个4000多年历史的信息，那也许是一个身穿葛麻的普通农妇不小心摔碎的瓦罐，也许是帝尧出访时随身携带的用来解渴的陶壶遗落到了田野里……

《中华文明探源的惊世发现》用通俗的语言对陶寺考古重大发现做了详细的解读，那篇文章如此写道：

陶寺，位于襄汾县东南隅。这次陶寺古城址的发掘自2001年春天开始，迄至2003年秋天，已获得重大成果。三年来，共发掘面积1500余平方米，钻探面积30多万平方米。发掘位置介于襄汾县陶寺村与中梁村、宋村、沟西村、东坡沟村之间。从考古发掘中所获得的重大成果看，主要是发现并确认了陶寺早期小城、宫殿区和中期大城及墓葬，从发掘出土的陶寺城址的南墙和东墙遗迹中可以作出推测和判断其城址平面为圆角长方形；发现并确认了陶寺城址中的祭祀区和宫殿核心建筑区；发现并确认了陶寺城址的中期墓葬群和大量史前珍贵文物；发现并确认了陶寺遗址中的古观象台、仓储设施和此前发现的扁壶朱书的“文字”符号、龙盘、土鼓、特磬、彩绘陶簋、玉琮、玉璧、玉佩、玉兽面、玉钺、玉戚等礼器、祭器与陪葬品；另外，还出土了一件至为宝贵的铃形青铜器——这是中原地区龙山文化中唯一的一件具有成熟造型的青铜器。

尧都的发现确证了尧、舜、禹不再是美好的传说，而是有实证的历

在陶寺遗址出土的扁壶朱书“文字”符号。

史；朱书文字的发现把中华文明推演到了4700年以前，它是迄今为止在考古中发现的中华民族最古老和最典型的文字符号。它的价值，绝非此前所发现的所有字符可以与之同日而语；各种陶器和铜铃的出土，从侧面反映了尧时代的生产力所能达到的发展水平和人的智慧开发的程度；在考古学家们确认的陶寺城址祭祀区内，不仅建筑面积大，而且祭坛、台阶、路沟、角门等一应俱全，设计和夯土都十分讲究，出土的祭祀器物也十分丰富。有龙盘、玉钺、特磬、土鼓、肥足鬲、小口折肩罐等，特别是其中的彩绘龙盘，不仅色彩艳丽、图饰精美，而且尚有代表酋邦首领权力的象征意义。我们完全可以从商周时代青铜器上的花纹设计样式做出判断，陶寺彩绘龙盘对后世礼仪文化的发展，乃是产生过重大影响和具有深远意义的；在面积广大的墓葬区内，先后发掘出墓葬1300余座，分为大、中、小三种类型，根据随葬品的丰富程度、贵重程度和墓穴的大小讲究程度，我们可以推测出在陶寺文化的中期，人们的丧葬观念和礼俗已经发生了巨大的变化，即一改往日随葬陶器、木器、石礼器的习俗，而以玉器、漆器和彩绘陶器等取而代之了。

数字是乏味的，考古说明也是枯燥的，然而，透过这些陈旧不堪、年代久远的出土文物，我们还是能够想象到当时的尧都该是如何的古朴巍峨、气象万千：那是一座具有宫殿区、祭祀区、居民区、仓储区、天文观象区等城居实施齐全的远古早期城市；那是一座到处泛着黄土气息、城墙周长达到3400米的“王都”；那是一座消失了数千年、让无数后人为之迷蒙疑惑的中华文明源头处的累累载体……

四

在陶寺古平阳遗址广袤无际的绿油油的田野里，除了那大小不一、到处散落的被考古人员掘开的一个个土坑外，再能引起人们兴趣的东西大概就是眼前这一溜略呈弧形排列的整齐划一的13根光秃秃的洋灰柱子了。耀辉先生介绍说，那是考古人员根据他们发掘出的尧时代天文观测实物模拟建造的供旅客亲身体验的“现代观象台”。

我想起来了，这个观象台的出土还有一段故事。刘合心先生曾经在《何驽博士》一文中谈起过。

2003年，何驽等考古专家们在做探沟时，看到了一个弧形的夯土墙基，蹊跷的是，该墙基是由三道夯土形成，是一个很明显的三层台基。再探下去，发现了一根土柱，隔了不到一尺宽，又是一根土柱。考古人员疑惑了，这是什么物体？干什么用的？他们挖下去，居然接连发现了11根土柱，且都是夯土筑成，一样高低，随那道夯土墙呈弧形排列。专家们的脑子快速转动着，忽然记起了《尧典》里记载的尧“敬授民时”的说法。莫非这就是那个时代的观象台遗存？大胆的设想让何驽他们兴奋不已。在寒风凛冽、大雪纷飞的冰冻季节，他们终于等到了一个期盼已久的阴转晴的天气预报。那天一大早他们就赶到了观察点那里，等候着喷薄日出的那一刻。何驽先生站在弧形台基园心上，从不远处的土柱缝隙里紧张而兴奋地观察着几里外崇山峰巅的旭日冉冉升起。考古专家在万道霞光的笼罩下，一个缝隙接着一个缝隙紧张地观测、记录，回到驻地后又反复核对、思考，最后他们用详准的观测数据确证：尧那个时代人们就是这样通过从柱缝间观测日出来确定时令节气的，并以此“敬授民时”。

《尚书》里的《尧典》篇专门记述了帝尧当时“敬授民时”的情形。

帝尧告诉羲氏和和氏，要严肃谨慎地观测天象，推算日、月、星、辰运行的规律，制定出历法，把天时节令告诉人们。他命令羲仲去东方的汤谷，居住在那里，每天守候日出，辨别测定太阳东升的时刻。后来尧就把昼夜长短相等、南方朱雀七宿黄昏时出现在天的正南方这一天定为春分。这个时候起，人们开始分散在田野劳作，鸟兽也开始生育繁殖了；帝尧又命令羲叔去南方的交趾，同样要求他居住在那儿，认真辨别测定那里的太阳往南运行的情况。他们后来就把白昼时间最长、东方苍龙七宿中的火星黄昏时出现在南方的这一天定为夏至。从这时起，人们就居住在高处，以防雨季洪水的到来，而鸟兽的羽毛也由于天气逐渐炎热开始变得稀疏起来；帝尧接着命令和仲前往西方的昧谷，住在那里，要他恭敬地送别落日，辨别测定那里的太阳西落的时刻。尧后来把昼夜长短相等、北方玄武七宿中的虚星黄昏时出现在上天南方的这一天定为秋分。这时，人们又回到平地上居住，鸟兽换生新毛；最后帝尧命令和叔，去北方的幽都居住，辨别观察那里的太阳往北运行的情况。根据观察结果，后来就把白昼时间最短、西方白虎七宿中的昴星黄昏时出现在正南方的这一天定为冬至。这个时候，人们就开始搬进室内居住，鸟兽也开始长出柔软的细毛了。

尧郑重地对他们说："你们，羲氏与和氏，一周年是366天，要用加闰月的办法确定春、夏、秋、冬四季来成岁，并由此规定百官的职守，这样按自然规律行事的话，各种事情就都兴起了。"

4000多年过去了，历史的岁月已经荡涤了尧时代地面上的一切实物留存，整个世界已经天翻地覆、面目皆非，但是无形的文化传承把这一切都变成了国人沦肌浃髓的精神遗存。当我们背诵农历歌的时候，当乡下老农根据时令节气播种收获的时候，甚至当我们回家帮父老乡亲在农田劳动的时候，我们的意识深处实际上还在不知不觉地悄然延续着帝尧的天文思想、帝尧时代的农业文明因子。

五

临汾城西有座姑射山，庄子曾在《逍遥游》中说：

藐姑射之山，有神人居焉，肌肤若冰雪，绰约如处子，不食五谷，吸风饮露；乘云气，御飞龙，而游乎四海之外。其神凝，使物不疵疠而年谷熟。

传说尧王时代今姑射山北仙洞一带，山头绿草如茵，山花烂漫；山坡灌木丛生，杨柳婆娑；沟下树木掩映，绿海波涛。尧王处理政事之余，就去那里牧马，休养生息，人们称之为尧王牧马坡。据说这里的树亦为尧王所栽，所以后人又把这块地方称为尧王放马山。山下汾水西边的东马栅、西马栅传为尧王的牧马场。至今那里北有生马庄，南有牧马滩，另外，还有生马、二驹这样的村名，据称都是尧王时代留传下来的。

大约是因了庄子美文的缘故，姑射山因此声名赫赫。这里有个著名的风景区——仙洞沟旅游风景区。这是一处远离喧嚣、山清水秀、环境优雅，山上悬崖陡壁、绿树成荫，山下流水淙淙、鸟鸣啾啾的世外桃源。上百间造型别致的寺庙道观洞窟分为南北两个建筑群静卧其间，中国早期的各路神仙都云集于此，祥云缭绕，仙气氤氲。

在重重叠叠、曲径通幽的群仙洞窟中，有一小巧别致的鹿仙洞掩藏其间。洞中立一女神塑像，风姿绰约，神态安详，这就是传说中的鹿仙女，也就是后来成为帝尧夫人的散宜氏女。

相传，鹿仙女长得冰肌玉肤，体态娇艳，俨然绰约处子，风韵迷人。她行走时，凌空飘逸，轻若浮云，又好行侠仗义，济困扶危，深得百姓喜爱，遂被传得神乎其神。

时值帝尧迁都不久，有一天，尧去牧马坡放马，顺便想了解一下民情。就在他正跟附近居民交谈时，忽然看见不远处有一妙龄女子从树林中袅袅娜娜地飘了出来，然后似有仙助般，面对那条几十米的壕沟翩然而过，真是飘忽若天仙，轻捷似飞燕。尧正凝神间，那女子已经倏忽消失在对面的群山密林中。

这个女子正是鹿仙女。和尧谈话的那个居民也看见了鹿仙女，就把老百姓关于鹿仙女纷纭的传说告诉了尧。尧时值青春年少之际，一种朦朦胧胧的爱意油然而生。但此时天已擦黑，且鹿仙女早已不见了踪影，他只好丧魂落魄般怏怏而归。

尧回平阳宫殿后，茶饭不思，心里总是想着鹿仙女那飘逸的影子。他下定决心要找到鹿仙女，探个究竟，一睹芳容真貌。他提前处理完繁杂的政事，就在不久后的一天，再次独自来到了那个牧马坡。他按照附近居民的指点，找到了鹿仙女的住处——一个简陋的山洞。鹿仙女看见一个翩翩少年突然从天而降，长得高大魁伟，英俊潇洒，不禁芳心窃喜，遂躲到那口窑洞旁边的柏树后悄然偷窥。待少年走近，鹿仙女这才看清是帝尧，一颗芳心早已“突突”乱跳个不停。尧此时也发现了鹿仙女在树后张望的身影，就直盯盯地看着鹿仙女傻笑。鹿仙女不胜害羞，一恼之下，顺手就把手中的梳子朝柏树划去，谁知用力过大，柏树竟然应声而断。这棵折断的柏树至今犹存，后人称之为隐身柏，这个洞就叫作隐身洞。

两人一见钟情，很快就卿卿我我、柔情蜜意了。当晚，他们就在附近找了一个稍微宽阔一点的山洞，成就了百年之好。晚上双方结鸾俦于山洞时，明月高悬，对面的蜡烛山上光华耀眼，照得山洞如同白昼一般。后来人们便称新婚之夜为“洞房花烛夜”。据说现在仙洞沟里的这孔鹿仙洞就是尧和鹿仙女即散宜氏女当初的洞房。

史载散宜氏女后来为帝尧生了九子二女，还协助尧治水患斗妖孽，把后宫打理得井井有条，成为千百年来中华帝后的楷模。

帝尧和散宜氏女都去了四五千年了，但是在白云千载空悠悠的物是人非中，在鹿仙女神像前，我却透过那个美丽的神话，看到了传说中那个伟人后面默默劳作的纤纤身影，看到了现代文明外衣下始于人类本真的“窈窕淑女，君子好逑”淳朴爱情的迷离闪烁。

六

尧时代对人类生存造成最大威胁的，不是青面獠牙、穷凶极恶的猛兽，而是铺天盖地、四处泛虐的滔滔洪水。没水，人类无法生存；洪水泛滥，人类的生存又面临着巨大威胁。世界上所有的文明古国都是逐水而居，古埃及的文明诞生在风光旖旎的尼罗河畔；古巴比伦王国成长在草木旺盛的两河流域；古印度文明滥觞于浪涛滚滚的恒河和印度河流域。我国的史前文明一直就孕育于黄河和汾河流域等地。但是，反复无常的洪涝灾害迫使人类不断地向高处且又不能离水源太远的地方迁移。当尧把都城最后迁移到平阳时，他首要的任务就是治理洪涝，以能动的人力和无情的洪涝做坚决的斗争。他先听从大臣的建议，选择鲧去治理洪涝，空耗了几年，鲧“堵”的治理方法遭到失败。他慧眼识人，又大度地选择了鲧的儿子大禹去治洪，最后大禹用疏导的办法取得了成功。其实，他自己也一直在琢磨着和洪涝做斗争的办法，并身体力行，站到了抗洪救险的第一线。

临汾一带就流传着尧亲自带领百姓治理洪灾的壮美故事。

平阳城北40公里处有一条涝河，经常是浊浪滔天，黑水泛滥。传说是黑风女妖来此兴风作浪，残害人民。附近的良田房舍时不时就会被淹没冲塌，老百姓苦不堪言。尤其在今郭行一带，峡谷蜿蜒，水流湍急，洪水季节，河水猛涨，横溢两岸，常常造成灾害。女妖法力无边，行走时犹如地震一般，地动山摇，涝河干涸，滴水不留。

帝尧听说后，就亲自带领一班人马前往涝河治洪除妖。尧带人到郭行时，正是烈日当空、天气炎热的干旱季节。大家人困马乏，口干舌燥，连一滴水也找不到。就在尧一筹莫展的时候，尧的坐骑——那匹大白马突然莫名其妙地仰首长嘶，用蹄子在脚下那块方形的岩石上，“哒——哒——哒——”连刨三下，石头上火星四溅，霎时被刨出一个马蹄形石坑。那马又低下头，连续长鸣了三声，瞬间一股清水从石缝中哗哗哗地冒了出来，大家喜出望外，每个人都依次喝了个够，一时间个个神清气爽，精神抖擞。这股源源不断往外冒泡的泉水，后来就被人们称为马刨泉，成为尧陵著名一景。至今我们还可以看到泉边石头上依稀可见的马蹄印。

帝尧一行解渴后继续前行，忽然间飞沙走石，天昏地暗，黑风起处大雨倾盆，水流如注。河谷口一带山体崩塌，拦腰截断了水路。郭行口往上，洪水翻滚着呼啸而来，涝河眼看着就要决堤。尧立即下令，刨开谷口放洪。这一招果然见效，洪水泄去后，水流逐渐平缓，险情暂时解除。尧观察片刻后，感觉涝河两岸通行不便，就决定在河道上架起一座石桥，下令将士要在3日内完工。大家夜以继日地战斗，毫无怨言。可是晚上却遇到了困难，天上乌云密布，一片漆黑。正在大家发愁时，霎时天空见晴，一朵祥云在天空中飘然而来，金光闪闪，照得大桥工地如同白昼一般。大家抬头齐往上看，只见尧夫人鹿仙女站在云端向大家挥手致意。原来，鹿仙女展开了自己美丽的霞帔放出夺目光彩，为大家施工照明。大伙受到了巨大鼓舞，奋战3天3夜，按时完工。那座漂亮的石桥于第四天早晨赫然屹立在了涝河上。

正当尧王和大伙一起兴高采烈地欢呼胜利时，突然间，风起云涌，瓢泼大雨从天而降。顿时洪水翻腾，浊浪连天，新建大桥时时都有被冲垮的危险。就在此时，女妖在空中露出狰狞的面孔，发出恐怖刺耳的哈哈大笑声。尧临危不惧，俯首将金丹灵珠吐出来安放在桥上，镇住了石桥。女妖见此，落荒而逃。自此后，这座石桥坚如磐石，虽经过数千年的风浪搏击，仍然纹丝不动、安如泰山。但尧却由于吐灵珠伤了元气，病倒在了床上。

女妖未除，尧心里不安。原来，黑风女妖逃跑后潜到了黑风洞，趁尧病体未愈的空当又出来大施淫威、伤害人畜。帝尧闻报，决定带病前去降妖除害。尧母见儿子身体虚弱，就自请长缨，为儿分忧。阴历六月初十这天，尧母手执桃符，站在太阳底下，面对烈日，注目凝神，深吸三口气后，用神咒封住了洞口。尧母不放心又在洞口日夜守候了90天。女妖被镇住，化成了一股黑风从霍山脚下洞口中飘了出去，化为乌有。从此，黑风洞又恢复了清风洞的名称，千千万万受害的百姓跪在地上，感谢尧母的大恩大德。百姓们高兴地尊称尧母为尧姑，又将姻堆里改名为姑德里，还修建了一座尧姑庙。以后每年六月初十这天，方圆几十里内的百姓就都赶到尧姑庙去献牲歌舞，以纪念尧母的恩德。

帝尧听说后，也常常骑马来参与到欢歌笑语的人群中，与民同乐。尧每次前往，在离尧姑庙尚有5里路时就早早下马步行。附近那个村后来就被人们称为下马庄，那曾经拴马的石头被称为拴马桩。尧有时候还到东山一带（今浮山县）巡视，步行到尧姑庙5里以外才上马，这个上马垫脚的石块后被人们称为上马台，旁边的村子被称为马台村。

孔子说："大哉！尧之为君也，巍巍乎，唯天为大，唯尧则之。荡荡乎，民无能名焉。巍巍乎其有成功也，焕乎其有文章！"

帝尧作为一代君王是多么伟大！上天是最高大的，帝尧就是这样效法着上天！

七

在中外历史上，但凡一个贤君明主，即位后的首要事情都是起用德能兼备之人，因为人才的使用和储备是一个国家兴衰的关键所在。尧即位后，提拔任用了一大批贤臣，后来都成为他治理天下的得力助手，其中有九人由于巨大的历史功绩，成为后世万代称颂的名臣。譬如，弃是尧任命掌管农业的"农师"，相当于现在的农业部长，后稷是他的官职名称，他成为了谷神，是中国农业事实上的祖师爷；皋陶是帝尧任命的司寇，亦即上古中华第一任司法部长和首席大法官，被奉为中国司法鼻祖。其他还有虞舜、大禹、伯益、四岳、讙兜等。但尧唯恐埋没人才，野有遗贤，所以就常常深入民间市井，甚至跋山涉水到深山老林去寻访高人。尧对他们恭敬有加，像学生对待老师一样，彬彬有礼。

尧听说姑射山里隐居着四位德高望重的名士：方回、善卷、披衣、许由，于是不辞劳苦地前往拜访。善卷重义轻利，不贪富贵，贤名闻于乡里。尧自觉德行智慧不如善卷，就翻山越岭前去拜访他，让善卷居主位，他站在下手，面向北施礼求教。善卷谈天论道，口若悬河、滔滔不绝，尧自愧弗如，就想以天下让善卷。善卷回答说："我生于宇宙之中，冬穿皮衣，夏穿葛布，春种秋收，有劳有逸。日出而作，日落而息，逍遥于天地之间，心满意足，我要天下干什么？可悲啊，你太不了解我了。”善卷说完后不久就悄然离开北方，到南方今江苏宜兴县的一溶洞中隐居了。现在善卷洞的旅游介绍中还明确指出善卷是从今天的晋南过去的。

庄周在《逍遥游》中说：“尧之师曰许由，许由之师曰啮缺，啮缺之师曰王倪，王倪之师曰披衣。”披衣即蒲衣、亦写作蒲伊。据古籍记载，蒲衣本姓伊，名畴，因为他常年穿一件蒲草编的粗服，所以人们称他为蒲衣，或蒲衣子。相传他浑浑噩噩，淡泊名利，隐居汾水以西的蒲谷山之中。帝尧闻其贤，特登山造访，拜他为师。《高士传》中也有类似的故事，说帝舜也曾拜蒲衣为师，还要把天下禅让给他，蒲衣不受而去，继续隐居山间。蒲谷山就在今天的蒲县境内，今蒲县太林乡有蒲伊村，相传是蒲衣隐居之处。蒲伊村附近有帝尧与蒲伊谈论大道的地方，后人称之为讲道台；还有帝尧休息过的地方，后人称之为税驾坡。清人曾有诗赞曰：“蒲谷贤人怀宝去，平阳圣帝策辇来。”现在距这个地方不远处，以蒲县东岳庙为中心已兴建成一座占地数万平方米的蒲伊广场，依山傍水，峰幽林密，极尽自然和谐之妙。广场内碑廊亭台，花草掩映，但闻绿浪滔滔，流水潺潺。气势雄伟的舞台正中矗立着“唐尧访贤，蒲伊讲道”的大型背景主题图画，流光溢彩的现代艺术和古朴幽雅的上古美好传说奇妙地糅合在一起，水乳交融，相得益彰，让人叹为观止。

尧曾请教许由：“啮缺可以做天子吗？我想让王倪邀请他。”

许由说：“不好啊。那样的话对天下将是一件危险的事情。啮缺为人，聪明机智，反应敏捷，天分过人，但你要因他这些人事上的长处让他接受实行天然之治的使命，那就错了。他明于禁止过失，却不知过失产生的原因。让他做天子吗？他就要崇尚智慧而抛弃天然；他就要以己意为标准去对待事物，就要像火烧火燎一样地去求得知识；就要埋头于事物之中，处处干涉；就要忙忙碌碌地应接四方，想方设法满足事物的要求；就要千方百计去改变万物，弄得它们不能和谐安宁。怎么能够让他做天子呢？虽然他的行为可以为一般人所效法，但他仅能做个诸侯国的君主，而不可以做天子。治理，是产生动乱的由头，是臣子的灾难，是君主的祸害。”

尧听罢许由的一番教诲，觉得老师言之成理，就打消了邀请啮缺做天子的念头。

尧以天下为重，总觉得自己德薄智浅，唯恐自己有负于天下百姓，所以，一旦在心中认定了德才兼备的高人，就一定会想方设法把天下禅让于他。他其实在心中早就把许由当作了不二人选。

许由，一作许繇，字武仲，传说是阳域即今洪洞人，崇法自然，气节高清，坚持自食其力，时享有高人盛名。许由隐居在平阳箕山，乡人传言就是今日襄汾县陶寺遗址边上的箕山。帝尧去拜访许由。尧说："太阳出来了，火把还不熄灭，在光照宇宙的太阳光下要它放光，不是多余的吗？大雨下过了，还去浇园，不是徒劳吗？作为天子，我很惭愧，占着帝位很不适宜，请允许我将天下托付于先生，天下必然太平。"

许由对帝尧说："你治理天下，已经升平日久。既然天下已经治理好了，还要让我代替你去做一个现成的天子，我为了名吗？名，是实的从属物，我对那个虚名不感兴趣。鷦鹩即使在深林里筑巢，也不过占上一枝就够了；鼹鼠就是跑到黄河里去喝水，也不过喝满肚子就足了。你就回去吧，天子于我没有什么用处。厨子就是不做供品，祭祀也不会去代替烹调的。"

尧还不罢休，想要再说什么，许由赶忙连连摆手："你不要再说了，我不会代你做天子的。你的话已经弄脏了我的耳朵。"

许由说完就迅速跑到山下颖河边上蹲下撩水洗起自己的耳朵来。

尧听后，摇头叹息，只好无奈地乘马离去。此时，隐居在箕山的另一位高人巢父正好牵着一头牛走到溪水边上。他看见许由在洗耳朵，就问怎么回事？许由说："尧叫我去做天子，这种话弄脏了我的耳朵，所以要来洗一洗。"

巢父听了冷笑一声，说："你如果住在高山深谷之中，不与世人交往，又有谁会来打扰你呢？现在你这样故作清高，其实是为了沽名钓誉，我还怕你洗耳朵的水弄脏了我的牛嘴呢！"说完便牵着牛到上游去饮水了。

许由洗耳朵的颍河被后人称作“洗耳河”，现在陶寺遗址边上依然不紧不慢缓缓向前流淌着。虽然许由已经化成了一抔灰尘，但“洗耳河”千年流动的河水却将这种高洁的雅士精神毫无保留地灌注到了中华文明波澜壮阔的历史长河中。

八

山西洪洞县甘亭镇士师村位于临汾市北10公里处，史籍记载这里是尧舜时代第一名臣皋陶的故乡。人们为纪念这位先贤，把村名叫作皋陶。清代中叶，当地文人嫌直呼圣人的名讳不敬，就改皋陶的官职士师为村名。村东南有皋陶墓，村中旧驿道旁有皋陶庙。2012年，建在洪洞县甘亭镇士师村，以皋陶为主要宣传内容的我国首家司法博物馆——华夏司法博物馆开始对外开放。

皋陶，又作咎陶、咎繇，亦作皐陶、皋繇或皐繇，史书典籍中多称为“大业”。他是尧、舜、禹时期的士、士师、大理官，即司法长官，是中国历史上第一个大法官，是中国的法律鼻祖。《春秋·元命里》载：“尧得皋陶，聘为大理，舜时为士师。”相传皋陶在掌管司法时，“画地为牢”，

士师村原叫皋陶村，史籍记载这里是尧舜时代第一名臣皋陶的故乡。

成为最初监管犯罪之人的囚禁场所。因此，造狱的先驱皋陶，就被尊为狱神。

相传皋陶有一只可以明辨是非善恶的羊獬，又称直辨兽。当人们发生冲突或纠纷的时候，独角兽能用角指向无理的一方，甚至会将罪该万死的人用角抵死，令犯法者不寒而栗。史籍记载，獬豸的名也叫“法”，后世之法就由此而来。

独角羊獬前蹄腾跃，做虎吼状，双眼炯炯有神，直视前方，一副威风凛凛的样子。

令我感到不可思议的是，西距士师村 5 公里处居然就是羊獬的“故乡”——羊獬村，一个具有非同一般传奇色彩的古文明村落。

羊獬村在尧时叫作周府村。据说，某年农历六月的某日，一只体肥健壮的母羊在该村村北的金沙岭生下一只奇特的羊犊。之所以奇特是因为这只小羊犊子头顶独角，浑身青毛，成长神速，仅两个时辰就长到了成年羊只的大小，而且一生下来就生龙活虎般地胡蹦乱跳。村民觉得此事蹊跷，就赶忙派人前往国都平阳报告了尧王。尧也感到好奇，就带着皋陶、伯益、后稷、四岳等大臣和他的夫人鹿仙女一同乘马来到了周府村。尧见到此异物，饶有兴趣地围着它转了一圈，刚站定，这个原来还奔跑不止的小家伙，居然乖乖地站在尧的面前，两只前腿缓缓下跪。尧再看生羊獬的地方，寸草不生，是一片如绿豆大小的沙子，闪烁着璀璨的光芒，而四周却是绿草如茵，两下形成了鲜明的对照。村民对尧说，这块地方非但寸草不生，而且久雨不湿。尧王兴奋异常，哈哈大笑说：“当生此物，国家必兴，此异物名为獬豖，甚有灵性，善辨忠恶，是国家之瑞兆也！”随即传旨：“宝地生宝物，从今往后，周府村就叫羊獬村吧。”

后来人们为了纪念此事，就在这块地方雕塑了羊獬的神像。

我们去参观时，正是清明前后，天气清爽，阳光普照。那只独角羊獬前蹄腾跃，做虎吼状，双眼炯炯有神，直视前方，一副威风凛凛的样子。羊獬塑像底座上，黑底白字，雕刻的是《生獬滩遗址序》：

帝尧让天下于许由，然许由恶闻其声，洗耳于颍水河之滨。时友巢父牵牛欲饮，见由洗耳问明其故，恐恶牛口，遂牵其上游饮之。一羊行此口渴，饮许由洗耳水后直奔尧王故里而来，卧其沙滩竟生一独角青毛异兽。异兽落地屈膝而拜四方，顷刻身高超其生母，体胖若熊……尧携臣归里观赏，视为祥瑞之兆，封其羊为神羊，封异兽为獬豖。引獬豖还朝侍君。此滩誉为金沙宝滩生獬滩。今树碑志作序纪念。

读毕，我恍然大悟，原来是母羊喝了许由的洗耳水后，才生下了这样一只能辨善恶的神兽。有关獬豖的事迹，在东汉王充的《论衡》、明谢肇淛《五杂俎·物部》、明刘承宠《圣臣志》里均有记载。

我不禁哑然，尧王和皋陶的想象力和博大的智慧真让人折服。在他们那个时代，人们蒙昧多未开化，对天地鬼神敬而畏之。他们应该是利用了这个獬豖怪兽来威慑不法之人，以达到法治天下的目的。

数千年前的帝尧用自己的聪明才智治国安民，以至于天下祥和，百姓安乐，尊卑有秩，长幼有序。

神话和传说不可信，然而，剥开其华彩的外衣，那熠熠放光的合理内核或许就是被遮住了的真理。

九

羊獬村流传着太多太多关于尧的故事，甚至这里的很多风俗习惯都和尧息息相关。也恕我孤陋寡闻，当耀辉先生带领我来到这里的时候，我压根也没有想到这里竟是尧的第二故乡，而且是尧的两个女儿娥皇和女英的出生地。这所有的一切其实都凝聚在了那个前几年刚重新修建好的“羊獬唐尧故园”内，这里的一砖一木、一香一火，都飞越时空界限，把我带到了久远的4000多年前——

还是在这里观看神羊獬豸的时候，尧的夫人鹿仙女突然间脸色苍白，她对尧说：“夫君，我感到身体不适，你们要到村外去转转，我就不去了。”尧吩咐侍女将夫人搀扶到一农户家临时休息，他们一班君臣兴致勃勃地到该村四周转悠去了。不久，有人来报，夫人产下一女婴。尧欣喜若狂，他让几个大臣先回国都，他暂时住下来照顾夫人和孩子。这个女婴就是尧的大女儿娥皇，这天是尧亲自制定的中国农历的日子六月十八日。

由于独角神羊的出生，更由于自己女儿的诞生，尧对此地钟爱有加，于是几天后就决定把家迁到羊獬村。据该村相关史料记载，尧迁居羊獬村后，亲率百姓搭建庐棚屋宇，先后建起了聚仙楼、娥皇棚、娘娘寝殿等简陋的楼堂馆舍，所用材料均是未曾折过的木椽和稻草。

尧一家在此居住几年后，夫人又为他生下了第二个女儿——女英。鹿仙女生女英时也颇富戏剧性。据说那一天尧夫妇二人正在生獬滩散步，夫人肚子突然一阵疼痛。尧知道夫人要生了，赶回去已经来不及，就吩咐身边的侍女，赶紧拔一些蒿草垫在夫人身下，让夫人躺下。随后，又派侍女回村叫接生婆。女婴安全落地，尧认为是在宝地生产，将来一定会是女中英贤，就取名叫女英。这一天是农历九月初九。由于尧的巨大声望，他所做的很多事情百姓们都纷纷仿效。尧夫人鹿仙女不得已身卧蒿草生下女英，人们一传十、十传百，演变成了千年风俗——以后但凡有生孩子的，都要在坑上铺垫蒿草，后改为谷草、稻草之类，再后来慢慢发展为草褥子。随着历史的逐渐演变，这一风俗又有了新的发展，为了让儿女们记住父母的生养大恩，父母停灵期间，棺材的两边都要放些谷草、稻草或麦秸之类，让孝子跪在上边守灵。其意显然是通过这种“跪草”方式来提醒儿女们，不要忘记母亲当年在生他们时所经受的种种苦楚。

一晃间，娥皇和女英都长成了花容月貌、娉婷婀娜的大姑娘。尧在选定接班人时看准了舜是个大贤大德之人。经过几番成功的测试后，尧决定把自己的两个女儿同时嫁给舜，他要再看看舜的持家能力如何。如果舜连一个小小的家庭都治不好，又怎么有能力统治一个国家呢？

两个女儿要出嫁了，尧心里还是放心不下，就特意出了三道题目考验她们，看谁能赢——其实是锻炼她们独立治家的能力。前两个题目分别是煮黄豆和纳鞋底，姐姐娥皇完胜，女英心里就有点不服气。两个女儿出嫁这一天，邻居百舍的妇女们为她们二人摘面，就是梳洗打扮后，用纳鞋底的绳索在其面部滚动来除掉脸上的汗毛。热心的妇女们一边梳头，一边即兴唱道：

头一梳，光溜溜，一梳梳到刘海头；
敬公婆，爱小姑，人人都夸好媳妇。

二一梳，滑溜溜，二梳梳到发根头；
箕帚殷勤相丈夫，儿孙满堂享清福。

三一梳，顺溜溜，再梳梳到辫子头；
烧香叩头敬姑姑，夫妻双方到白头。

这就是长久以来流传在山西洪洞、临汾一带的《梳头歌》。

尧出的第三道题是，让她们单独前往历山的舜家。历山在洪洞境内，距离羊獬村35公里左右，尧让她们二人挑选骑马或是坐车前往，并说定，谁先到达历山谁为赢家。

女英性格外向，活泼好动，平时就喜欢骑马射箭，于是选择了骑马，姐姐娥皇就只能选择驾车了。二人在吉时同时出发。娥皇所驾马车走到汾河边上一村庄时，不料车辐也就是车轮子上的木辐条折断了。娥皇不得不停车修理，大约用了两个时辰才修好重新上路。娥皇修车的这个村子，后来就成了众所周知的车辐村。

女英前两轮不胜，就耍了个心眼，抄小路而行，想成为最后的赢家。不承想，穿过汾河越洪堡向西，经过一村落时，马儿突然倒地，呼吸急促，浑身颤抖不止。原来，这匹马是要产小马驹了。女英只得停下来，为马儿接生。附近村民看见，纷纷前来帮忙，母马顺利产下一匹浑身赤色的小马驹。小马驹四肢健壮，很快就活蹦乱跳了。这个村后来就被人称为马驹村。今天，由于人口增多，原来的一个村子已被分成了南马驹村和北马驹村。

耽误了几个时辰，女英待小马驹能跑动时，就策马扬鞭，急急赶路。到前面村庄时，小马驹撒着欢儿狂奔进村，众乡民看见这个满身赤红的小家伙，像一团火在舞动，不觉惊呼："真乃龙马也!"女英英姿飒爽，哈哈一笑，大声说："你们这个村就叫'龙马村'吧!"女英一路行来，又接连经过几个村庄。后来，当人们得知是尧王的女儿结婚骑马路过，为了表示景仰和怀念，就将这几个村庄分别改名为"南龙马""北龙马""西龙马"，这里的乡政府就叫龙马乡政府。女英急急赶路，沿涧河西行到一村庄南，母马停步不前，抬头长嘶一声，用前蹄连刨几下，居然有一股清澈的泉水汩汩流出。大小马低头畅饮，饮毕，扬蹄奋进，继续西行。这就是几千年来久负盛名的马跑泉。马跑泉在龙马乡赤荆村南边，这个村名和马跑泉也有密切的关系。马跑泉千年流水不绝，泉水流过的地方周边生长出了密密麻麻的荆条，起先是绿色的，后来逐渐在大自然的氧化下泛成了赤红色，这个村子后来就叫赤荆村了。村民们感恩于女英的大恩大德，就在此地建了一座娘娘庙供奉女英、娥皇两位娘娘，还同时建起了一座舞台，每年农历三月初三羊獬人到历山去迎接女英、娥皇两位"姑姑"时，都要在此唱大戏祭拜，4000多年来绵延不断。

女英策马赶到历山时，恰巧姐姐娥皇也刚到历山停好车。姐妹二人遂携手步入舜宫，成就了一番中华文明史上的奇缘佳话。

我在唐尧故园正殿朝拜帝尧塑像的时候，在姑姑殿里瞻仰二位"姑姑"的时候，脑子里不断涌现出这些寄托了后人无限美好希望的民间传说，我不能确定这里边有多少虚幻的成分，但我可以相信，尧、鹿仙女

（即散宜氏女）、娥皇、女英一家和这里一定有着千丝万缕的联系。

即便是神话传说，也一定有现实作为源起。

十

羊獬唐尧故园，俗称姑姑庙，最初建园时间已无从考察。但据羊獬村故事编纂的《皇英轶事》一书记载，早在春秋时代，杨国侯千及羊舍氏、杨县大夫僚安曾建此园。宋代大地震，洪洞境内建筑十之八九都坍塌了，唐尧故园也未能幸免于难，成为瓦砾废墟一片。元至明清中期，羊獬村民又多次以尧舜皇亲之名，发起重新修复唐尧故园募捐活动，曾先后修复和新建尧王大殿、皇后娘娘殿、公主娥皇女英殿，以及舜王庙、药王庙、关帝庙、戏台、亭榭等较为完整的建筑。新中国成立前，园内还保留有唐、宋、元、明、清各代重修庙宇的碑碣数十通。碑文记载有历代皇帝派重臣来此朝拜的情形，以及庙会盛况和历次修葺记略。

现在的唐尧故园是1990年始至2004年由村民集资历时15年修建而成。老实说，和全国诸多气势恢宏、雕梁画栋的庙宇相比，偌大的唐尧故园里，几座零落的庙宇显得很简陋，甚至有点寒酸，庙里的塑像也比较粗糙，但让我感兴趣的不是供奉帝尧的正殿，也不是祭拜散宜氏女的皇后娘娘殿，而是别具一格的姑姑殿。说它别具一格主要是就其名称而言。全国供奉娥皇和女英的庙宇比比皆是，但以"姑姑"名字来命名的，据我所知可能就独此一家。我百思不得其解，后来捧读《皇英轶事》时才明白了其中缘由。

《皇英轶事》一书，不是正规出版物，而是一本无书号的内部印刷品。我是在姑姑殿里捡到的。当时地下有一大堆，管理人员称都是被两个月前曾经溃坝决堤的曲亭水库洪水浸泡过的。我和耀辉先生花了10块钱，挑选了几本略微好点的拿了回来。我没有想到，这本书居然帮了我的大忙，虽然它的外表已经被水渍侵袭得丑陋不堪，虽然里边错别字满篇，甚至前言不搭后语，但我还是不很费劲地读出了它的价值。它完整地记述了尧和两个女儿以及舜在此地的种种传说，记录了唐尧故园所有的应该是历史上所能寻找到的相关记载。尤其令我兴奋的是，它详细记载描述了洪洞羊獬、历山两地4000多年隆重迎送“姑姑”的所有活动细节，并以无可辩驳的理由论证说明了名扬华夏大地的威风锣鼓起源于羊獬村的史实。

羊獬的娥皇、女英双双嫁给历山的舜，羊獬便成了娥皇女英的娘家，历山自然就成为他们的婆家。按当地的风俗习惯，娥皇、女英在娘家被当地人称为姑姑，在历山被称为娘娘。两地成了联姻亲戚，即所谓的皇亲。这样一来，羊獬人变成了“长辈”，历山人则成了晚辈，后者称前者，男的为表叔，女的为表姑，两地互不通婚，互不称名道姓，彼此之间特别尊重，见面互称亲戚。几千年来人伦礼制的上古遗风居然一直延续到现在。譬如，舜帝农历五月初五生日这一天，娥皇六月十八生日这一天，女英九月初九生日这一天，羊獬人都会拿上礼物，成群结伴地到35公里之外的历山祝寿纪念。三个寿诞日，羊獬前往历山拜寿的人性别也有所不同。舜生日这天去的都是男性，两个“姑姑”生日这天去的都是女性，只有几个男性主事人。

除过这些千年不变的习俗外，还有一个“三月三”羊獬人接“姑姑”回娘家和“四月廿八”帝尧寿诞后历山六村接“娘娘”回婆家的两个隆重节日。这两个节日规模宏大，气氛热烈，届时两地都要集会，唱大戏10天。尤其是“三月三”接“姑姑”回娘家这天活动规模最大，参加人数最多，涉及范围最广，据说有洪洞和临汾尧都区5个乡镇、22个村五六万人参与。羊獬村每年前去迎接“姑姑”的队伍足有数百人之众，仅仪仗队和威风锣鼓队的人就接近200人。迎亲队伍敲锣打鼓、浩浩荡荡地前往历山，所经村庄，家家户户都自觉地在道路两旁设香案摆供品，有的还特别准备了馒头、油饼、点心和茶水供迎亲人喝水充饥。迎亲队伍到达历山后，周围的村落像迎接自己的亲人一样，茶果相待，酒肉管够……其实，历山的西乔庄、万安等村早在农历二月底就开始了迎接亲戚的准备活动，各家各户拆洗被褥，打扫庭院，宰猪杀羊，就像过年一样隆重。

等到农历四月十八，历山人来接娘娘回家，同样的热闹、同样的场景会再上演一番，只是规模略小一些。数千年来两个地方你迎我接、你来我往，从未间断，即使在“破四旧，立四新”的“文革”期间，他们也“顶风作案”，如痴如醉。

李存葆先生观此场景后喟然叹曰：“一种习俗，在两个相距70多里的村落里，竟延续了4000多年，足见尧舜的盛德在洪洞民间的刻痕是何等沦肌浃髓!”

大家耳熟能详的羊獬威风锣鼓其实是“三月三”羊獬人接“姑姑”回娘家和“四月廿八”帝尧寿诞后历山6村接“娘娘”回婆家千年风俗庙会的一项重要内容，其起源、发展都和这个习俗有着密不可分的关系。在迎送“姑姑”的整个过程中，根据行程和时段的不同，威风锣鼓的曲目也变幻无穷，一会儿依依不舍，一会儿热情四溢；一会儿柔情婉转，一会儿慷慨激昂……仅曲名就有《吃凉粉》《西河滩》《司马投唐》《风搅雪》《笑回乡》《东河沙》《五路垣》《乱丝纶麻》《银扭丝》《老鸭子》《八牌子》11种之多。

《吃凉粉》是“三月三”和“四月廿八”庙会上必须演奏的曲目，相传为帝尧所作。该曲目描绘的是庙会上四面八方的游客络绎涌向唐尧故园的情景，此时锣鼓声高亢密集，雄壮有力。紧接着，鼓声锣声开始转向低缓悠扬，如凉风拂面，沁人心脾，映现着游客吃凉粉时毛孔张开、通体透泰的清爽感觉。随着戏剧开演，人头攒动，庙会进入高潮，锣鼓声也突然变得铿锵有力，激情四射。真是：锣声、鼓声，声声悦耳；祭人、娱人，人人开颜。

《西河滩》是迎接历山亲戚接送“姑姑”时敲打的曲目。每年“三月三”和“四月廿八”，迎送队伍必须在屯里渡口过汾河。迎亲队伍来至汾河滩屯里渡口，全体迎亲人员须跪拜于汾河滩祭拜河神。这时，鼓乐齐鸣，爆竹声声。曲调开始时平缓沉稳，映衬着所有人心怀虔诚之意，行三叩九拜之礼。接着，锣声急促，鼓点紧凑，表现了汾河水势汹涌澎湃的不可阻挡之势，暗示了古人对自然神力的敬畏。随后，锣鼓声急中有缓，缓急相间，充分表达了民众重新集结整理队伍继续赶路，渴望尽快到家去见亲人的迫切心情。这首曲子相传也是帝尧所作。

《司马投唐》不是专门为迎送“姑姑”所作。据说在帝尧执政期间，帝尧体恤民情，施行仁政，感动了周围不少部落小国纷纷来投，因当时尧被称为陶唐氏，他的国家也不是现在意义上的国家，属于国家的雏形阶段，还多被人称为唐尧联盟。“司马”部落就是其中一支。在投诚之日，帝尧掩饰不住自己内心的激动心情，即兴作此曲，表示对“司马”部落的欢迎。

其他如《风搅雪》《东河沙》均传为尧所作。《五路垣》传说是舜王的父亲瞽瞍感应于自然和人畜发出的声音而作，《笑回乡》《乱丝纶麻》《银扭丝》《老鸭子》《八牌子》则传为舜王所作。

威风锣鼓应该是中国历史上最初的祭祀庆典活动的主要表现形式，其故事性、传奇性、生活性、独特性、广泛性和鲜明传承性为世人所津津乐道。经过数千年岁月的洗礼，该曲目已经发展得十分完整：启、承、转、合，抑、扬、顿、挫，高、低、起、伏，无穷的变化氤氲其间：钗钹撇、铙钹翻，小锣添碎点，锣鼓排青天，把人们不同时段的心理情感表现得淋漓尽致。威风锣鼓，顾名思义，其独特的魅力就体现在“威风”上。也难怪，想当初，这是专为迎送“姑姑”所作，“姑姑”何许人也？华夏第一大国的女儿，华夏第一大国的“正宫娘娘”，这锣鼓不但体现着“姑姑”的身份、地位，更体现了泱泱大国的雄伟和威严，体现着尧舜两代杰出帝王吞纳天下的雄心壮志和宏大抱负，所以，“威风”二字恰到好处地反映了这一特点：“它雄劲磅礴、粗犷豪放，以惊天动地之声、翻江倒海之势使人强烈感受到一种群体力量的凝结和爆发、一种生命力撞击的震撼。它质朴地透视出古代人类以顽强的生命力向现代文明迈进的艰苦步履和生生不息的精神。”

神鼓嗵嗵是尧招贤纳能的博大胸怀，圣锣哐哐是舜躬耕历山的亲民风采。

站在空旷的唐尧故园中央，我眼前似乎涌现出了那震天动地、万鼓齐擂的浩大场面，耳际里也仿佛充满了那激情澎湃、万众呐喊、排山倒海般的怒吼声：

手舞神柱翻巨浪，
万众一心一声嗨，
威风锣鼓敲起来！

神鼓隆隆是海纳百川的澎湃，
圣锣咚咚有龙腾盛世的风采，
千古绝唱，国魂龙脉！

嗨！
昂首阔步辟新天，
载歌载舞迎贤良！

嗨！
打出泱泱民族真威风，
敲出堂堂中华大气派！

十一

尧即位后，以天下为己任，恪尽职守，兢兢业业。他任用了一大批德才兼备的贤者，使族人能紧密团结，做到了“九族既睦”；他时刻考察百官的政绩，区分高下，奖善罚恶，使政务公开透明、井然有序；他注意协调各个邦族间的关系，教育百姓和睦相处，因而“协和万邦，黎民于变时雍”；他“钦定历法，敬授民时”，结束了天下百姓盲目而耕的历史；他号召百姓广凿水井，抵御大旱，终结了子民“逐水而居”的苦难历程；他设定礼乐制度，区分老幼尊卑，开启了中华传统文明的先河；他命皋陶制定法律条文，赏善罚恶，从源头上奠定了中国法治的基础；他命大禹治洪，凿开龙门，洪水沿河而下，万古奔流的滔滔黄河竟摇身一变成为哺育他万世后代的母亲河；他划分九州，初定天下，雄立于地球之巅的东方民族终于在“中国”旗号下，成为一个万众一心、继往开来、永葆青春的伟大民族。

天下安宁，政治清明，世风祥和，尧舒了一口气。他想出去走走，亲眼看看天下子民的生活状况。

某一天，尧带着几个大臣，走进了平阳城南面的一个村庄，也就是现在襄汾县邓庄乡的席村。他们君臣几个走着聊着，忽然看见前边不远处一片开阔的地带有一伙人在做着“击壤”的游戏，就是把一块木板竖在地上，人们唱着歌儿轮流用石块或土坷垃击打木板，击中者为胜。他们一行走近前去，兴致勃勃地观看，正巧有一个白发苍苍的老者，围绕那块木板转着圈儿，一边随手击打，一边引吭高歌：

日出而作，
日落而息；
凿井而饮，
耕田而食。
帝力于我何有哉！

翻译成白话意思就是，我每天太阳出来的时候干活，太阳落山的时候休息，打井喝水，种地吃饭，帝王的力量对我有什么影响呢？

帝尧饶有兴趣地看着这个身手矫健的白发老者，也没觉得这歌谣有什么不妥，但随行的大臣放齐却不干了。他对尧说：“你为天下子民操心劳神，做了那么多的大事，怎么就能说帝王的力量对他们没有影响呢？”

帝尧呵呵一笑，回答说：“我做再多的事情，都是为了百姓能够按天道行事，自食其力。如果他们不能够自力更生，万事都依赖我们，那只能说明我们治理天下是失败的。”放齐一想也还真是这么个理，就不再嘟囔了。

帝尧想确切知道老百姓的真实想法，就上前一步，对老者躬身施礼，微笑着说："先生，请教一下，为何您要唱'帝力于我何有哉'呢？"

老者转脸看见是帝尧，忙停下游戏，笑着回答："天有天则，地有地律，您广授万民，让他们按照天地法则办事，老百姓如果一味依赖您来生活，那是否就有了问题呢？"

帝尧很高兴老者能理解到他的苦心，再谈下去，发现老者竟是个隐居的高人。老者请尧一行回家相叙。二人言谈甚欢。老者知识渊博，天上地下，无所不知，尧心下钦佩，就恳请拜老者为师。老者见无法推辞，只好答应。这老者自称姓席，后人称之为"壤父"，尧就尊称他为席老师，该村后来也因此叫席村了。村中现在仍然遗存着一块记载此事的石碑，只可惜在成年累月的风侵雨蚀下，字迹已经是模模糊糊，看不清了。"壤父"前面做击壤游戏时唱的歌叫作《击壤歌》，是目前发现的我国最早的诗歌，录在《古诗源》一书中。

不久之后，帝尧又带着几个大臣出了平阳城往北边逶迤而行。不知不觉间，在另一个村庄也发现了同样一群人在做同一种游戏，也在唱同一首歌谣《击壤歌》。这个地方就是现在临汾城北郊的康庄村。尧走过的路被后人称作康庄大道，只是在流传的民间故事中，尧首先是在这儿听到《击壤歌》的。但我想，既然是一首成熟的歌谣，它就没有不传播之理。何况，席村距离康庄也就不过二三十公里的路程，传播是自然而然的事情。

乔忠延先生在《襄汾揽胜》一书中说，尧在康庄听到的歌谣很可能是录在《古诗源》一书中的另一首民谣《康衢谣》。这件事，在《列子·仲尼》中有记载：

> 尧乃微服游于康衢，闻儿童谣曰："立我蒸民，莫匪尔极，不识不知，顺帝之则。"

《平阳府志》云：

> （平阳）城东北5里处，尧游康衢闻童谣处，今名康衢村。

两首诗的意思差不多，都是在说，人们只要按照帝尧授予的天地法则行事就可以了。我觉得，没有必要费心劳力地非要在这两个地方之间找出源头，那只是一个形式上的纪念而已。史籍记载的不同和民间五花八门的传说，其魅力某种程度上说可能就在扑朔迷离之中。席村也好，康庄也罢，都在尧都附近，都可能是尧听到同一首歌的地方。

关于《击壤歌》的石碑还保留在康庄村委会大院的角落里，我们赶到时，石碑已经被铁栅栏保护起来了。看着那破旧不堪、字迹缺笔少划的巨大石碑，我突然想到了司马迁在《史记》中对尧的由衷赞叹：

《击壤歌》的石碑保留在康庄村委会大院里，上面的字迹已模糊不清。

其仁如天，其知如神，就之如日，望之如云。

十二

帝尧退位28年之后驾崩，葬于现临汾市东北35公里处的大阳镇郭村里隅涝河北岸山坡上。民间传说尧死以后，万民悲痛，于是不约而同负土从四面八方赶来，人们掬土成丘，留下了这个由黄土堆积而成的坟冢。尧陵祠宇始建年代史无记载，据金代碑文，唐太宗李世民征战曾屯兵于此，并亲自祭扫帝尧。后唐初年间重新改建陵园祠宇，并把唐太宗像塑于配殿之中。宋、元、明、清历代都曾多次修葺。尧陵规模本不是很大，但2009

年临汾市政府重新修建后，整个规模比之前扩大了很多倍，用气势雄伟来形容应该不算过分。

当我一人独自驾车行驶在那新修好的宽阔的神道上时，敬畏之余，我忽然意识到了这种几近奢侈的精美陵墓建筑会不会让尧在天之灵不安呢？因为尧那时住所是“茅茨不剪，采椽不斫”，吃的是“粝粱之饭，藜藿之羹”；穿的是“鹿裘御寒，布衣掩形”。在当今很多老百姓都没有舒适住房的情况下，他老人家住如此豪奢的浩大建筑群，以“能明驯德，以亲九族”著称的他会心安理得吗？

尧庙建在临汾城南尧庙乡，是目前全国最大、也是名头最响的祭祀帝尧的豪华建筑群。最早记载临汾尧庙情况的是公元6世纪北魏时郦道元所著的《水经注》：

> 平水北侧有尧庙，庙前有碑。

郦道元在注文中引《魏土地记》中的记载说：

> 平阳故城东十里汾水东原上有台，台上有神尧屋碑。

神尧台和神尧屋碑现保存在距尧庙仅两公里之遥的“帝尧故里”伊村。由此可见，早在北魏时尧庙就已经存在了。不过当时建于汾河西岸、平阳府城西南，西晋惠帝元康年间才迁徙到汾河东岸。唐高宗时迁移到平阳府城南，即今天的尧庙址。后历代都有修葺。清康熙三十四年（1695年），平阳地区发生了大地震，尧庙众多建筑一片狼藉，三圣殿阁墙颓屋塌，毁坏无存。康熙四十二年（1703年），康熙皇帝西巡至此，拨款重修尧庙。康熙认为，汤王非禅让而王，不宜与尧、舜、禹三圣并祀，于是在原汤王庙基址上建筑了万寿行宫。康熙对尧推崇备至，御笔亲题各殿门额：尧殿“光披四表”，舜殿“浚哲文明”，禹殿“万世永赖”。殿内两厢，一边设崇文会馆，一边设培英义庄。每逢乡试、会试，众生员学士，济济一堂，皆聚集于此，在数千年前三代英明帝王的注视下，由此走上改变终身命运的官宦道路。

由于临汾新城的扩展，尧庙已经处于市区的繁华地带。寂寥清净了几千年的帝尧突然被包裹在了现代化浪潮的冲击下。尧庙大门外已经是小贩不断、游客不绝的尧庙广场，广场对面就是繁华热闹的公共汽车站。不过当我走进肃穆庄严的尧庙内时，古朴典雅的宏伟建筑、华盖如荫的千年古树、修剪整齐的墨绿草坪，还有袅袅升起的香烛味、余音不绝如缕的沉闷钟声，使我恍若感到走进了另一个世界，一个可以过滤掉尘俗世念，让灵魂升华的世界。山墙外边的吵闹喧嚣，已经被上百万时日修炼的静谧所淹没……

我在这里看到了古朴，看到了典雅，看到了上古世界的“协和万邦”，也再一次看到了帝尧“就之如日，望之如云”的丰功伟绩。尤其是在正殿里感受到了尧作为一代帝王的威严和凛然不可侵犯的神圣。然而我还是被重重的失望所笼罩了，我心中与民同住、与民同乐的尧王不见了，我心中那个吃粗茶淡饭、穿葛布麻衣的放勋不见了，我心中那个躬身施礼，四处拜师求教的谦谦君子不见了……也许，当后世历代帝王和文人墨士在对尧顶礼膜拜、极力效仿的时候，他们已经按照他们的愿望，把万民景仰的帝尧形象重新塑造成了一个远离世间、远离凡人的天神大帝。

我不知道尧陵里埋葬的是不是尧的真身，我也不敢肯定这座尧庙里供奉的帝尧是不是真有其人，因为当我再一次想到尧、舜、禹和皋陶这“上古四贤”都被史家记载活到100岁以上时，我更愿意相信，尧是几代帝王的一个合体，是被后人加工的一个美好的英雄形象，或者真像有些学者说的那样，尧、舜、禹都可能是一个部落的名称。

在临汾周边县市，几乎走到任何一个地方，你都能看到尧的影子，在相传为“帝尧故里”伊村南两公里处，是尧长子丹朱的演马场；在浮山县古县村，三面险绝，唯东面平垣，据传为“丹朱邑”，是丹朱的始封地；再往南20余公里，有朱村饮马泉，《平阳府志》记载说是丹朱饮马处；今浮山县城东南10公里处，有浮山天坛山，又名“南尧山”，与“北尧山”隔空相望，传为昔日帝尧最早的祭天圣地；在浮山县境内，特别是毗邻崇山（塔儿山）一带，有很多村名都与尧有着千丝万缕的联系，如槐埝的圣王山，响水河镇的尧上、尧头、尧村，东张乡的（丹）朱村以及与翼城县毗邻的丹子山等等；洪洞县城东北20公里处的圣王村，传说为舜诞生之地，城西15公里处有历山，建有神立庙，并有舜井、舜田（亦名象耕鸟耘区）、象窝沟、神象岭、百鸟峰等遗迹；霍州市东20公里处的陶唐峪，据说是帝尧的避暑行宫；襄汾县新城镇南有一个伯玉村，古时这里叫伯益村，是尧舜时代良臣伯益故里，附近有伯益墓；翼城县有唐尧城遗址，世传尧筑城于此。古代许多文献、《平阳府志》、历代《翼城县志》及国内大型权威辞书也大多记载尧的初封地古唐国的地望就在今翼城一带。另外，在襄汾，在曲沃，在安泽，在古县，在吉县等，尧迹比比皆是。

我不能确定临汾的尧迹都是真实可信的，我也不能确定全国其他地方的尧迹有假冒嫌疑。但我可以确定的是，只有在临汾，所有尧时代的地上遗迹和地下出土文物，所有的关于尧的史书典籍记载和大量的民间传说都有相吻合之处，其间都有内在的逻辑联系，可以相互印证，都遵循了帝尧

临汾陶寺一带尧迹星罗棋布。图为临汾尧庙。

生活执政的年代顺序规律，是一个有庞大根系、枝繁叶茂的有机体。而且，大量的关于尧的民间传说和这一带的生活习俗已经是息息相关，可以说尧的遗风已经渗透到当地老百姓的血液中了。如果我们把全国各地的尧迹分布，包括地上遗迹和地下出土文物，包括史籍记载和民间传说在中国行政区划图上标识出来，我们会发现，临汾陶寺一带密密麻麻，是整个尧迹分布的中心点，由此呈发散状向周围辐射，离临汾距离越远，其尧迹分布的密度越小。

当我移步走向尧庙大门外的时候，太阳西下的余晖已经给大地抹上了一层绚烂的金色。那古朴肃穆的尧庙红墙和里边绿色盎然的成片树盖交相辉映在流光溢彩的色流中，呈现出了一种原始的柔和与生命力极度张扬的混合美。那一刻，我的脑海里突然莫名其妙地闪现出了世界其他仅有的几个文明古国的记忆：公元前525年古埃及被波斯帝国灭亡，恢宏曾经达2700年之久的古埃及文明从此失去了传承；公元前1595年古巴比伦被赫梯灭亡，流传三个半世纪的古巴比伦文明也就此陷落了；古印度长期处于四分五裂的状态，北部遭到外族入侵，近代又长期沦为英国的殖民地，有着4000多年悠久历史的古印度文明也终于咽下了它的最后一口气。只有中国——尧的子孙后代把这一古老的中华文明完整地延续下来了。

我看看天，西边的天际已经是一片火红；我再看看周围，蓦然感觉脚下这片神奇的土地上到处都闪烁着尧王的影子。

也就是一刹那间，我竟忽然间想到了一个沉重的话题。

几天前，我偶然和中央财经大学的辛志勇教授相遇。他问我，最近忙什么？我说在考察临汾的尧迹。他的脸色忽然变得凝重起来："几年前，我曾在临汾、运城一带搞了一段时间的社会调查，那里的人们一说起中国古代文明，总是异常兴奋，神态语气间显得颇为自豪。这一点可以理解，毕竟河东大地是中国传统文明的主要发源地，中国传说中的古代神话人物有多半都活动在这个区域。学界有句话说'一千年文明看北京，三千年文明看陕西，五千年文明看山西，山西文明看河东'。可是，那是古人的辉煌，你们临汾现在又怎么样呢？矿难事故全国第一，污染全世界第一……”

我好像一下子掉进了冰窟窿，然后是无力地申辩：“那都是前几年的事情了，现在的临汾好多啦，临汾的天空也开始变得蓝了，污染大户的帽子甩给了河北石家庄、保定等城市……”

我不知道我当时是多么尴尬，只觉得自己的心被人狠狠地揪了一把，一个被人唾骂的词汇“不肖子孙”也在刹那间定格在我的脑海里。

从回忆中醒过神，我再一次回头去观望逐渐沐浴在苍茫暮色中的巍峨尧庙，我竟在朦胧中看到了一向慈祥的帝尧突然露出了愤怒的眼神……

藐姑射之山

一

应该说我是遥望着姑射山长大的，或者说是姑射山看着我长大的。姑射山不是孤零零的一座山头，而是指包含了北起汾西南部，南至新绛、稷山北部，横跨了山西隰县、洪洞、蒲县、临汾尧都区、襄汾和乡宁的吕梁山南麓的整个崇山峻岭地区。我的故乡是襄汾县南赵村，西面正对着的就是云罩雾绕、莽莽苍苍的姑射山。虽然她和我每天都是朝夕相对，我也曾无数次幻想着走近她，祈望着一睹其庐山真面，但因中间还隔着二三十里路，终未能得偿所愿。南赵村地处一片平原地带，没有流水潺潺的小河，也没有巍峨挺拔的灵山秀峰，离我最近的山——如果也能叫山的话，就是村北面咫尺之遥的那个汾阳岭。但在我心里，它充其量只能是一道绵延起伏的高岭，离我心中高大苍劲的悬崖峭壁差之甚远。尽管大人们都说山里如何如何不好，尽管我们村里有很多人都是从西山也就是从姑射山逃荒来的，但在我幼小的心灵里，素未谋面的大山总是一个未知的童话王国，那里有着太多的我想象中的惊险和刺激在蛊惑着我。譬如说，瘆人的狼吟虎啸、诱人的野果美味、喜人的山泉瀑布……但我没有想到，我第一次和大山亲密接触竟是儿时魂牵梦绕的姑射山，更没有想到我是在一种内心里非常排斥她的情况下和她有了肌肤之亲。

1988年，我大学毕业。我舍弃了太原诸多的好单位回到临汾，却被人耍弄，阴差阳错地分到了姑射山腹地——偏僻荒凉的隰县师范。前去山上报到时，正直落叶纷飞的十月，那时的我已经在临汾饱尝了命运弃儿的苦涩，内心的憋闷就恰像一座大山一样压得我喘不过气来。

载着我的公共汽车，驶离临汾，驶离平原，慢慢爬上坑坑洼洼的盘山公路。车窗外的绿色已经逐渐被枯黄的落叶和满眼裸露的灰色山岩所代替。灰色的山脊、灰色的天际，掺和着单调的汽车马达声，还有车厢里灰色衣着的乘客，在这重重围裹的灰色流的挤压下，我有一种几乎窒息的感觉。汽车喘着粗气，继续爬行在上不着天、下不见底的半山腰里。我的思绪乱七八糟，一会想到了儿时天真的幻想，一会想到了古代犯人被流放至边远山区的场景，一会又想到了自己茫然不可知的未来。这第一次和大山的亲密接触，竟是在这种凄迷的状态下进行的，真有一种造化弄人的感觉。

山西隰县师范学校是在原来大西天寺庙的遗址上建立起来的，有40多年的历史了。大西天的遗迹已经荡然无存，原来的诸方神圣也已经没了踪影。在这里读书教书，在山里学生淳朴厚道的相待中，时间一天天消磨过去，我的心也渐渐变得平和起来。有时候闲下来，我就遥想着大西天昔日庙堂绵延成片的壮观情景，竟然情不自禁地大声朗诵："藐姑射之山，有神人居焉。肌肤若冰雪，绰约如处子，不食五谷，吸风饮露。乘云气，御飞龙，而游乎四海之外……"

小西天建在隰县城北，其建筑雕塑小巧玲珑，精美绝伦，长年香火缭绕，游客不绝。观瞻不到大西天的真容，我就不时攀上小西天，在佛祖的脚下，在众神的包裹中，心驰神往，遐思渺渺。我曾在《小西天的影像》（见拙著《中华祖脉》，西苑出版社，2014年1月第1版）一文中这样描述了当时的情景：

那两年，我曾无数次徘徊在小西天端坐莲台、面容慈祥的佛祖塑像前，流连于造型优美、生动传神的十大弟子间；我曾惊诧于"四大天王""四方三圣"悬塑姿容的惟妙惟肖、栩栩如生；

更惊叹于八大金刚的威武雄壮、虎虎生风。我懵懂于龙飞凤舞的须弥山上33层“㣼利天”的佛传故事和释迦牟尼的本生传说，也惑然在缥缈云头上的人面飞天、神鸟仙鹤之间；眼花缭乱的我看见了12乐伎菩萨，身姿轻盈，温柔高洁，飞来飘去地漫天撒花，也看见了琉璃圣境里“幻迤水云，偕隐渺羽翰”的银海拂光——在不绝如缕的梵音中，在呢喃单调的木鱼声里，在祥云缭绕的金光闪烁间，我的心灵被彻底震撼了，震撼于佛教西天世界里这种祥和安乐的意境，同样震撼于小西天里这种雕塑彩绘艺术的精彩绝伦。我似乎在这种种的震撼中隐隐地领悟了什么，却又似乎傻傻的，寻不到任何的蛛丝马迹。

我在惑然间就想，姑射山到底是因了庄子的《逍遥游》才有了各路神仙的聚会，还是因了诸位神仙的光临才有了庄子通真达灵的描述？总之，我知道的是，连地府里的阎王小鬼也来此凑热闹了——下了小西天往东走百十里路就是令人毛骨悚然的蒲县东岳庙了。东岳大帝黄飞虎率领着他麾下一十八路张牙舞爪的阎王小鬼在此坐镇。真是前脚上天堂，后脚下地狱，天堂和地狱之间就那短短的100里路程。其实，又岂能用了100里，天堂与地狱不过一门之隔，一步之遥而已。

我大声朗诵：“藐姑射之山，有神人居焉……”有一天我忽然意识到，这神人其实就是我自己，你心有佛你就是佛，为什么要怨天尤人，把自己的命运白白送给别人去主宰呢？我在一念之间阴差阳错地来到了姑射山，又仿佛是在恍惚之间参透了人生玄机。

二

此后的很多年，我受一些学者影响，一直以为“藐姑射之山”不过是后人从《逍遥游》中借过来的一个虚无缥缈的神话而已，先有庄子而后才有姑射山之名。但在后来孜孜于黄灯青卷时，我才发现姑射山其实早在庄子之前就已经赫然存在了。成书年代略早于《庄子》的《列子》就记载：

列姑射山在海河洲中。山上有神人焉，吸风饮露，不食五谷；心如渊泉，形如处女；不偎不爱，仙圣为之臣……

如果说庄子和列子的记载还有点云山雾罩、故弄玄虚的味道，那么成书年代可能更早一点、被视为中国第一部地理志的《山海经》也言之凿凿地提到了姑射山，而且还指明了其具体方位："列姑射在海河洲中，姑射国在海中，属列姑射。西南，山环之。"这里给出的重要信息是，姑射山不是一个孤零零的山峰，而是数量众多的"列姑射"。《山海经》还说："（北姑射山）又南三百里，曰南姑射之山，无草木，多水。"这里的南姑射山就是新绛、襄汾两县交界处，我的故乡正对着的以九原山为中心的那座"南姑射山"系，新绛县志中"旧八景"之一的"姑射晴岚"，正是此处人文自然交错的最好写照。明朝诗人张昌曾赋诗咏叹：

峨然姑射山，中有玉洞仙。脂膏若冰雪，被服行蹁迁。
朝食石上芝，夕饮涧中泉。有时驾飞鸾，飘然凌紫烟。

北姑射山在汾西县城西60里处，也叫青山，现在也已被开发成了姑射山旅游风景区。景区南北横跨20里，东西6里，主峰老爷顶海拔接近两千米，一峰突兀，破雾断云；杈丫九支，如九龙环绕，奇绝壮观；登高远眺，峰峦叠嶂，碧波绿浪，云蒸霞蔚，恍若仙境；行走其间，树高林密，古木苍天，小鸟叽叽，流水淙淙，古意悠悠，韵味幽长。其间的老爷顶很早以前就建有以真武殿为主体并辅之以戏楼、看厅、韦驮楼、文殿、圣母宫、铜殿、玉皇楼等古典建筑群，在祥云仙气的缭绕下，忽隐忽现，俨然天上人间。过头天门、二天门、三天门，身处天庭云海，滤尽凡世俗事，与神仙共处，同天帝并立，那是一种很神奇的感觉。这里众多的祠堂庙观与百十尊价值连城的碑碣石刻共同构成了"飞檐屿其霞举，广厦郁以云布”的绮丽壮观景象，成为汾西、蒲县、隰县、交口四县历代居民、信徒虔诚朝拜的三教圣地。

“中”姑射山是襄汾县城西面古城镇盘道、侯村之间的桃花洞山（一名鹿女洞山），据万好收先生考证，这里才是姑射山名称缘起的所在，是上古时期羡煞列子、庄子等文人墨士和诸方神明的“姑射国”。但长久以来，保护不力，无人开发，遂被仙洞沟等地抢了“真身圣名”。据万先生说，古城西南横贯汾河的汾阴山（即汾阳岭），同南姑射山相环绕的以北古城镇地域，就是《山海经·海内北经》所述姑射国在“海中，西南，山环之”要地。

《山海经》所谓的“海”指北海，这一点可以通过查阅《山海经·海内北经》卷十二得知“海北山南”。庄子《逍遥游》一文也说“北冥有鱼”；河洲，古人谓黄河流入海中形成的小块陆地；“国”在西周时期或更早时期，与邑同义，指人们居住的地方，《说文》中解释：“邑，国也。”姑射国也就是姑射人居住的地方，即上古时的部落，现在的村。

襄汾古城镇地处姑射山豁都峪、三官峪横积扇缓坡平原，远古时，豁都峪处在龙门未开、吕梁未发，黄河浩渺洪波从孟门入晋横穿古城的黄河古道重地。那时，这里山高林密，四季分明，山水相依，禽兽繁多，是临汾盆地南端，又是黄河滥流入汾汇聚成海河的要地，正是人类早期赖以栖居生存的绝佳场所。它西南有西姑射山和南汾阴山环绕，南部就是横贯汾河的汾阴山，东面则是连绵起伏的东鸡鸣山，北方是汾河水和西北侯村豁都峪黄河水流入的海口通道。由于该海地势越往北越高，汾河水和黄河水流到这里越聚越多，遂形成了以古城为中心的海域，亦即“北海”。该海南崖汾阴山距古城35里，北至襄陵北界也是35里，东鸡鸣山和西姑射山约宽40里，姑射国（古城）恰处海里中心位置。所以《山海经》这段话翻译成现代汉语就是：那巍峨耸立、绵延起伏的姑射山，就位于洪水汹涌的大海中，姑射国在海中，是属于姑射山系的豁都峪、古城地带。它的西南被西姑射山和南汾阴山蜿蜒环绕。

《太平县志》云：

姑射山在县（今襄汾县汾城镇）西十五里，自北而南亘抱邑境。

始建年代无考的原太平县城鼓楼，即现在的汾城鼓楼西侧最上方还雕刻着“西望姑射”四个大字。清邑禀生李嵩萼在其《姑射山南北二洞记》中也是言之凿凿：“太平邑西20里许，有山曰姑射，为一邑右屏。”

据说，唐尧时代，豁都峪、古城一带狼吟虎啸，野兽虫豖成群出没，居民深受其害，苦不堪言。此时，一名为鹿女、住在姑射山桃花洞的女侠挺身而出，挑起了驱逐群兽的重担。她聪明善良，又艺高人胆大，率领附近民众磨石为器，曲木为弓，对狼虫虎豹进行了不间断地围捕追杀活动，群兽逃的逃，死的死，伤人事件骤然减少。为防止那些逃入老林的恶兽再次返回伤人，鹿女又派人在豁都峪口昼夜站岗值班，监视守卫，终保了一方平安。当地百姓感念于她的机智勇敢、心地善良、为民消灾、功德无量，特尊称她为鹿女姑姑，并把她的事迹演绎神化，传得沸沸扬扬。鹿女的丈夫叫焦变，二人生有一女，就是后世鼎鼎大名的鹿仙女。鹿仙女天生丽质、聪慧迷人。当时尧王得闻，前来寻访，一见惊为天人。二人互生爱意，遂携手入桃花洞（即鹿女洞）成就了百年之好，并由此暗结珠胎，生子丹朱。姑射山的神话故事也就此和尧结下了不解之缘，千百年来广泛流传于这一带。这一传说和仙洞沟流传的“洞房花烛夜”大同小异，唯不同者，少了些许神话内容，但对鹿仙女的身世有了更确切的说法。姑射山的名称也是从这则故事中鹿姑射杀虫豖野兽的传说中演绎而来。有人曾赋诗一寄幽情：

昔日曾闻姑射山，仙人从此散斒斓。
飞来霞际拖红袖，遁去崕前落翠钿。
阆苑花间云五色，瑶池月下水万湾。
秪今野树空烟锁，洞口清凉任往还。

三

姑射山出现于《列子》《庄子》中，尤其是被二位圣贤荡荡乎神化为“有神人居焉”的仙山，姑射山的名声就沸沸扬扬于后世历代。各种方外之人都力图莅临此地修身养性、修道成仙。东汉张道陵尊老子为教祖，奉老子《道德经》为经阐扬道教教义，创五斗弥教，开道教先河。后来的道教徒又相继把《列子》和《庄子》奉为至上宝典，姑射山的名声随之得以发扬光大。数不清的道教徒纷至沓来，设观讲道，辟谷修习，“藐姑射之山”由此热闹起来。东南西北，各姑射山都有了宏大的宫殿道观。与此同时，本传之于天竺的佛教也开始本土化，释迦牟尼佛祖一看姑射山的灵光宝气，禁不住名山胜水的诱惑，也口诵佛号，率领四大菩萨和佛家众弟子，脚踏祥云，飘然而至。于是乎，佛道杂处，三教合流，衣袂飘飘的道袍，襟飞带舞的袈裟；“阿弥陀佛”的低旋沉缓，“无量佛”的高亢婉转，一起奇妙地悠扬于姑射山的祥云瑞气之中——庄子他老人家可没想到，凭着他一支生花妙笔，居然造就了一方让众教徒歆羡不已的仙山福地，成就了儒、释、道三教纠缠不休的中国文化奇观。

距豁都峪西北10余里，就是著名的儒、释、道三教合一的龙澍峪旅游风景区。龙澍峪坐落于黄崖村西的姑射山东麓，乡人俗称活埝峪。这里林木回旋，曲径通幽，山清水秀，风景怡人。尤其是人文景观星罗棋布，古典建筑绵延成群，各种神庙祠宇多达130余处。诸如东岳庙、灵官庙、真武庙、十王殿、华佗庙、赵元帅府、关帝庙、地藏王殿、冥府、老君炼丹洞、梳妆楼、三皇庙、土地庙、子孙神庙和水龙洞、火龙洞等等。这些难得的古代艺术建筑，或横空出世，直指云霄；或犹抱琵琶，半遮半掩；或脱俗清丽，秀美婉约；或气势雄浑，肃穆庄严。还有十分珍贵的摩崖石刻如珍珠般散落景区各处，真、草、隶、篆，互相映衬，苍劲不乏婉约，庄重不失潇洒，置身其中，仙风习习，古韵依依，恍若梦境。

史载，龙澍峪原叫“龙斗峪”。民间传言，东海龙王派水龙与火龙到人间行云布雨，调节旱涝。旱，水龙施雨；涝，火龙喷火。两条龙飞临古襄陵县（今襄汾襄陵镇）黄崖村西，见山色祥瑞、风调雨顺，干脆就长卧于山谷之中“呼呼”睡起了大觉。时辰久了，你伸伸懒腰我蹬蹬腿，互相磕磕碰碰，引得彼此大怒，于是发生激烈打斗。“龙斗峪”的名称由此而来。这一番打斗直搅得天昏地暗、地动山摇，一下惊动了西天佛祖。佛祖震怒，遂派龙澍菩萨降伏了二龙。乡人传言，龙澍峪中的水龙洞和火龙洞就是二龙当年蛰伏的巢穴。

元初的著名诗人、大书画家赵孟頫，游览龙澍峪时，被天桥一带的仙风云气“熏”得飘飘然，神清骨爽，如痴如醉，遂挥毫叹曰：

> 天门高处两仙桥，缥缈白云手可招。
> 坐隐渐薰毛骨爽，翩翩鹤下羽招摇。

《襄陵县志》云：

> 三磴山在襄陵县西南一十五里。其山九十余里，其形三磴，其北有龙斗峪，内有龙澍神祠。姑射自西北蜿蜒而来，平其支，石孔其阳，三磴其钩带，故曰“姑射”耳。

龙澍峪再往北，就是古代曾名声赫赫的龙祠。龙祠是祭祀龙母和龙子的寺庙，创建于唐，元时增修，明清两朝又予补葺，现存山门、过殿、中殿、后殿等。龙祠以龙祠泉而闻名于世。这里群泉争涌，如蜂房蚁穴，汩汩而出；四周渠道纵横，密如蛛网，润泽灌溉了附近万亩田陌，素有“北泽临汾千顷地，南润襄陵万亩田”之誉。

明人乔宇在《姑射山游记》中说：

> 有泉自山下东流，经祠南，跨建水亭，其规制垲爽宏丽。水气林光，明风艳日，皆纳而有。二君觞予于亭上，临风赋诗。复

移席山半，即发源所。泉抱山麓而出，纷纷的的，如星拱然。予命仆夫穴盖一石，聚石而计，有百十余穴。流珠喷玉，皓然清莹，并归在渠，溉襄陵西北之田四十余里，而东入于汾河。予与二君依山盘踞而坐，东望遥川广原，陀陀遂遂，林树如纂绣缀锦，贞脆相杂。徘徊谈笑，薄以归，宿于襄陵之察院。泉流潺潺，声于榻下；且木竹之胜，宛如江南。煎茗赋诗，一夜几不能寝。

龙祠泉之清丽脱俗，之优雅婉约，之静谧幽深，婉然若现。

四

仙洞沟在临汾城区正西60里处，四周被层层叠叠的崇山峻岭所环绕。这里的姑射山又名石孔山，元朝时叫平山。清徐文靖在《禹贡会笺》里说：

平山在平阳，一名壶口山，今名姑射山。

列子和庄子所说的姑射山早有了近三千年的历史，看来当地人自诩为姑射山的正宗，有点子虚乌有的味道。据《临汾县志》记载，唐有景成子，“才器清奇，早契大道，隐居姑射洞”，后修炼成仙。每逢春归日，来此拜谒者不下数万。仙洞宋碑云：“昔有洪崖子，不惑辞家，入山访求神仙，事遇山神，引见景成子，得姑射洞为养真之灵封，故所居焉。”遂亦得道成仙。这大概就是仙洞沟的最早文字记载。《仙洞史话》说：

有关姑射仙洞最早的历史记载，就是春秋时思想家庄子《逍遥游》里的记述……由于这里群山环绕，洞幽石美，古木参天，景色秀丽，历来是道徒僧侣追寻隐居的神山府地，当然也就成为帝王将相、文人墨客的涉足之处。

由此可见，仙洞创建年代是在唐武德年间。后历代曾修葺扩建，现有建筑40余处，共有房屋庙堂120多间，石窟洞70多孔。其中的亭、台、楼、阁、庙、观、殿、宇等，多数依山背洞，靠崖面沟，就势构筑，显现了仙洞沟“奇、险、绝”的鲜明特色。所谓奇者，奇峰异洞，奇闻异人；所谓险者，悬崖峭壁，惊险万分；所谓绝者，就壁凿洞，临崖筑庙，洞中有庙，庙中见洞，洞庙相连，洞窟数量之多、规模之大为天下罕见。

仙洞沟离妻子的故乡尧都区河底乡就几十里路，按说早应该光顾一下了，然每次回家都是来去匆匆，这事也就搁下了。前几日我回太原在酝酿这篇文章时，才意识到我们也犯了一个常识性错误——人们总以为近处的风景随时可以去，遂忙着去往遥远的地方追求自己的梦想，那些唾手可得的很珍贵的东西就往往被忽略掉了。想到这一点，我知道不能再拖下去了，于是决定带着家人实施这次早就应该完成的旅行。

大运高速临汾口的广告标牌上赫然写着“姑射山旅游风景区，西17公里”，我觉得挺近，心下窃喜。出高速路，往西，路牌指示逐渐模糊，只好边走边问。时值盛夏，酷日当头，一辆辆载煤卡车呼啸而过，灰尘、煤屑迎面扑来，难受至极。上车、关门，再往前行，西行东拐，弯弯曲曲。扑入眼帘的不是我想象中的青山绿水，而是荒凉落寞的一座秃山，一片片灰白相间的裸露岩石，几乎没有植被，只有偶尔的绿色点缀其间，在烈日的暴晒下了无生气。女儿泄气地说，这种荒山野岭，连根树毛都不长的地方，怎么会有神仙来呢？惹得一家人哈哈大笑。车子驶进山里，蜿蜒爬行在狭窄陡峭的山坡上，眼前的绿色开始逐渐多了起来，我的精神也为之陡然一振。方向盘下的里程表显示已经超过了20公里，可是眼前并没有仙洞沟的一点痕迹，甚至连一座寺庙都难以看见。又艰难爬行几公里，还是一无所有，我心下惶然，莫非走错了道？又试探着往前走了几公里，远远看见前边山崖峭壁间上下绵延黄黄的一大片。哦，那就是仙洞沟了吧？如此深藏不露，连广告指示牌都云山雾罩，我倒要看看神仙们都争先恐后地跑来住着怎样的洞天福地？汽车继续行驶在两山夹峙的半山腰里，头上是零零散散的景区北洞沟一些庙堂，孤无一人，只有那蜿蜒而上的几道“天梯”无力地依附在陡峭的山壁上，呆滞地看着它脚下的车辆来来去去。我们行驶的路旁就是深不见底的万丈深渊，只听见从下面传来訇訇作响的水流声，沉闷，像远处的闷雷。越过百米壕堑的对面，就是气势浩大的南洞沟建筑群。那些庙宇看起来像是镶嵌在山崖陡壁上的层城瑶馆，一栋栋、一簇簇，或分或群，都醒目突兀地直扑眼底，在整个郁郁葱葱的绿色掩映中，若隐若现，恍恍惚惚，心里突然就有了一种天外来仙的感觉。

小车又迂回下绕了两个弯，沉到谷底，一条浑浊湍急的河流出现在眼前。左拐下桥，说是桥其实是从右边蜿蜒而来的河谷；左边是一直挺挺的峭壁，有四五丈深，黄浊的水流飞瀑而下，直向远处更深的谷底冲去。过河，左转右拐，爬上几道坡，就到了景区门前。

仙洞沟景区保持了原始的风貌，古色古香，没有现代修葺的豪华感觉。整个景区约有40平方公里，被刚才穿过的那条峡谷分成了南北两个景区。许是诸方神圣清静惯了，怕俗事打搅，各个庙宇都如天女散花般散落各处，可以隔空遥望，斑斑点点，影影绰绰，有着无限的神秘感。可以集中游览的就是我们刚到达的南洞沟区，这里有凌空建筑的观音阁，有据说是尧和鹿仙女成就百年之好的“花烛洞房”，有躲在山旮旯里的半仙洞，有凿在峭壁上的睡仙洞，有三棵传说是宋朝开国皇帝赵匡胤无心栽培的千年豹榆树，等等。

在我看来，仙洞沟最值得一看的地方是神居洞。神居洞是仙洞沟的一号大洞，隐藏于南洞沟群的最上面。在洞前转身远眺，对面山峰赫然在目，中间的天堑更像是一条透明的天河，有薄雾笼沙，还能隐约听见从谷底传上来轰隆隆的水流声。俯瞰，却是白云缭绕，雾气腾腾，深不见底。诸神仙聚集到这里，应该是神清气爽，仙气袅袅，可以不食人间烟火了。

收回视线，转身迈进洞内，不觉吃了一惊。大大小小、高高低低、男男女女、红红绿绿的各路神仙塑像从前往后、从下往上呼啦啦一大片，足有八九十尊之多。让我震撼的是，所有塑像，都是各具神态，竟没有一列重复，或坐或卧，或站或倚，或笑或怒，或遐思或呼啸，或庄重肃穆或捧腹嘻哈，或挥斥方遒或眼神迷离，惟妙惟肖，栩栩如生。有的塑像高大威猛，足有一人高，有的塑像小巧玲珑，仅婴儿般大小。我走过看过的寺庙不在少数，但像这么密密麻麻、精雕细刻的神仙群塑，还真是第一次看到。妻女惊呼过后，忙着“咔嚓咔嚓”前后拍照，我凝神端详起他们的身份来。呵，我不禁莞尔，这简直是一个三教九流的大杂烩，有道教的太上老君，有佛教的释迦牟尼，有儒教的圣人孔子，还有面色慈祥的帝尧、神情威严的玉皇大帝、蠢蠢欲动的孙悟空、张牙舞爪的十殿阎罗……真是群仙荟萃、济济一堂。中国人想象力丰富得可怕，哪管他天上地下，哪管他门别教派，哪管他出生在什么年代，只要对我有用，我就通通把他们请到这里，顶礼膜拜——其实是他们来为“我”服务的。看着想着，禁不住有点啼笑皆非了。

五

临汾人总把仙洞沟当作姑射山。其实，仙洞沟只是众多姑射山系的一景，而且还谈不上最好的景观。把庄子先生的寓言用到这里，对后人的无限想象力，是个不小的打击。

“藐姑射之山”的精华在乡宁、新绛和稷山交界处的云丘山。

在云丘山遗存的诸多历史文献中，称它为“姑射山”的随处可见，俯拾皆是。譬如稷山和新绛两县历代记载的著名景观“姑射晴岚”就都在云丘山上，再譬如《吉州乡宁县姑射山多宝灵岩禅寺重修宝塔记》记载：“马头山之西北有山，曰姑射。峰峦气色，松柏齐天，古有石洞，乃多宝如来之所应世也。”

云丘山坐落在吕梁山南端河汾的夹角地带，危崖绝壁，峰峦叠嶂，绵延起伏达210平方公里，古名“昆仑”，俗称“北顶”，享有“河汾第一名胜”之美称。古人曾这样描绘她绮丽壮观的景色：

大峰小峰牵瓜蔓，无数儿孙罗膝前。

这里古木苍天，林荫覆盖，曲径通幽，流水潺潺；这里飞檐斗拱，漫山遍野，名胜古迹，触目皆是；这里伏羲画卦，女娲造人，帝尧访仙，羲和观天；这里老君炼丹，玄武升天，龙门滥觞，三教纷然；这里有全国规模最大、最有观赏价值的季相观叶植物枫叶山、柿子林。秋季到来，红叶漫野，层林尽染。这里全覆盖式的植被像是从天庭宫阙里不慎掉下来的一块披锦纂绣的地毯，祥云缭绕，仙气弥漫。这是一座清幽秀丽的自然之山，有着最原始的森林之貌，多达2300多种的树木，让游客仿如进入了南美的热带植物王国，而多达数十种国家2级植物、两千多种的中药材，和无数奔波嬉戏于其间的金钱豹、野猪、山羊、马鹿、狍子、麂子、山狸猫、兔子、黄鼠狼、狐狸、猪獾、松鼠等更让我们感喟大自然的神奇和伟大。

云丘山峰高林密的自然风光虽然奇绝诱人，但她深沉的文化底蕴更让我折服。在这座山林的几乎每一处，都迸射出了中国古代文化熠熠的光芒。

在鸟鸣水绕的中和广场上，我们能看到神秘玄奥的太极图，能看到主石雕关于伏羲和女娲的人首蛇身交尾图，这是我们东方伊甸园里的“亚当和夏娃”，每一个稍微懂得中国历史的人都会在此唏嘘不已，喟叹良久。

在五龙宫，被香烟缭绕的真武大帝，传说是在这里被五条巨龙捧着升天成仙的，他由此摇身一变成为道教诸神体系中“龟蛇合体”、掌管北方的“玄武”真神。

在圆大正，我听到的是古先民在此测天时、定分至、定节气的古老传说。该山顶，有一个天然形成的三角形，一个角正对着北方，在三角形底边的中点竖立着一个表木。智慧的先民就是用这个表竿根据太阳照射下的影子测出了周日、周年的运行轨迹，测出了南北东西，测定了春分、秋分、夏至和冬至，测出了二十四节气。帝尧派人赴全国各地，观天测象，敬授民时，制定了中国历史上最早的农历。这座弥漫着远古气息的山峰为夏历的研究提供了可见的实物证据，说明了云丘山天文测量系统存在的悠久历史，也展现了云丘山华夏文化摇篮的历史地位。由这里向下经过1722级台阶就是祖师顶，向上攀登1099个台阶后才能到达云丘山的第一主峰，是为道教领袖的玉皇顶。

玉皇顶上的玉皇阁是一座建在无梁殿上的重檐十字歇山顶的阁楼，四周有汉白玉围栏。玉皇大帝端坐此处，居高临下，每天氤氲在仙风雨露中，可想而知他那巍然、浩然、壮然、豪然的仙风道骨，羡煞了多少来此凭吊游览的帝王将相、文人骚客。

在三官洞，我再一次听到了由帝尧始创的中国古代民主禅让制度的美好传说。早期道教信奉的三位天神是天官帝尧、地官虞舜和水官大禹，其尊仅次于玉皇大帝。天官帝尧被尊为紫微大帝，地官虞舜被尊为清虚大帝，水官大禹被尊为洞阴大帝，分属玉清境、上清境和太清境。每逢农历正月十五、七月十五和十月十五，天官赐福、地官赦罪、水官解厄。民间俗称三官为三界公，即掌管天、地、水三界的神明，三官信奉是从自然崇拜而来，后来被人格化，成为类似灵魂崇拜的神明。

在神塔和圣母崖上，一种悠悠的古朴之风迎面拂来。远处傲然挺立的那方巨石，像一个大大的“且”字，又像正昂首挺胸的男性生殖器。“且”是汉语词汇里典型的象形文字，就是男根的象形。为什么乡人称之为神塔呢？据说，久婚不育的妇女，在庙会期间只要虔心朝拜这尊象征男根的巨石，就可以得遂所愿、怀孕得子。另一边山崖上有一个不规则的长形窟窿，很像女阴，这就是圣母崖。史料记载，云丘山是上古昆仑山（见《白云生处》，赵瑞锁主编，三晋出版社，2012年4月第1版），是西王母居住的地方，所以老百姓也叫它王母崖。每年中和节庙会时，有许多人不远千里、纷纷赶到这里祭拜求子。夫妻俩在求子殿拜完神灵之后，再到窟窿崖与神塔处祭祀，并取两处的一点泥土带回喝下去，就可以得愿所偿。

在云丘山，古老的生殖崇拜随处可见，还有诸如婆婆缝、媳妇缝和姑娘缝等山峰都被当地人比拟成了女性生殖器。生殖崇拜是古代人类对大自然认识不足造成的一种虔诚的神灵崇拜，遍行于世界各地，虽然形式不同，风俗殊异，其本质都是一样的。《周礼·地官》云：“中春之明，令会男女，于是时也，奔者不禁。”在新春二月，万木复苏之际，让男女相会，那种野奔性交行为是不被禁止的，而且合乎礼制。这种行为在《诗经》中也有记载。《出其东门》就是记录这种仪式的诗歌：

出其东门，有女如云。
虽则如云，匪我思存。
缟衣綦巾，聊乐我员。
出其闉阇，有女如荼。
虽则如荼，匪我思且。
缟衣茹藘，聊可与娱。

这是先民时期原始的性解放，是一种古代社会自然淳朴的性游戏。乡宁民歌中所唱的“留只花篮在树梢，等着哥哥鞭杆挑。挑着了，妹妹伴你度春宵”，就是这种性爱活动的历史留传，也是古今中外人类共同情感的自然流露，是远古生殖文化难得的历史再现。

云丘山自然景观和文化景观多达几十处，环境清雅，古意悠悠，集中体现着“藐姑射之山”那“千峰排戟，万仞开屏”“岚光锁翠，黛色含青”的人文自然神韵。清乾隆年间邑人王滏遍游江浙闽粤等地名山大川后感喟：

……几乎阅尽东南，而喟然叹兴也。名胜之地以人传耳。云丘者，姑射最秀之峰也。其山绵亘数百里，全晋所瞻，何殊于河南嵩岳，至襟汾带河广矣、大矣！彼金、焦者，水中孤屿耳；又进而苏、杭，其山修饰过之，浑雄磅礴不及也；又进而闽岭，吴芮、赵佗之所居，求大汉之一大郡不可得，乌足与吾云丘颉抗哉？……余昔从盘道曲折而上登绝顶，西望龙门，怀夏后之明德；东则平阳，放勋光被之表；南则蒲坂，重华风动之区，又岂与蛮荒万里、故圣王声教所不及、少人而多石者比也？

云丘山西接大禹治水的龙门、东滨光被之表的平阳、南邻舜都蒲坂，如此悠久深厚的历史人文底蕴，“蛮荒万里、故圣王声教所不及、少人而多石者”的所谓名山大川又岂能与之“颉抗哉”？

六

庄子向往“藐姑射之山”，不但是因为那里“有神人居焉”，恐怕更关键的还是其中隐居过曾经让帝尧佩服得五体投地的四个名士，这“四子”据史书记载是方回、善卷、披衣、许由。庄子说尧在“平海内之政”后，遂“往见四子藐姑射之山，汾水之阳”，但没想到，四子德行之高洁，知识之渊博，远超乎帝尧的想象，他“窅然丧其天下焉”。帝尧不禁怅然若失，忘记了自己居于治理天下的地位，像个学生似的甘居下位，听他们高谈阔论。帝尧心下叹服不已，就要把天下拱手让与善卷。善卷哑然失笑：“我生于宇宙之中，冬穿皮衣夏穿葛布，春种秋收，有劳有逸，日出而作，日入而息，逍遥于天地之间，心满意足，我要天下干什么！可悲啊，你太不了解我了。”

帝尧又想把天下禅让给许由。许由很有些不高兴：“你治理天下，天下已经获得了大治，而我却还要去替代你，我是为了名声吗？‘名’是‘实’所派生出来的次要东西，我去追求这次要的东西干吗？鹪鹩在森林中筑巢，不过占用一棵树枝；鼹鼠到大河边饮水，不过喝满肚子。你还是打消念头回去吧，天下对于我来说没有什么用处啊！厨师即使不下厨，祭祀主持人也不会越俎代庖的！”

庄子最后喟然长叹“至人无己，神人无功，圣人无名”矣！

这些“至人”“神人”“圣人”是庄子心中的偶像，所以他宁愿遨游于宇宙之间，徜徉于物我之外，也不愿意应同宗楚威王之聘立于庙堂之上失去自由。可能为了生计的缘故，他也出山，但他做的最大官就是个“漆园吏”，连个“七品芝麻官”也算不上。庄子和老子的思想后来成为道教的滥觞，《庄子》也被尊为《南华经》，成为道经经典之一，庄子本人则成为道教诸神体系中的南华真人。

姑射山以庄子而名，遂成为中国历史上的道教名山，“羽流朝夕步虚，钟磬之声相闻”。在诸多的姑射山系中，能够和“道教名山”相匹配的只有云丘山了。所谓“南有武当，北有云丘”，正是两山齐名最好的写照。

由张道陵始创于东汉时期的道教，在后世的发展过程中，支流繁复，门派众多。流传到云丘山的是全真教下的龙门派系，其奠基人也就是被金庸在《射雕英雄传》中杜撰的大英雄郭靖的师傅丘处机。其坐下有赵道坚、宋道安、尹志平、孙志坚、夏志诚、宋德芳等18弟子，后成为全真教龙门派的18宗师。丘处机羽化成仙后，尹志平即位成为全真道掌门。但让尹志平万万料不到的是，他会在《神雕侠侣》中大出其名。不知他在700年前怎么得罪了金庸先生，在金庸充满奇思乱想的文笔下，尹志平居然因暗恋小龙女，乘小龙女的穴道受欧阳锋所制，又错认他为杨过的情况下暗度陈仓，云雨偷乐。“一失足成千古恨”，他最后背负着沉重的心理包袱，为救小龙女而挡了金轮法王的金轮后受重伤而死。一代宗师被金庸如此玷污，堪比“尹志平”奸淫小龙女的“恶劣行径”，可能金庸自己都觉得有点太过轻薄古人，心下不安，于是在新版《神雕侠侣》中将奸污小龙女的“尹志平”改成了虚构的甄志丙。

全真教力行清心寡欲，自力更生；据山而居，自足自食，“乘风饮露”，辟谷修炼，这使得云丘山的龙门派众弟子能够一直不受外界战乱政治影响，从元蒙初年丘处机起，绵绵延延达700年之久，先后历经24代，才因种种不可阻挡的因素，一蹶不振，苟延残喘。

今天的云丘山，道教虽然式微，风光不再，但那高高耸立的五龙宫、八宝宫、祖师顶、玉皇顶等，还在向游人昭示着它曾经的辉煌和“藐姑射之山”所特有的文化底蕴。还有一天门、二天门、三天门，以及众多的老君葫芦、众妙之门等，都让我们领略着中国道教文化的博大精深，也让我们在腾云驾雾般的感受中，歆羡着佛神仙道无拘无束的飘逸潇洒。

七

20多年前，我带着姑射山无私赠予我的那颗厚重的灵魂，带着我的“鹿仙女”——姑射山土生土长养育的冰雪女儿，开始了我人生崭新的征途。

这期间的路程，也像姑射山的逶迤山道一样，盘旋曲折，充满了险峻和艰难，但我一直在努力地向上攀登。我向往着庄子所描述的神仙王国里的自由自在，也期待着登高远眺时仙风拂面的怡爽感觉。在浮华喧嚣的尘世中，我见惯了太多的人在名、利、财、色的追逐中失去了本性、失去了自我。很多时候，我都在想，为什么人人都盼望成为神仙？又为什么很多人本可以成为神仙最后却成了他人刀俎下的鱼肉？20多年的坎坎坷坷，20多年的耳闻目睹，20多年的苦思冥想，我终于在一朝之间豁然开朗：其实，人人都可以成仙的，只是我们这些凡夫俗子欲望太盛，常常在无形之中做了自己心底那道不断膨胀着的欲壑的俘虏。殊不知，名、利、财、色这四字就像布满利剑锋刃的四堵墙，把人牢牢地围在中间，变成一个大大的“囚”字。

正所谓：“浮名利禄浓于酒，醉得人心死不休。”

飘荡在云丘山上空的“酸曲儿”

一

认识闫玉宁先生是一年多前在一个微信群里。那时，“老家山西”公众号推发了我的一篇文化散文，有人就转到了这个群里边。我发帖对那个转帖人表示感谢，并自嘲道：“我的文章写的大都是历史，年轻人不感兴趣。我的粉丝都是清一色的老先生们啊。”帖子发出后不久，就有一个叫闫玉宁的微友回帖给我：“李老师，我就是你的忠实粉丝啊。我看过你写的好多文章，太崇拜你啦！”过了不长时间，他再次发帖给我：“李老师，我在云丘山工作，欢迎你到我们云丘山来玩！”我客气地跟他寒暄了几句，就下线私下里跟朋友打听，这个闫玉宁何许人也？朋友告诉我，闫玉宁是乡宁当地文化名流，也是云丘山文化建设总顾问，是一个年近七旬的“疯老头”，写过不少东西呢。

云丘山离我的家乡不远，我也在《姑射山》一文里对它有过介绍，但遗憾的是，我没去过。2017年8月初，作家高海平先生邀我和诗人王国伟、评论家刘阶耳一起去他的老家山西乡宁去做文化旅游考察，按计划，我们行程的最后一站就是云丘山。临行前，我特意托陪我们的当地诗人王晓鹏先生提前联系了闫玉宁。

路上，王晓鹏给我介绍说，闫玉宁是他的老哥们。闫玉宁原是乡村电影放映员，后来调回县里，在文化馆工作。前些年闫玉宁退休时，恰好赶上云丘山旅游开发，人家慕他的大名就把他聘到那里坐镇。王晓鹏赞叹道："这老家伙对乡宁当地文化了如指掌，尤其是多年来一直在民间搜集乡宁民歌，简直就像一个疯子一样停不下来。"我以前曾在"老家山西"的微信平台上听过闫玉宁先生唱乡宁民歌，那响亮的嗓门、夸张的表情给我留下了很深的印象。我问王先生，玉宁老师会不会唱酸曲儿？王先生哈哈一笑说："玉宁是这方面的专家，唱得好着呢！一会儿让他给咱唱!"

尽管我和闫先生在微信上有过几次聊天，也看过他的视频，但是当我们一行人下车后，瞅见他从远处快步向我们走来时，我还是吃了一惊：他仿佛不是在走，而像是在蹦，在跳，那爽朗而又清脆的打招呼声很远就传了过来。

闫先生走近我，扭头看了一下王晓鹏问："这是李老师吧？还是白格生生的一小伙啊!"说完，就哈哈地笑着拉住了我的手。我看他面色红润，精神饱满，就说："闫老师，你精神状态这么好，哪里像快到70岁的人啊？"闫先生说："是吗？"他忽然转头指了一下王晓鹏笑着说，"你看他那死样，比我还小5岁呢。"王晓鹏打趣道："这老家伙前些年得了严重的哮喘病，我估摸着他就要死啦，结果越活越年轻了。"众人又是哈哈一乐，闫先生就说："晓鹏说得没错，我那时住在乡宁城里，有20多年的哮喘史，是个典型的病秧子，咋也治不好，我心想，不定哪天就完蛋了呢。嘿，没想到，我被聘到这山里工作，居然就慢慢地好了！这云丘山真是个天然的大氧吧。"

我们站立的路边矗立着一通黄色的大石，正面镌刻着三个红色的大字"挑花篮"石头一个侧面画的是一个农村小伙，头缠白毛巾，内穿红背心，外套白短袖，腿着黑裤子，脚穿黑布鞋，手里拿着一根鞭杆正举在一个上身穿红襟袄、下身穿绿裤子、脚着绣花鞋的农村女子头上，女子转过脸含情脉脉地和小伙子对视着。整个画面诗意盎然、风情无限。石头另一个侧面是对"挑花篮"的介绍：

“挑花篮”是山西乡宁云丘山一带几千年
流传下来的男女表达爱情的古老民俗。

鞭杆挑花篮是云丘山上几千年以前流传下来的古老民俗。云丘山自古以来就是一座圣山、神山、灵山，又是爱情的圣地。上古时期，人类早期繁衍多为野合。随着社会的发展与文明的进步，挑花篮成为男女青年相亲、寻找终身伴侣的特殊形式。每年仲春时节，未婚男女来到云丘山，女提花篮，男持鞭杆。女方如果看上男方，就把花篮挂在树枝上，等着男方用鞭杆来挑。男方如果有意，即挑下来等女方来幽会。倘双方再一见钟情后，又情投意合，即可请人说媒婚配。一方看不上对方，女的则重挂花篮，男的就手持鞭杆，再去找自己的意中人。

我对云丘山这个古老民俗早就烂熟于心，但我这时候忽然想听闫先生唱情歌，就故意问他：“闫老师，这挑花篮是什么意思？”闫先生转过脸去指着王晓鹏说："你问他。这是他一手弄起来的。"王晓鹏呵呵一笑说："这不是你的策划吗？哈哈哈，说笑了，这其实是阎金铸老师他们搞起来的。李老师是想听你唱酸曲儿呢。"

几个人一起起哄："闫老师，唱一个吧。"闫先生挺豪爽，一听大家都要他唱，就说："那好，我就唱唱这首《挑花篮》吧。"说完，闫先生做了个鬼脸，就摇头晃脑地唱了起来：

留只花篮在树梢，
等着哥哥鞭杆挑。
挑着了，
妹妹伴你度春宵。
……

闫先生唱完，众人嘻嘻哈哈一阵哄笑后，连声称好。我觉得余兴未尽，就对闫先生说："闫老师，再来一个吧。不过瘾啊！"

闫先生说："到中午了，咱们去吃饭。路上边走边唱。"

闫先生在路上对大家说，我们乡宁以前的女子十六七就要嫁人，可是有一家呢，闺女都十八了，还没有定亲。这俗话说女大不中留，18岁的大姑娘了，早就是怀春的年龄了，可她爹娘愣是不懂女儿的心思。女儿不干了，就和她娘吵闹着要女婿，于是呢，就有了下面这首《女娃要汉》。闫先生说完扫了大家一眼，就手舞足蹈地唱了起来：

十七八的女娃娃大门口站，
公鸡咋又把草鸡赶，
女娃子泪不干 ，
哎哎哟，
女娃子泪不干。

叫一声死妮子你短命的鬼，
没吃没穿有你嗲嗲（意为“爹爹”，下同），
针线活有妈妈，
哎哎哟，
你有啥哭的啦？

叫一声为娘的人你细听，
没吃没穿有我嗲嗲，
就是奴家没婆家，
哎哎哟，
还不给奴寻婆家？

叫一声死妮子你没脸的鬼，
一来为你哈小些哩，
二来妈妈舍不得你，
哎哎哟，
妈妈我舍不得你。

奴嫂嫂十七奴十八，
奴嫂嫂搂着我哥抱着我哥睡，
人家妈妈咋舍得？
哎哎哟，
人家妈妈咋舍得？

骂一声死女子你挨刀子鬼，
等着你嗲嗲回来哩，
秋后就出嫁个你，

哎哎哟，
把你嫁个掇羊的。

铺上个羊皮我盖羊皮，
怀里头搂着一个大女婿，
心里头满愿意，
哎哎哟，
心里头满愿意。

闫先生边走边唱边做动作，一会儿学妈妈双手叉腰，闷声闷气，一会儿学女儿挥手撒娇，嗲声嗲气；一会儿作妈妈攒眉蹙额状，一会儿作女儿眉飞色舞状。那歌声一会儿短促激昂，一会儿又绵长柔婉；一会儿高亢嘹亮，一会儿又悠扬细腻……我们几个也算是见过世面的了，但如此原声原味，又如此表情丰富的酸曲儿演唱，还是头一次听到，大家忍俊不禁，一个个笑得前仰后合、东倒西歪。

午饭时，闫先生给我们安排好以后说："你们慢慢吃，我那边有工作餐，就暂时不陪你们了。"高海平说："闫老师，我们一起吃吧，我们盛情邀请你。"我也赶忙说："闫老师，您就不要走啦，您走了，我们就少了很多笑声。"闫先生摆摆手说："这是公司的规矩，我得执行，请诸位谅解。"

我们请不动他，也就只好由他了。

午饭后，稍事休息，闫先生和一个叫李娟的小导游就带着我们爬山了。按道理，李娟是应该给我们做解说的，但有闫先生在，她很知趣地退到了后边，给大家做一些服务性的工作。也难怪，闫先生对云丘山的一切是了如指掌，不管解说哪个景点都是如数家珍。他指着一个石碑说，这个碑帖是他亲自拓出来的；又指着一尊道士像说，那个造型是他亲自设计的。我问他："闫老师，整个云丘山的布局理念都是出自你的文化创意吧？"他稍停了一下说："不能这么说，不过在文化历史解读和处理方面，我还是起了很大作用的。我们的老板，很信任我，我的意见多数情况下都被采纳了。”他继续说，“我刚开始来的时候，病病歪歪的，工资只有1000多块钱，到现在给我涨到了5500块钱。哈哈哈，我是越老越值钱喽！”

云丘山的山路很陡峭，我们几个爬得气喘吁吁，汗流浃背，一路上歇了好几回。而闫先生好像没事似的，一会儿说，一会儿唱，走起路来，精神抖擞，如履平地。尤其下山时，他竟然是蹦蹦跳跳地就下去了。诗人王晓鹏有点肥胖，还有恐高症，下陡峭的山崖时颤颤巍巍地，诗人的那点风流意趣早跑到了九霄云外，全凭闫先生扶着他慢慢往下挪。

我问闫先生：“您的身体怎么这么棒？这哪里能看出您是有过28年哮喘病史的人啊？”

闫先生说：“这儿的空气好，又做着自己喜欢做的工作，病自然就悄悄地溜走了，哈哈哈——不瞒你说，我几乎每天都要上上下下在山上转一个来回呢。”

到了稍微平一点的地方，闫先生又给我们唱起了酸曲儿。我说：“闫老师，听您唱的这调子和陕北民歌差不了多少啊。”闫先生说：“陕北民歌本来就和我们乡宁民歌属于一个方言曲调的。你想一想，山西和陕西就只隔着一条黄河，黄河两边都是吕梁山区，它们能差到哪儿呢？陕北民歌由于特殊的历史原因出了名，但其中的好多民歌其实都是来自于我们山西，譬如《东方红》《走西口》等，那都是地地道道的晋西北民歌啊。”

我问：“陕北民歌和你们乡宁民歌有什么区别呢？”

闫先生说：“大的区别谈不上，毕竟大家的生活环境都一样，都在黄河岸边，都是穷山恶水。但两边的方言还是有所不同的，乡宁人说话前音稍高，陕北人鼻音稍重，反映到民歌曲调上就是，乡宁民歌起调稍高，后续起伏比较平缓，譬如《挑花篮》，还有我给你们唱过的《女娃要汉》就都是这样。陕北民歌呢，就不太一样，它的起调一般比较低，后续的音调则是尽力上扬，这方面典型的例子就是《山丹丹花开红艳艳》

和《大海航向靠舵手》。”

我觉得这些土得掉渣的民歌很好玩，很刺激，虽然说不上有多大的艺术成分，但它们保持了一种原生态的淳朴美，一种不加修饰的纯真美。这些被我们主流文化忽视的山村野夫，以火辣辣的情感、赤裸裸的表白和为了爱敢于上天入地的大无畏精神，给这些酸曲儿注入了一种泼辣辣的鲜活的生命元素。我知道，各地民歌的抢救是当前文化界、民俗届和音乐影视界一项非常重要的工作。我听过众多的陕北民歌和晋西北各县的民歌，但乡宁民歌，尤其是这种赤裸裸表达情色爱意的乡宁酸曲儿，我以前是闻所未闻，遑论现场聆听了。

我有一种直感，那就是乡宁民歌的采集还没有被有关方面充分重视起来。我问闫先生：“你们乡宁民歌有人在收集吗?”

闫先生说：“没人专门去做这件事，都是一些民间艺人在零散地做些这方面的工作。我个人长期在县文化馆工作，倒是留心采集了一些。”

我听后，大喜过望，就试探地说：“闫老师，你能不能给我看看，我想梳理、研究一下你们的乡宁民歌。”

没想到闫先生很爽快地说：“给你当然没有问题。完了，我给你用电邮发过去。”

一个下午很快就过去了，我们当天的旅游活动也宣告结束。就在我们暂时要回房间洗漱休息一下时，闫先生接了一个电话。过了一会儿，他跑过来说：“李老师，诸位：我们这儿来了一个代表团，领导让我晚上给他们讲讲云丘山的历史文化。对不住了，我先过去一下，咱们晚上见!”

云丘山的旅游餐厅，晚上有当地民歌戏剧演出。演出前的互动节目，主角就是闫玉宁。他先是安顿好那个代表团，然后又跑到我们这一桌跟大家寒暄，再然后，他给大家讲了讲云丘山的文史知识，之后，应大家的要求，他又唱了一首地道的乡宁民歌，赢得观众一阵热烈的掌声。正式演出开始后，他就悄悄地跟我们道别，先走了。

那时，台上锣鼓喧天，热闹非凡，我却忽然产生了一种莫名的失落感。台上的花鼓演奏完毕，有一个女演员开始演唱当地民歌，虽然也是莺歌燕舞、靓丽清，虽然也是千娇百媚、风情万种，我却再没有了听闫先生唱时那种摄人心魂的感觉了。

二

回到太原后的第二天，我就接到了闫玉宁先生的邮件。我数了数，闫先生给我发来的这些乡宁民歌，一共有40多首，都是没有发表过的"新鲜货"，内容五花八门，但大致可分为三类：山歌、号子、小调。令我惊诧的是，其中竟有百分之八十都是关于情爱的歌曲，也即被视为难登大雅之堂的酸曲儿。后来，我在为写这篇文章做准备工作时，上网查了一下陕北民歌的相关情况，二者在这方面也是惊人的一致：在现已收集的8000多首陕北民歌中，所谓的酸曲儿也占到了其中百分之八十还多。

其实，仔细想想也没有什么大惊小怪的。对于生活在旧时代的山区农民来说，"一亩地，两头牛，老婆孩子热炕头"大概也就是他们的最高理想了。吃，是他们维持生命的第一要素；性，是他们原始欲望得到

多少年来，民间艺人们口口相授，代代相传，为我们保存了大量珍贵的曲艺形式。图为民间盲艺人在唱酸曲儿。

宣泄的唯一出口。从根本上来说，他们的一切活动，不管自觉或不自觉地，都是在为这两个目的服务。在闭目塞听的深山老林里，在僻远荒芜的山沟里，这些山民没有更多的娱乐活动，没有更多的获取外界知识信息的渠道，那么，对异性的渴望，就成了他们全部生活的重心。连孔老夫子这样的圣人都惊叹“食色，性也”，何况这些没有受过文化熏陶的山野村夫呢！

某种意义上而言，山村里这些流传久远的酸曲儿，正是他们全部生命和生活的写照，是这些个男女对生命、对性爱发自心底饥渴的呼喊。

这些酸曲儿里的主角，一般都是成年以后各个年龄段里的边缘人群，其中有懵懂怀春的少男少女，有难分难舍的热恋青年，有偷情野合的“奸夫淫妇”，有面壁煎熬的光棍寡妇，有老来丧夫（妇）的鳏寡老人等等。这些舅舅不疼、姥姥不爱的最底层人群，就像他们面对的那条奔流不息的黄河一样，用翻腾着的浑浊泡沫演绎了他们成年后的整个一生。

躁动的青春是这些酸曲儿首先歌咏的对象。当青春的意识渐渐苏醒的时候，人性的本能总会使那些个男孩女孩对异性产生一种心灵的震颤和不可遏止的吸引力。面对着朦朦胧胧的爱情，他们的心思变得格外敏感和细腻——在封建礼教鞭长莫及的山村僻野，原始的欲望和野性的呼唤就成了酸曲儿滥觞的温床。

相对于完全成年的孤男寡女对性事赤裸裸的渴望要求，这个阶段的青年男女还显得比较青涩和害羞。反映在曲调上就是悠扬、婉转，余音绵绵，反映到歌词中则是含蓄、委婉，欲说还休。譬如，这首《洗衣裳》，就描述了一个洗衣服的少女被一陌生的过路男子“调戏”而心慌意乱逃跑回家，男子追上去拍打她的家门，她开门对着陌生的过路男子作嗔怪状的情景：

女：即马（意为“今天”，下同）天气多晴亮，
　　提上笼笼子洗衣裳，

来到这河湾上，
哎哎耶，来到这河湾上。

瞅见一股长长的长流水，
手把罗裙忙撩起，
赶快把衣裳洗，
哎哎耶，不见个人儿哩。

男：我小伙家住在山西省，
背上个包袱卖丝线，
路过这河湾里，
哎哎耶，路过这河湾里。

正行走来抬头那个看，
见一位大姐洗衣衫，
洗呀么洗得欢，
哎哎耶，模样儿实实好看。

见大姐梳油头俏脸把粉擦，
鬓角插得海棠花，
人样儿真不差，
哎哎耶，叫人看迷啦。

我有心和伢娃说上几句话，
没有说的说啥啦？
叫人活急煞，
哎哎耶，干急没办法。

我小伙低头有了个好主意，
腰里我掏出个小手巾，
大姐给我洗一洗，
哎哎耶，给我洗一洗。

女：你这个小伙好没道理，
奴家又不认得你，
凭啥给你洗，
哎哎耶，提上笼笼忙往回。

我这里低头跑回家，
忙把笼笼子先放下，
忽听背后人叫咱，
哎哎耶，莫非又是他。

男：我小伙随后跑得快，
手扒门环摇起来，
大姐你把门儿开，
哎哎耶，大姐你把门儿开。

女：双手打开门两扇，
果然是你到门前，
你真是个胡纠缠，
哎哎耶，你真是个胡纠缠。

我说是你这人真真有差，
不该在河湾调戏奴家，
真叫人活急煞，

哎哎耶，真叫人活急煞。

男：我本是个卖线的满街里跑，
一转转到你门前，
给你两架花丝线，
哎哎耶，扎个凤凰戏牡丹。

女：可说是你这个人好无礼，
回家叫我哥哥去，
一顿就打死个你，
哎哎耶，你还不快回去。

男：即马这事情了不得，
急忙把包袱我收拾好，
赶快往回跑，哎哎耶，
你看这事臊气不臊气。

《洗衣裳》还有另一个版本。在这个版本中，洗衣裳的姑娘被过路小伙子“调戏”，姑娘怦然心动，结局也就成了另一番模样：

女：即马天气真呀真晶亮，
手提上笼笼子洗衣裳，
棒槌子溜溜光，
哎哎吆，棒槌子溜溜光。

弯弯曲曲来到这河湾里，
一股子清水往下流，
咱就在指达里（意为“这里”，下同）洗，

哎哎吆，咱就在指达里洗。

一疙瘩石头方方正正，
一人荷不动两人抬，
咱就在指达里洗，
哎哎吆，咱就在指达里洗。

红绸绸袖子往起挽，
玉石镯子往起捋，
咱就在指达里洗，
哎哎吆，咱就在指达里洗。

三把两把搓漕水，
三把两把洗不净它，
棒槌子捶一捶，
哎哎吆，棒槌子捶一捶。

男：我小伙走州过县来到这河湾里，
看见个大姐洗衣裳，
棒槌子溜溜光，
哎哎吆，棒槌子溜溜光。

我小伙想和伢娃说上外几句话，
没有说的可说啥啦？
这可不是坑了咱，
哎哎吆，这可不是坑了咱。

低下头来有了主意，

头上的手巾我取下哩，
大姐你给洗一洗，
哎哎吆，大姐你洗一洗。

女：你叫奴洗来奴给你洗，
出门在外不容易，
不比在故厦里（意为“家里”，下同），
哎哎吆，不比在故厦里。

男：大姐你心眼好呀又贤惠，
我有心认个干姊妹，
你愿意不愿意，
哎嗨哎嗨吆，你愿意不愿意。

女：听这话我脸红心又急，
提上笼笼我往回跑，
心里还扑通通跳，
哎嗨哎嗨吆，心里扑通通跳。

《看瓜》是一首流传于云丘山一带的另外一种特殊的酸曲儿，说的是一摘棉花的少女在阳光照晒下，腰酸腿疼，口干舌燥，就踅摸到瓜园里问看瓜的主人寻瓜吃，结果遭到瓜主人的撩搔，摘棉花的少女遂柳眉倒竖，痛骂对方。少女巧舌如簧，犹如雏莺出谷，骂得痛快，骂得酣畅，骂出了风情，骂出了诗意：

男：担担挑挑我不能咋，
村南地里我包下一园瓜，
甜瓜子甜来西瓜大，

葫芦瓜长得上了架。

女：奴家二九一十八，
村南地里摘棉花，
摘得奴舌干口又渴，
想摘个西瓜解一解渴。

小小金莲往前挪，
一会来到地边上（念shè，下同），
先叫你看瓜的后叫你哥，
奴摘个西瓜解解渴。

男：你吃个西瓜不算啥，
你叫哥哥我亲一下（念hà，下同），
只要你叫我亲一下，
你想吃啥瓜吃啥瓜。

女：看瓜的人儿你不正经，
你言三语四不是人，
你绿豆眼窝八字眉，
你人不像个人来鬼不像鬼。

尿一泡尿你看一看，
照一照你外死眉眼，
你嘴上长下一撮毛，
你还想谋得吃樱桃。
回去叫下奴哥哥，
打得你脸成个歪窝窝。

男：看瓜的我一看事不照（意为“不好”，下同），
回头我就往瓜庵子跑，
即马运气不照好，
差一点点我就把祸肇。

相对于前面两首，《烙油馍》的开放度就稍大了一些，歌中的女主人公已经是完全懂得风月情怀的思春女子了：

女：奴在家里头烙油馍，
门外立了个好小伙，
叫一声哥哥你炕上坐，
你要吃油馍奴给你烙，
油馍、炒鸡蛋你吃着，
你捏捏揣揣干什么？

男：一不吃你油馍二不喝你汤（念te），
我要和你相好着。
只要妹妹你情愿，
你说我咋着我就咋着。

女：奴家嗲妈不在家，
哥哥你先回去吧，
回去你差媒人来，
吹吹打打迎奴家。

《对花》走的是另一条更为主流文化所青睐的路子，它表现的画面更具有诗情画意，其主题也更具有现代青年自主择婚的现代意识。女主人

公对恋爱的态度已经从被动接受型转为主动出击型，颇类似于《刘三姐》里那样的情歌：

我说那个一来，
谁对我个一，
什么开花在水里？
你说那个一来，
我对你个一，
莲菜开花在水里。
哥哥问得巧，
妹子对得好。
三对两对玫瑰花儿开，
对到二月里来。

我说那个二来，
谁对我个二，
什么开花窜苔儿？
你说那个二来，
我对你个二，
菠菜开花窜苔儿。
哥哥问得巧，
妹子对得好。
三对两对玫瑰花儿开，
对到三月里来。

我说那个三来，
谁对我个三，
什么开花叶儿尖？

你说那个三来，
我对你个三，
桃花开花叶儿尖。
哥哥问得巧，
妹子对得好。
三对两对玫瑰花儿开，
对到四月里来。

我说那个四来，
谁对我个四，
什么开花一身刺？
你说那个四来，
我对你个四，
刺梅开花一身刺。
哥哥问得巧，
妹子对得好。
三对两对玫瑰花儿开，
对到五月里来。

我说那个五来，
谁对我个五，
什么开花过端午？
你说那个五来，
我对你个五，
萧艾开花过端午。
哥哥问得巧，
妹子对得好。
三对两对玫瑰花儿开，

对到六月里来。

我说那个六来，
谁对我个六，
什么开花叶儿绿？
你说那个六来，
我对你个六，
石榴开花叶儿绿。
哥哥问得巧，
妹子对得好。
三对两对玫瑰花儿开，
对到七月里来。

我说那个七来，
谁对我个七，
什么开花叶儿稀？
你说那个七来，
我对你个七，
西瓜开花叶儿稀。
哥哥问得巧，
妹子对得好。
三对两对玫瑰花儿开，
对到八月里来。

我说那个八来，
谁对我个八，
什么开花献月牙？
你说那个八来，

我对你个八，
桂花开花献月牙。
哥哥问得巧，
妹子对得好。
三对两对玫瑰花儿开，
对到九月里来。

我说那个九来，
谁对我个九，
什么开花造药酒？
你说那个九来，
我对你个九，
石榴开花造药酒。
哥哥问得巧，
妹子对得好。
三对两对玫瑰花儿开，
对到十月里来。

我说那个十来，
谁对我个十，
什么开花来得迟？
你说那个十来，
我对你个十，
雪花开花来得迟。
哥哥问得巧，
妹子对得好。
三对两对玫瑰花儿开，
对到年哈里来。

《摘花椒》截然不同于其他乡宁酸曲儿，它一反乡宁民歌那种大胆直白的唱词，而是采取了隐喻、暗喻和借喻的修辞手法，使这首情歌有了更特殊的韵味儿。“摘花椒”，题目本身就迷离暧昧，意涵丰富，歌中的“花椒”“红”“青”“捏”“挑”“门杆杆”“瓦片子”等，都有特指，表面上写的是一位少女摘花椒不小心被花椒刺扎破了手指，少女大胆“叫了声哥哥给奴挑呀”，其实是在暗示这位“哥哥”，“奴”想把身子给你，“奴”都不怕，你怕什么？乡野妹子那种火辣辣的感情叫人不忍直视，更让那些自诩为“男子汉大丈夫”的胆小鬼自惭形秽：

姐姐家门前一树椒，
不结咻胡椒结呀结花椒，
两眼望上瞟呀呼嗨，
哎嗨哎嗨吆喝喝喝，
两眼望上瞟呀呼嗨。

红的多，青的少，
手把这椒树摇呀摇几摇，
满地里落的是花椒呀呼嗨，
哎嗨哎嗨吆喝喝喝，
满地里落的是花椒呀呼嗨。

匆匆吆，摘花椒，
椒刺儿把奴的手呀手扎了，
叫了声哥哥给奴挑呀呼嗨，
哎嗨哎嗨吆喝喝喝，
叫了声哥哥给奴挑呀呼嗨，

紧紧捏，你慢慢挑，
奴家的胆儿实呀实在小，
血点点出呀出来了呀呼嗨，
哎嗨哎嗨吆喝喝喝，
血点点出呀出来了呀呼嗨。

金莲小，门杆杆高，
三片子瓦片子跌呀跌一跤，
差点点闪了奴的腰呀呼嗨，
哎嗨哎嗨吆喝喝喝，
差点点闪了奴的腰呀呼嗨。

《太原有个兵工厂》描述的是另一番景象。三妹子站在路边痴痴地等着自己的心上人——当兵的哥哥，日复一日，年复一年，却始终不见心上人的踪影，而那个远在天边的心上人，也在哀愁中吐露着无奈的心声。凄美的歌词、忧郁的曲调让听者两目潸潸，从心底里泛起一股酸酸的味道：

太原有个兵工厂，
三妹子站在马路上，
当兵的哥哥发了饷，
呀儿吆，
给你两块大白洋。

天上飞机飞得高，
地上三妹子长得好，
姊妹三个一般般高，
呀儿吆，

挑来挑去三妹妹好。

出了大门一苗蒿，
三妹子穿的绿旗袍，
脚蹬皮鞋手挎表，
呀儿吆，
你看三妹妹好不好。

十七十八二十一，
为朋友为个顶好的，
不怕旁人胡说嘴，
呀儿吆，
坏了名誉也值顾（顾，虚词）的。

荞麦地里带芥菜，
天阴下雨你不要来，
湿了你的袜子烂了你的鞋（音hai，下同），
呀儿吆，
叫你老婆她骂我来。

一颗荞麦三个棱，
我好妹子你一外（意为“个”，下同）人，
谁知道你我没缘分，
呀儿吆，
十回眊你九回回空。

一苗荞麦长不高，
哥哥你人好心不好，

天天都说把我瞧，
呀儿吆，
就是不见你个人苗苗。

一颗荞麦棱三道，
我心不好天知道，
想你天天泪颗掉，
呀儿吆，
和下泥能修一座庙。

皮底鞋洋袜子，
想见妹子没法子，
呼啦啦刮了一阵风，
呀儿吆，
就是见不上你个人。

《阳婆婆出宫》唱的是一个少年男子的单相思，歌中运用了比兴、拟人等修辞手法，淋漓尽致地表达了青年男子对他心上人倾情赞美的赤诚之爱：

阳啦婆婆出宫满面面红，
小妹妹你白脸脸爱死个人。
阳啦婆婆落山烧呀烧晚霞，
小妹妹你漂亮勾住了咱。
杨柳细腰一呀一掐掐，
憨眉那个圪俊就像一朵花。
远看妹妹袭人近看妹妹亲，
红嘴唇唇一笑乱了哥哥的心。

红嘴唇唇一笑乱了哥哥的心。

《马茹子哥》类似于《阳婆婆出宫》，但比前者更为坦率、直白，没有羞涩，没有铺垫，没有委婉的过程，“我”就是喜欢你马茹子哥，我祈求做你的新娘，我等着逛集跟你入洞房：

马茹子哥，你好心肠，
十八集上咱走一趟。
马茹子哥，你好心肠，
羊肚子手巾裹冰糖。
马茹子哥，你好心肠，
你抱妹妹我入洞房。

三

云丘山所在的乡宁县地处晋南地域，这里在明清两代至民国时期，有着很浓的经商风气，村村寨寨、家家户户几乎都有到外地去学商或经商的。一般农家的孩子在十多岁即跟着邻人或亲朋好友去学商，到结婚年龄时再回来完婚。完婚后不久，又去外地经商。那时候，农村妇女都是一走三晃的三寸金莲小脚，难以担当行走远程的艰难，更何况也不被允许出门抛头露面。她们就只能留在家里，独守空房，对月思夫。尽管这样的日子难熬，但为了家计，也因为有婆婆的监督，她们不得不含泪送别自己的夫君远走他乡。然而这些出门人经常就会有一些意外发生，有的被土匪抢劫上山，有的得了急病不治而亡，有的被抓了壮丁，而且还被投进了监狱……这首《走太原》就以一个怨妇的口吻唱出了她一年十二个月都在盼着郎君回家的那种苦闷而焦灼的心情：

正月里，是新年，

奴的哥哥骑了马他要走太原，
奴有心不叫哥哥他走太原，
婆婆她在跟前。

二月里，龙抬头，
奴的哥哥他走太原路过了吉州，
阎锡山的队伍他住在了吉州，
拉着哥哥走。

三月里，是清明，
白格生生的哥哥他进了牢笼，
他好比西虫鸟（麻雀）落在刺格针林，
动也不能动。

四月里，四月八，
奴的哥哥走太原奴不细说啦，
奴有心给哥哥你捎上几句话，
家里头不由咱。

五月里，五端阳，
江米粽子撒上糖，
拿起了筷子想起了哥哥你，
奴哭得好心伤。

六月里，天气热，
人人都换单衣裳，
穿起了单衣裳想起了哥哥你，
哥哥你热不热？

七月里，七月七，
天上的牛郎配织女，
神仙他也有见面日，
哥哥奴见不着。

八月里，月儿圆，
西瓜月饼献老天，
西瓜甜来月饼圆，
哥哥你不在跟前。

九月里，九重阳，
人人登高菊花黄，
奴家我想起了哥哥你，
两眼泪汪汪。

十二月，快过年，
家家户户推糕面，
杂面好面我都推下，
单等哥哥回家过个年。

被抓走当壮丁，好歹在短期内还有个盼头。那些经商的一去杳无音信，就更愁苦了家里那个望眼欲穿的人。她们哪个心里没有一本难念的经？没法跟别人倾诉衷肠，就只好借着小曲儿倾倒出满腹酸涩的泪水：

一更个里月正东，
想起女婿子（意为“丈夫”，下同）一场空，
有心个脱衣无心个睡，

两副铺盖奴一个人，
哎嗨哎嗨吆，
两副铺盖奴一个人。

二更个里月儿高，
想起女婿子好心焦，
你在那门外做买卖，
你可知道奴在家里等你回来，
哎嗨哎嗨吆，
你可知道奴在家里等你回来。

三更个里月正南，
想见女婿子难上难，
你挣下银钱我不爱，
只要你个人儿早日回还，
哎嗨哎嗨吆，
只要你个人儿早日回还。

四更个里月正西，
想起女婿子好着气，
双手我打开菱花镜，
看见奴家我哭啼啼，
哎嗨哎嗨吆，
看见奴家我哭啼啼。

五更个里公鸡叫，
叫得叫得天明了，
听见外门外门环环响，

是不是奴的女婿回来了，
哎嗨哎嗨吆，
是不是奴的女婿回来了。

——《想女婿》

日日思，夜夜想，最后盼来的是丈夫一封轻飘飘的家书，不解风情的丈夫往往只会问候父母大人，对妻子仅是一笔带过，那颗望月煎熬的苦愁的心就只能泡在泪水里发霉了。懂得情爱的男人，会给妻子说上两句体己话，要上个荷包袋之类的信物，妻子那颗荒芜已久的心灵仿佛立刻得到了甘霖的浇灌，就刺刺刺地活泛起来了——嘴里骂着，心里还是欢喜着：

年年走口外，
月月不回来，
捎书儿又带信，
要一个荷包带。
你要荷包带，
你人儿早回来，
你为啥捎书又把信儿带。
你要荷包带，
银子你捎回来，
叫梅香到大街，
去把丝线买。

上街到下街，
不见货郎来，
东瞅瞅西照照，
照来照去他来了。

货郎把鼓儿摇，
梅香子把手儿招，
三招两招招到了大门前。

板凳拉一条，
货郎你坐好，
搞呀搞个价，
你要买甚嘛？
银子平三分，
丝线五十根，
再捎带上两包绣呀绣花针。

一买花手巾，
二买胭脂粉，
三买银头卡，
四买花手帕。
五买齐头搭，
六买扑面纱，
七买铜顶针，
八买红绢花。
九买绿缎缎，
十买绒蛋蛋，
各样都买好，
绣呀绣荷包。

——《绣荷包》

男人出门经商，女人夜守孤灯。本分的女人咬紧牙关，熬熬就过去了；不安分的女人，就像等待抓老鼠的猫一样，瞪着眼睛四处寻找她们可能的猎物，在一种性游戏的刺激满足中，自慰着那颗枯干的心灵：

男：银匠我名富字王堂，
说不下老婆我守空房。
银匠我二老去世早，
把我这娃子耽搁了。
银匠我今年二十一，
说不下老婆干着急。
银匠我今年二十三，
没有老婆我心里酸。
银匠我今年二十五，
裤子外烂了没人补。
银匠我今年二十七，
见了野老婆光叫妻。
银匠我今年二十九，
箱箱子担上往外走。
全国外各地都跑遍，
就是没去过花家山。
花家山有个好姑娘，
我到她家里走一趟。
正行着走来抬头看，
花家山不远在面前。
进了大门我进二门，
村里没有外一个人。
银匠我来到这村子中，
搁下这箱箱子我喊几声。

女：奴在家中里做针线，

忽听得门外有人言。
奴停了针线下了炕，
急忙打开了门上闩。
双手打开了门两扇，
原来是银匠到门前。
先叫你银匠后叫你哥，
你到奴故厦里坐一坐。

男：你上有公来下有婆，
我去你故厦做什么？

女：一没有公来二没有婆，
只有小姑子她和我。

男：你的丈夫他不在家？
问你丈夫去做什么？

女：奴丈夫出门做买卖，
一走三年没有回来。
奴要做几件银器活，
你不敢回哩怕什么！

男：淅沥沥咻哗啦啦，
转过弯弯咻就到啦。
这个院子真不错，
四面八方没有墙。
要是我银匠犯了错，
四面八方都能躲。

放下担担子我要做活，
她叫我银匠先上炕（音kē，下同）。

女：双手拉住银匠哥，
银匠哥哥你上炕。
稳稳你坐下吃上一袋烟，
奴给你筛酒笼馍馍。

男：荷起烟袋我吃一锅，
这个姑娘真不错。
要和伢娃能好上，
这一辈子不白活。

女：银匠哥哥你吃喝，
吃饱饭了你好做活。

姑：大嫂大嫂不好了，
我家的哥哥回来了！

男：一听她丈夫回来了，
担上担担子往外跑。
多亏我银匠没犯错，
要是抓住了没法说。
多亏我银匠跑得欢，
差一点挨了半截子砖。
要不是我银匠跑得快，
差一点把我的腿打断。
走一个弯弯又一个弯，

箱箱子搁下吃一袋烟。
怪不道我银匠发不了这财，
箱箱子里头搁下一只老婆家鞋。
只要我和伢娃能说上一句话，
哪怕我这箱箱子就不要啦。

——《骗银匠》

二十郎当三十大几的年龄正是对性爱充满渴望的时候，光表面撩逗异性总解决不了实际问题。于是，有些年轻的妻子就耐不住独守空房的寂寞，把目光投到了交近的男人身上，开始了红杏出墙的“偷人”游戏：

祖师庙底圆疙瘩，茅子哥，
疙瘩底下停杨家，茅子哥，
杨家故厦家院大，茅子哥，
长短工就有十来个，茅子哥。

今儿初七明儿八，茅子哥，
后儿初九回娘家，茅子哥，
旁人送我我不去，茅子哥，
茅子哥送我我愿意，茅子哥。

你在院里扫院哩，茅子哥，
奴在家里擀面哩，茅子哥，
你在院里担水哩，茅子哥，
奴在家里擦粉哩，茅子哥。

你在院里备骡子，茅子哥，
奴穿衣洗脸戴镯子，茅子哥，

你给头骨（意为“牲口”，下同）备鞍子，茅子哥，
奴在家里穿衫子，茅子哥。

你给头骨戴缨子，茅子哥，
奴在家里别簪子，茅子哥，
你把头骨拉到外碾根上，茅子哥，
奴骑着你抓着，茅子哥，

祖师庙底一条街，茅子哥，
你瞧妹子这好白脸，茅子哥，
祖师庙底一条巷，茅子哥，
你瞧妹子这好模样，茅子哥。

祖师庙底一条河，茅子哥，
你瞧妹子这小脚脚，茅子哥，
祖师庙前一堵墙，茅子哥，
背地里咱俩相好着，茅子哥。

过一道弯弯上一道道坡，茅子哥，
德村原有一外大槐卜，茅子哥。

鞭子挂在外卜枝上，茅子哥，
头骨系在外卜根上，茅子哥，
你扶妹子下骡子，茅子哥，
槐卜底下歇凉凉，茅子哥。

你要吃烟奴撇火，茅子哥，
你要亲嘴这不是我，茅子哥，

先揣奶奶后亲嘴，茅子哥，
要死要活由着你，茅子哥。

那坡里下来了个痴迷子，茅子哥，
他依唔胡吆喝，茅子哥。
管他吆喝不吆喝，茅子哥，
缎裤子我脱到半腿上，茅子哥。

歇得起哩你吃上一袋烟，茅子哥，
骑上骡子我下了山，茅子哥。
坡坡底下一条河，茅子哥，
青骡子眼小不过河，茅子哥。

你先把骡子拉过河，茅子哥，
再把妹妹我背过河，茅子哥。
那坡里掇羊的痴迷子哥，茅子哥，
依儿唔儿胡吆喝，茅子哥。

管他吆喝不吆喝，茅子哥，
你把妹子我背过河，茅子哥。
心慌意乱脸发热，茅子哥，
紧说慢说湿了一只脚，茅子哥。

进了大门二老没问一句话，茅子哥，
奴肚子气下一疙瘩，茅子哥。
进了二门你低哈头，茅子哥，
奴家和面把饭做，茅子哥。

一和我和了个石头蛋，茅子哥，
一擀我擀了一张纸，茅子哥，
一切我切了一把线，茅子哥，
下到锅里莲花转，茅子哥。

脚攒火来手擀面，茅子哥，
鼻子拧盐嘴捣蒜，茅子哥，
两个奶奶打鸡蛋，茅子哥，
霆儿镗儿一顿饭，茅子哥。

挑到筷子上打秋千，茅子哥，
茅子哥你吃了好喜欢，茅子哥，
你即马回去过几天，茅子哥，
你再接奴家我往回转，茅子哥。

茅子哥哥你往外走，茅子哥，
奴家拉住你不丢手，茅子哥，
送你送到大门口，茅子哥，
指达里没人咱亲上一口，茅子哥。

墙头上跑马路不宽，茅子哥，
你有那情来我有那意，茅子哥，
送你送到坡坡下，茅子哥，
奴家和你说不完的话，茅子哥。

你心里常把奴家我念，茅子哥，
奴家我一天念你好几遍，茅子哥。
眼看着哥哥你翻过梁，茅子哥，

眼含泪圪豆回了房，茅子哥。

兵荒马乱年月里的乡宁像全国其他地方一样，女人最害怕的是嫁一个当兵郎。出外经商大多还能在晚年挣钱归乡安居，而当兵的十有八九都死在了战场上，能够荣立战功升官发财回来的实在是屈指可数，寥寥无几。所以，嫁恰一个当兵郎，就成为这个地区所有女人的噩梦。有一首流传很广的《不嫁当兵的》民歌，就唱出了这些女人的共同心声：

宁吃一苗白菜，
不吃一苗葱，
宁嫁一个百姓来我不嫁一个兵。
嫁上一当兵的三天两出发，
嫁给一个老百姓他常在家中。

一旦不小心或不得已嫁给了当兵郎，她们几乎就等于长期生活在了一种没有希望的操劳烦恼和被“二流子”欺负的尴尬境地中：

初七、十七、二十七，
梳头打扮去赶集，
捎带的做生意，
哝嘚呀嘚咻嘚咻，
捎带的做生意。

白：大嫂子，你做啥生意啊？

旁个生意咱不做，
就是那个买饺子，
吃了你肚不饥，

哝嘚呀嘚哟嘚哟，
吃了你肚不饥。

白：大嫂子，饺子里包的啥啊？

葱丝姜丝和藕丝，
还有那粉丝羊肉丝，
包在白面皮皮里，
哝嘚呀嘚哟嘚哟，
包在白面皮皮里。

白：大嫂子，多少钱一碗啊？

往日一碗卖三钱，
今日里三钱卖一碗，
不贵又实惠，
哝嘚呀嘚哟嘚哟，
不贵又实惠。

白：大嫂子，我吃不了一碗啊？

吃不了一碗，
你吃上半碗剩下倒在奴碗里，
奴家不嫌弃你，
哝嘚呀嘚哟嘚哟，
奴家不嫌弃你。

白：大嫂子，你家住哪里啊？

不住东来不住西，
家住城里当街里，
门口面朝北，
哝嘚呀嘚吶嘚吶，
门口面朝北。

白：大嫂子，你家几口人啊？

上有公来下有婆，
还有弟弟和妹妹，
连我五口人，
哝嘚呀嘚吶嘚吶，
连我五口人。

白：大嫂子，你咋不提你丈夫啊？

不提丈夫不着气，
提起丈夫我一肚子气，
他是个当兵的，
哝嘚呀嘚吶嘚吶，
他是个当兵的。

白：大嫂子，你丈夫当官了吧？

人家当兵当了官，
我的丈夫他当不了官，

他是个大马弁（biàn），
哝嘚呀嘚�嘚吩，
他是个大马弁。

白：大嫂子，那咱俩拜天地吧？

你家也有姐和妹，
你和姐妹拜天地，
你愿意不愿意，
哝嘚呀嘚吩嘚吩，
你愿意不愿意。
……

四

光棍儿是旧时代中国最苦情的一个特殊群体，他们或者是因为家庭贫困娶不起媳妇，或者是因为生理缺陷没有姑娘瞧得上。他们得不到异性的爱抚，享受不到夫妻生活本来应有的温馨和快乐。长期的鳏居生活使他们在生理和心理上都处于一种严重的失衡状态中。云丘山一带到处都是穷乡僻壤的沟沟坎坎，恶劣的生活环境，再加上自身主客观条件的限制，这里的光棍数量相对比值比起地肥水美、交通便利的山下平原地带就要高出很多。光棍社会地位低，又享受不到家庭生活的温暖，无处也无法向别人倾诉自己的不幸，于是，自吟自唱、自娱自乐，就成为他们宣泄情感，求得心理平衡的一种最佳方式：

出门一把锁，
回哩一把火，
光棍的光景实在难过。

火又烧不着，
凉水洗了个锅，
我热身身钻到冷被窝。
睡到半夜里，
冷得睡不着，
搂着个枕头实实难活。
可恨那女子们，
都是那倒眼窝，
我这么好的小伙没人能瞅上。

这首哀婉凄凉的《光棍苦》就活活刻画出了那些光棍们孤孤恓恓的悲苦情景，因而直击听者内心最柔软的部分，几百年来一直缭绕在云丘山的上空。

另一首长久以来流行在云丘山一带的光棍歌是著名的《光棍十月》，它通过一年十个月中光棍生活实际场景的逼真描述，更真切、更具体地唱出了光棍的艰难，唱出了光棍的祈盼，也唱出了光棍的自怜。往往让听者两目潸潸，唏嘘不已：

正月里迎春花儿开，
迎春花开惹人爱，
光棍我有心摘一朵，
故厦中无人戴。

二月里龙抬头，
光棍发了愁，
人家双双对对去踏青，
光棍我好伤心。

三月里是清明，
家家户户去上坟，
人家上坟一群伙，
光棍我一外人。

四月里四月八，
奶奶庙里把香插，
人家插香求儿女，
光棍我求个啥。

五月里五端阳，
糯米粽子撒砂糖，
人家吃得甜又香，
光棍我尝也不想尝。

六月里热难当，
光棍我下厨房，
又生火来又擀面，
做起饭来实在难。

七月里七月七，
天上牛郎见织女，
人家一年见一面，
光棍我和谁见？

八月十五月儿圆，
西瓜月饼献月爷，
人家献爷一伙伙，

光棍我独自个。

九月里九重阳，
遍地菊花开得黄，
人家登高又赏花，
光棍我来太恓惶。

十月里是寒天，
地里庄稼都收完，
人家穿的是棉袄，
光棍我还是单衣衫。

叫一声个众乡亲，
光棍我也是个人，
莫要把光棍我下眼看，
能帮衬的多帮衬。

光棍生活是苦，但自小一直就过着这种一人吃饱全家不饿的生活，时间久了也就习惯了，苦也就不成为其苦了。可怜的是，中年丧妻，那可就真是人生三大不幸中最大的一个不幸了。富裕的家庭可以续弦再娶，一般贫困的家庭，哪个大姑娘愿意一嫁人就受苦受难给人家去做后妈呀！那时候，妇女的地位极其低下，所谓“嫁鸡随鸡，嫁狗随狗”，所谓“未嫁从父，既嫁从夫，夫死从子”，女人根本没有再嫁的道理。所以，中年丧妻的鳏夫，其处境更是外人难以想象的凄凉：

正月个里来是新春，
我哭我那贤妻好伤情，
你只管你就这样走，

丢下这儿女我咋照应，
哎呀我的亲人人。

二月个里来龙抬头，
想起我贤妻泪常流，
一双儿女没处去呀，
没了贤妻谁收留，
哎呀我的亲人人。

三月个里来是清明，
家家户户去上坟，
人家有妻的蒸供献，
我给我贤妻烧的是纸片片，
哎呀我的亲人人。

一刀麻纸化成了灰，
对对纸钱空中里飞，
三盅白酒奠到地，
哭了一声贤妻你短命的鬼，
哎呀我的亲人人。

四月个里来四月八，
一双儿女寄到姥娘家，
伤心落泪丢不下，
没了我贤妻我该咋，
哎呀我的亲人人。

五月个里来五端阳，
江米粽子撒砂糖，
人家有妻的吃得香，
想起咱的儿女我无心尝，
哎呀我的亲人人。

六月个里来热难当，
家家户户换衣裳，
人家有妻的换单衣，
贤妻没你我还把那皮裤穿，
哎呀我的亲人人。

七月个里来七月七，
天上的牛郎会织女，
牛郎他把织女见呀，
哭一声我贤妻我见谁，
哎呀我的亲人人。

八月个十五月儿圆，
西瓜个月饼敬老天，
见了个月牙我想起了你呀，
叫一声我贤妻你在哪里，
哎呀我的亲人人。

——《光棍哭妻》

有道是“男儿有泪不轻弹，只因未到伤心处”。这一哭，就从正月初一闹新春一下哭到八月十五月儿圆，哭得撕心裂肺，哭得死去活来：“丢下这儿女我咋照应？”“没了我贤妻我该咋？”

光棍苦，寡妇苦，那些守活寡的女人更苦。苦了，你认了，你就成了主流社会认可的正常人。你苦，那是你的事儿。你想从正常渠道得到快活的权利，那根本不可能。性的原始欲望压不住，那就只能偷情了：翻墙头，跳窗户，去做露水夫妻，但这些偷鸡摸狗的行为早就让主流社会贴上了伤风败俗的标签，一旦被发现，轻者家法伺候，背后遭人戳脊梁骨；重者直接打死，扔到山旮旯里，喂虎喂狼。正路走不成，邪路走不得，干脆就走个不邪不正、又邪又正的路吧，反正是摸着石头过河，走着瞧呗。于是，在这种边鄙僻野、穷山恶水的地方，一种"搭伙计"的畸形男女关系就生发出来了。两个孤男寡女，临时凑成夫妻，组成一个"互助组"式的家庭，既不需要媒妁之言，也不需要证婚人，搭伙轻而易举，散伙也简简单单（"搭伙计"的前提是，男女双方都是明确了的光棍或寡妇，尤其是女方，丈夫在外边即使几十年不回来，如果没有确切的死亡消息，这种事实上的寡妇也是不允许"搭伙计"的）。

"搭伙计"算是在旧中国严格的封建礼教下，让这些"不守规矩"的鳏寡之人在不是路的地方走出了一条特殊的路，等于重新赋予了他们恋爱和组成家庭的权利，是他们试图重新掌握自己命运的一声源自心底的呐喊。这些光棍和寡妇们终于敢顶着世俗不屑的目光大大方方地给心上人吐露自己滚烫的情话了：

正月里，正月正，
亲哥哥到你家里串门门，
你有那情来我有那意，
哎格吆吆，咱二人就搭了伙计。

正月里和妹妹相好上，
哥哥把妹妹挂心上，
白日里想妹妹一阵阵，

哎格呛呛，夜晚想妹妹到三更。

搭伙计哥哥我愿意，
情愿这一辈子不找婆姨，
挣下了银钱交给妹妹你，
哎格呛呛，妹妹给哥哥保存起。

二月格里来龙抬头，
哥哥我到了一趟西包头，
妹妹你梳了一个时新新头，
哎格呛呛，哥哥给你买瓶瓶生发油。

三月格里来桃杏花花开，
五色的蜜蜂它采花来，
哥哥我有心采花妹妹戴，
哎格呛呛，不知妹妹爱不爱。

四月格里来榆钱钱白，
哥哥我到你家里眊你来，
一进个门来妹妹你不在，
哎格呛呛，等得哥哥我发了呆。

——《搭伙计》

五

酸曲儿是文明社会里的文明人对原始欲望的一种回归渴盼，是文明社会里的文明人对文明的一种忤逆反叛。她时刻提醒着人们，不管社会发展到什么程度，人永远是文明和野蛮、人性和兽性的统一体。

过去的民间艺人生活清苦，地位低下。今天的他们，作为文艺工作者或非物质文化传承人，依旧在孜孜不倦地为一方文化的续延而奔波、呐喊。

酸曲儿在中国民歌的海洋里是一个特殊的分类，而且在其中占着一个绝对的比例。首先，从内容来说，酸曲儿所表达的都是男女情爱，甚至有些就是赤裸裸的性描绘。但这种描绘又有别于低贱下流的黄色歌曲。它使用象征手法、比拟手法更多一些，类似于一个站在旷天远地里穿着裙子的美妙女郎，那裙子随着大风的起伏，在上下翻飞，女孩美丽的胴体忽隐忽现，让人浮想联翩。酸曲儿也不是被主流文化推崇的情歌，属于被打入另册的“阶级敌人”，它更像它演唱的那些个旷男怨女的“搭伙计”，舅舅不疼，姥姥不爱，被村人在背后戳戳点点，可它一直以来就这么存在下来了，尽管是一种合情合理却合礼不合法的尴尬存在、边缘存在。

说酸曲儿特殊，还指它的创作主体和演唱主体。这个主体不管是热恋中的年轻人，还是长期处于干柴烈火状态下的光棍寡妇，都是性渴望极度强烈的一个特殊群体。某种意义上说，他们都是正常家庭生活里的性生活不正常的人群，是正常伦理社会里没有什么地位和发言权的人群。

这两个特殊属性就决定了酸曲儿难登大雅之堂的卑下地位。然而她却有一种天生的土气美、浪气美和淳朴美。“她土气，土得掉渣，但它大气，大得粗犷豪放；它浪气，浪得让人荡气回肠”（王雪燕语）；它淳朴，淳朴得让人不忍直视，甚至让人怀疑我们的文明一直在充当着扼杀人性的刽子手。

世界总是不缺黑色的幽默。倡导主流文化的正人君子们，一方面极力在主流文化的舞台上呵斥她、棒打她，另一方面却在暗地里兴致勃勃地欣赏她，赞美她，时不时地，他们兴之所来还会哼上几嗓子。但“千锤万击浑不怕”，打不死，也压不垮，这些酸曲儿还是以其真、以其野、以其浪的魅力，穿过千百年的岁月顽强地留存下来了。

这使我想到了闫玉宁先生这一类乡间文化人，他们又何尝不是另一种酸曲儿的存在？

这次乡宁的文化之旅就让我感慨颇多。刚到乡宁县城时，接待我们的管头镇刘玉杰书记就说：“吃过午饭后，我先带你们去爬爬高天山，那里浓荫蔽日、风景优美，是临汾和乡宁城里人们休闲时最好的一日游去处，我们正计划开发呢。”他接着说，“上边有座破庙，但已经毁弃多年了。我以前没上去过，这次就跟你们一起去看看。”我们一行人气喘吁吁地爬上去后竟惊奇地发现，那庙的遗址规模很大，整个占地面积达上千平米，地下还横七竖八地躺着十几通石碑。遗憾的是，由于天长日久的风侵雨蚀，所有石碑上的字迹已经是漫漶不清、模糊难辨了。其中只有两通还能稍微显示出“康熙”“乾隆”字样，我那时在瞬间就意识到了它的价值所在：这么大的遗址规模绝不会是一个普通的庙宇，当年的香火一定很旺盛，这里一定发生过很多故事。如果能把她的历史内涵挖掘出来就等于找到了高天山的魂，高天山上这种纯天然的原始次生林的自然景观也就有了文化的依托。我便给刘玉杰书记建议，可立即请学者和专家对此进行挖掘、整理、研究，因为文化先行是旅游开发成功的前提。我还建议，最好保留原来遗址的风貌，保护原生态的树木森林不受损害，只需修一条简易而又安全的栈道，在遗址旁矗碑说明历史渊源及相关内容即可。刘书记也为这个发现兴奋异常，当场就邀请我帮他来做文化挖掘的铺垫工作。

我事情杂多，手头还有一部正在进行中的书稿，实在无力胜任，只能婉拒之。但未想到，我从云丘山返回太原，在为写这篇文章上网查资料时，竟然发现，这项工作已经有一个叫闫玉明的好事者提前做了，他写了一篇《乡宁第一大高山——高天山》的文章一个月前刊发在了“老家山西”微平台上。文章写得洋洋洒洒，蔚为大观，开发高天山旅游文化所需要的内容应有尽有。我赶紧把它转发给刘书记，并说，请找到这个人，他是高天山旅游开发最合适也是最好的文化顾问。希望不久的将来，能看到一个全新的高天山旅游胜地。我又把这篇文章转发到朋友圈，同时在前边加了一句话：

> 文化人的工作，不显山不露水，但他们看似无关紧要的研究成果和历史记述，其价值岂是百万、千万可以衡量？我替乡宁人，至少替管头人、替刘书记谢谢作者闫玉明先生，谢谢“老家山西”的全体同仁！

事后得知，闫玉明先生是闫玉宁先生的堂弟，他也是乡宁县地地道道的民间文化爱好者，跟刘杰书记也较为熟络。他给我发短信表示我对他举荐的谢意。我那时就想，为什么闫玉明先生的研究成果没人知道呢？为什么他的工作没人重视呢？联系到这几年我和全国一些县市的文化老人的交往，我恍然明白，这些新时代的乡绅基本上被排除在了主流文化之外，他们在那些著名高校和研究机构的所谓专家、学者面前，几乎没有什么地位，他们的真知灼见常常被当地领导和某些权威斥之为胡说八道，他们事实上就是另一类文化中的“酸曲儿”——一个尴尬的、边缘化的文化存在群体。

这其实是一种悲哀。中国传统文化自古以来就分为两大类，一类是高高在上的庙堂文化，亦即后人所谓的正统话语系统，其标识就是为统治阶级利益辩护的“经史子集”，另一类就是广布在田间地头的乡野文化，或称民间文化，这一类的标识就是各地方的家谱、家史、地方志和长久以来渗透在乡人血液骨髓间的风俗习惯、文化礼仪。历史一瞬间，多少朝代成烟云。一个朝廷灭亡了，另一个朝代又登上了历史舞台。那些御用文人们，今天给张三涂脂抹粉，明天又给李四梳妆打扮，正统不过是帝王将相手里的一件魔术道具而已。那些被高高在上的君王们所竭力维护赞颂的典籍正史，又有多少是历史的真相呢？那些道貌岸然的美妙词句又有多少不包藏着卑鄙龌龊的阴谋呢？一个朝代接着一个朝代在历史的长河中不断地被淹没、被淘汰，可是中华民族却能傲然屹立于世界的东方而不败，中华文化能成为世界上唯一一个不死的文明而存续下来，靠的是什么？难道不是这些在田野、在民间流传久远的民俗风情、文化礼仪么？

在旧中国，乡野文化的传承主体主要是各地方的乡绅；在今天，乡野文化的传承主体显然是各地的民间文化人。他们的一言一行，一举一动，都透现着真正传统文化的魅力。中国乡村的礼仪传承、风俗沿袭和当地历史的脉络续接，都是他们鞠躬尽瘁、死而后已的奉献结果。但他们的研究，大部分都只能在体制外进行，都只能用自己在牙缝里抠出来的那点血汗钱当作自己的研究经费。

我在想，当闫玉宁、闫玉明们为挖掘整理乡宁文化，为搜集上不得台面的酸曲儿在翻山越岭，不辞劳苦上下奔波时，他们这个酸曲儿又是怎样的令人心酸却又令人欣慰啊！如果说，云丘山的文化魅力就是这些流传久远的酸曲儿的话，那么在云丘山犄角旮旯都留下深深印记的闫玉宁，又何尝不是云丘山文化的魂魄呢！

……

叫一声为娘的人你细听，
没吃没穿有我嗲嗲，
就是奴家没婆家，
哎哎哟，
还不给奴寻婆家。

……

奴嫂嫂十七奴十八，

奴嫂嫂搂着我哥抱着我哥睡，

人家妈妈咋舍得？

哎哎哟，

人家妈妈咋舍得？

……

我们离开云丘山的时候，闫玉宁先生再次唱了那首《女娃要汉》。那唱腔和唱词虽然还是闫玉宁式的风趣和幽默，我却没有了首次听这首酸曲儿的轻松，我从中听到的似乎是一种乡野文化心酸的哽咽……

附录

答央视《华夏之源》执行总导演袁静女士的几个问题

《华夏之源》（暂名）是由中央电视台正在策划拍摄的一部三集历史文献纪录片，其宗旨是真实记录现实，还原历史细节，以现实观照历史，在每一个动人故事里，洞见8000年中华文明厚重的根基底蕴，反映中华早期文明滥觞的核心地带——山西古河东地区气势磅礴的灿烂华章。2017年3月23日上午，按照事先约定，《华夏之源》执行总导演袁静女士登门，与我就《华夏之源》策划与拍摄的一些相关问题，进行了深入交流。

袁静（以下简称袁）：李老师，很高兴认识您，并能当面向您讨教。我们拍的这个片子，说的是几千年前的事情，它对我们当代有什么重要意义？我想听听您的意见。

李琳之（以下简称李）：谢谢，我也很高兴认识您。让您跑这么远的路来我家，我很抱歉。研究、探讨华夏文明之源，把它以电视纪录片的方式，呈现给全国乃至全世界的观众，我觉得这是一件非常必要也是非常有意义的事情。

首先，研究、探讨华夏文明之源，是我们不忘初心的需要。大道正行，不忘初心。初心是什么？对我们个人来说，初心就是我们那颗没受过污染的童心，就是我们那颗最初纯真的赤子之心；对我们民族来说，初心就是我们中华民族蹒跚起步时的本源文化，就是我们老祖宗伏羲的大道思想。伏羲大道就是指潜行于天地之间而无时无刻不在起作用的客观规律，其蕴含的哲学思想就是天人合一的思想，就是和谐、包容、伦理、有序。儒家研究的是社会，着重阐发的是人伦之道；佛家研究的是人的内心，着重阐发的是禅悟之道；道家研究的是自然，着重阐发的是自然之道。儒家研究的社会，佛家研究的人心，道家研究的自然，三家合起来就是伏羲大道的全部内涵。我们今天提倡的和平、和谐、低碳、环保等等，都是伏羲之道的基本内容要求。大道正行，不忘初心，我们就是要带着这颗纯洁的“道”心，去实现“中国梦”，去实现中华民族的复兴。

其次，研究、探讨华夏文明之源，是我们树立民族自信和文化自信的需要。中华民族何以能够立足于世界8000年而不倒？中华文明的光芒何以能够照耀世界8000年而不灭？就是由于我们的文化有不死的基因。这个不死的基因只能从我们文化的源头去寻找。我们找到的是伏羲的天人合一之道、和谐包容之道、伦理有序之道，我们找到的是我们先祖祭天祭祖的感恩情怀、敦亲睦德的亲亲情怀和尧舜“为公天下”的家国情怀。所有这些共同成就了我们中华文明作为世界上唯一一个能够历经8000年磨难，不但不死，而且还在继续发扬光大的文明。举目全世界，有哪个文明能与我们相提并论？又有哪个文明敢与我们相提并论？

第三，研究、探讨华夏文明之源，也是重新树立我们民族精神信仰的需要。我在长期研究的过程中发现，中华文明能够历千劫而愈发具有蓬勃旺盛的生命力，一个非常重要但又被人们忽视的原因就是，我们有世界上独一无二的非常强大的祭祖文化。早在五六千年前，我们的祭祖文化就有了非常严格和宏大的规制。譬如，东北的红山文化、长江中下游的崧泽文化、良渚文化等遗址中，就都发现了宏伟壮观的祭坛、积石冢等祭祀遗迹。另外，我们在文献记载和民间传说里也看到，敬天祭祖也是我们祖先“三皇五帝”最重要的一项日常政治活动。直到今天，祭祖文化仍是我们日常生活中不可或缺的内容。祭祖文化所包含的意义，就是返本报德、感恩祖先。这个祖先既包括我们个人家族、宗族的祖先，也包括作为中华民族祖先神的“三皇五帝”。前者是我们的躯体祖先和血脉祖先，后者是我们的精神祖先和文化祖先。千百年来，作为一家一族的朝代可以灭亡，但是中华民族却永远不会灭亡；作为血肉的个人躯体或许会被外族蹂躏，但流在国人骨子里的祖先文化基因却永远不会屈服。从这个意义上说，祭祖文化不单是我们当代感恩教育的一部鲜活而又厚重的教材，更是凝聚国人力量、凝聚民族力量的一个强有力的纽带。

还有一点就是，中华56个民族，都有着共同的祖先“三皇五帝”，以及蚩尤、祝融、共工等，研究、传承我们的源头文化，会让中华各民族紧紧团结在一起，心往一起放，劲往一处使。因为在我们的血液里流着同样的鲜血，我们有着同样的黑发，有着同样的黄皮肤。这正如《龙的传人》那首歌所唱的那样：“黑眼睛，黑头发，黄皮肤，永永远远是龙的传人。”

袁：您说得太好了，非常深刻。我们下周就要去山西洪洞羊獬村和历山去拍“接姑姑”那个传承4000多年的民俗活动，您看看这个活动怎样才能和现实更好地结合起来？

李：您说的这个“接姑姑”民俗，我在《中华祖脉》一书中有专门的章节提及。这个民俗的实质是当地百姓对尧吞天纳地、包容天下各部落博大胸怀的赞颂，也是对舜亲民情怀的讴歌和纪念，是当地百姓为有这么两位“祖先神”而感到格外骄傲和自豪的真切体现。这其实也就是我上面所提到的祭祖文化的另外一种表现形式。

文化是什么？它不是远方戏台上演员们或热情洋溢或悲壮激昂的唱腔道白，也不是孤零零放在书桌上的善本典籍里或长篇大论或名言警句式的陈词说教，它是我们举手投足间所体现出来的一份优雅、一份从容、一种情怀和一种自信。而这份优雅、这份从容、这种情怀和这种自信，对普通百姓来说，更多的是从自身的实践中获得的。像这种全民参与的民俗纪念活动，能让参与者从内心里油然升起一种对先人的尊崇感，升起一种民族文化的自豪感，久而久之，就可以在潜移默化中化育为一份优雅、一份从容、一种情怀和一种自信。这远比电视和报纸板着脸高高在上的说教效果要好得多！

袁：您分析得很透彻，也很精彩。确实是这样。我想请您再从历史的角度谈谈拍摄《华夏之源》应该把握一些什么样的原则，才能让那段迷离的历史呈现出它本来的那个样子？

李：对历史方向和原则的把握非常重要，因为，你的历史认识出现了误差，史观、史识出现了问题，那整个片子的拍摄就会走上歧途。我以为，拍摄《华夏之源》和写上古史的文章一样，应该把握住以下三个原则：

第一是把握“多元一体”的原则。所谓“多元”，是指中华各民族都有其独立的起源、形成和发展的历史，其文化各具特点，相互区别，呈现出差别性和多样性的特征。譬如，在考古学意义上的红山文化就是文献里记载的“北狄”文化；地处长江中下游流域的良渚文化，是“五帝”时代的“苗蛮”文化；地处山东半岛一带的后李文化和大汶口文化等，则是被中原蔑称的“东夷”文化；地处甘肃、宁夏一带的齐家文化，是大夏文化的前身，也是历史上所谓的“西戎”文化。这些文化都有其各自独立的发展序列，自成体系。“一体”是指中华文明在漫长的历史进程中，各民族文化间相互交往、交流、交融，而形成的相互关联、相互补充、相互依存的关系，体现了中华文明的整体性、共同性和一致性。而在诸文化发展序列中，位于黄河中下游地区的黄色文明，则是中华早期文明“多元一体”的“体”之所在。这个区域是整个中华文明发源、发展、壮大的核心所在地。文献记载和民间传说中的“三皇五帝”就主要活动在这一带。相比较其他文化区系而言，该区域的史前文化遗址更为丰富，更为密集。文献记载和民间传说中的很多史实在此都得到了考古学的验证，这其中最著名的当然就是关于陶寺遗址是尧都平阳的认定了。事实上，“中华”“华夏”“中国”这些词最初就都诞生在这一带，它们和传说中活动在这一带的华胥氏、华族、夏族，以及位居其中的“华胥之洲”、中条山、华山、中华山，等等，都有着密不可分的千丝万缕的联系。中华早期文明虽然是遍地开花的“多源文明”，但其汇聚的中心却是中原地区的黄河文明。从考古出土的文物看，中原文化遗存不但从纵向上保持了对先祖文化的传承和发扬，在横向上也对周边的文化有吸取和借鉴，真正是集万家所长为我所独有。这也从另一个侧面体现了中国史前文明“多元一体”的特征。

第二是把握“还神为人”的原则。在我们传统观念中，被我们视为祖先神的“三皇五帝”都是无所不能的神一样的人物，即使在当代，很多人都还挣脱不掉这种陈腐观念的束缚。“三皇五帝”其实根本就不是具体的个体生命，而是几个比较著名氏族部落的名称或该氏族部落首领的统称，他们的家族图谱也不过是几个重要氏族部落之间政治联盟或政权衔接的另一种真实折射后的虚幻反映。这已是当代学者的共识了。您就简单地想一下，史籍和民间传说里的“三皇五帝”，哪个不是活了100岁以上？尧活了118岁，舜和大禹也都在史籍记载中活过了100岁，尤其令人喷饭的是，伏羲居然被“活”了900岁。女娲的寿命也是众说纷纭，莫衷一是，有105岁之说，有107岁之说，还有说女娲在位时间就达到了110年，甚或在位时长达到了2380年。这可能吗？事实上，这些岁数是指这些部落首领或部落在上古时代大展风流的时代概念。只有这样解释才比较符合历史实际，也才能一通百通。

第三是把握各民族一律平等的原则。为什么要这么说？因为这是大家最容易忽视的一个问题。譬如，我们经常说“我们是炎黄子孙”，这其实是一种大汉族主义的正统思想在作怪。因为在上古时候，炎黄联手打败蚩尤，炎黄走上了历史的舞台，被奉为正统文明的始祖神，而战败的蚩尤则被塑造成了人见人怕的恶魔。事实上，晋南一带曾经的主人是蚩尤。黄帝最早在西北甘青一带游弋，后来他们随着势力的壮大，兵分两路，向中原挺进。一路是在北边沿着北京延庆和河北涿鹿一线朝中原渗透，一路是沿着黄河向东迁徙。在北边一线，他们留下的足迹就是现在我们看到的河北涿鹿县的黄帝城和相关遗址，而在黄河中游，我们看到的是陕西黄陵县的黄帝陵遗址。如果按正统观念的逻辑推导，蚩尤是在保家卫国，而黄帝则是侵略者。但黄帝最后成了胜利的一方，所以后边的历史就成了黄帝一方书写的历史。其实，在原始社会，他们都是在为生存而战，无所谓正义与非正义之分。蚩尤败了，他的九黎三苗部落不甘屈服，就屡加反抗，所以，黄帝及其以后的颛顼、帝喾，以及尧和舜，就不断地对他们进行讨伐扫荡，他们屡战屡败，最后只能跑到长江中下游，再跑到云贵一带的深山老林里安家落户。苗族没有文字，但苗族人口传的历史里，一直就是把蚩尤奉作祖先崇拜的。我们说“我们是炎黄子孙”，这其实是在伤害着苗族和其他奉蚩尤为始祖的民族兄弟的心。我记得早在1995年“两会”召开之际，时任贵州省林业厅副厅长的陆镇藩和贵州省作协副主席的龙明伍作为布依族和苗族的代表，就联手庄重地向全国人大提交了一件特别提案：“请中央通知有关部门，不要再用‘我们都是炎黄子孙’一词取代宪法规定的‘中国各民族’一词的提法，以利民族团结。”后来，由中共中央宣传部办公厅出面郑重复函说：中国各族人民共同创造了光辉灿烂的文化，具有光荣的民族传统。中共中央宣传部历来按照宪法的规定，要求宣传系统单位正确地使用维护民族团结、促进国家繁荣的规范用语。像“我们都是炎黄子孙”“海内外的中国人都是炎黄子孙”等类似的用语，都是不规范的、禁止使用的。

事实上，在我们汉族内部，蚩尤族的后人也不少，像邹、屠、阚、尤等姓氏，以及一部分解姓、梁姓等，都和蚩尤有着千丝万缕的联系。所以，蚩尤和炎黄一样，都是我们当然的祖先，我们不能不顾历史事实，厚此薄彼，伤害民族兄弟的感情。其他诸如共工、祝融、后羿等历史“反面人物”，也都是我们的祖先，我们都应该给予同样的礼遇。

袁：您对这段历史脉络的梳理，非常清晰，让人一目了然。我之前也看了不少这方面的资料，但每个人和每个人说法似乎都不太一样，越看越糊涂，有一种如坠迷雾之中似是而非的感觉。

李：关于上古历史这一段的记载，由于大部分少数民族都没有属于自己的文字，所以我们的史料主要来源于黄河文明也就是中原文明的记载。而中原文明的记载在秦汉以前，关于"三皇五帝"的说法，大都是不着边际的片言只语，用我们晋南话说就是"套套子不着三"，意思就是怪诞离奇、荒诞不经。甚至到了汉代司马迁写《史记》的时候，司马迁都摈弃"三皇"的诸多说法而不用，因为那些说法都互相矛盾，漏洞百出，根本不能服人。司马迁就直接从黄帝开始写起了。遗憾的是，囿于历史等主客观条件的限制，司马迁还是迷信于文献和传说的"权威"，当然也许是资料匮乏的无奈，他不仅把"五帝"都看作是一个一个的人，而且把黄帝以后的"四帝"都当作是黄帝的后裔来对待处理，这就使得《五帝本纪》充满了神秘色彩，前后矛盾，时序不清，逻辑混乱，实在是无法自圆其说。司马迁的"五帝"正统论来源于孔子。由孔子删定的《尚书》在叙述中原主要部落和其他部落之间的关系时，就把帝尧、虞舜、共工、四岳、皋陶、伯益、大禹，乃至商人的始祖契、周人的始祖弃等原本属于不同族系的邦君或部落首领安排在了一个朝廷里，组成了天子（君王）与朝臣这样的关系，从而建构了儒家最初的中华古史观体系。孔子是中国的"文圣"，司马迁是中国的"史圣"。孔子和司马迁都是"一言九鼎"的"圣"级人物，更何况还有统治者对正统话语权用举刺刀的方式的极力维护，所以中国的古史体系就这样形成了。两千多年以来，国人对这种混乱不堪的古史体系是深信不疑的，但是，即便是圣人说的东西，你也得能说得通吧？这样，从西汉以来就出现了无数的儒生写出无数的著作试图把"三皇五帝"史观解释得更清楚、更合理一些。遗憾的是，这本身就是错误的东西，你怎么能解释得通呢？只能是越描越黑了。这种状况一直持续到20世纪20年代，以顾颉刚、钱玄同等学人为代表的“疑古派”通过文献和考据的方式才逐渐推翻了中华早期“一元论”的古史体系。疑古派虽然摧枯拉朽，势不可当，但由于他们只是从文献到文献的考证推演，并没有考古文物的支撑，而且他们对文献记载的上古史是简单地全面予以推翻，所以，他们在新的古史观建树方面乏术可言，反倒是无意间变成了“中华文明西来论”的敲鼓手。这就成了历史虚无论。这个时候，新生的中国考古学诞生了。近100年来，中国的考古成果硕果累累，它从一个层面证明了“三皇五帝”史识观有一定的合理性，但也从另一个层面上推翻了其中荒诞不经的神学色彩。但是，不论是疑古派，还是考古学工作者，他们所做的都是纯学术上的理论，他们没能迅速有效地把这些学术信息传达给普通的文字工作者，更不要说下达普通百姓了。当然，还有一个原因是，这些考古成果还不足以完全解释上古这段历史，甚至于陶寺遗址作为尧都的定论，也才是一两年前的事情。正因为如此，我们今天好多人都还是沿袭着古人的“一元论”思维，用不清的理论解释不清的观点，结果只能是越解释越不清了。我们的历史课本在这一点上做得也不好，基本上没怎么解释。别说您越看越糊涂，我专门研究这段历史都好几年了，直到最近两年，才逐渐理清一些头绪。我送您的这本《中华祖脉》是2014年出版的，现在回头来看，其中有些观点和说法就显得比较幼稚了。

袁：您这么一讲，我就明白了，原来我这越读越糊涂也是情有可原的哈。之前，我已经把《华夏之源》的策划案发给您了，希望能听听您对这个策划案的中肯意见。

李：谢谢。我把这个策划案前后认真看了两遍，总体感觉不错。但在历史事实方面，我觉得个别地方说法有些欠妥。譬如，在策划案第一集《百谷耕泽》中，有这样的说法：“神农氏炎帝是中华农耕文明的始祖。”这是一个传统的观点，但考古学成果已经证明了这种观点是错误的。按文献记载，神农氏生活的年代是在伏羲氏、女娲氏之后，距今大约6000年至5000年前，也有说法是距今大约7000年至5000年前，不可能再早了。但前些年，考古工作者们在距今16000年前的山西沁水下川遗址就发现了锛形器、石磨盘等最早的农业生产用具和一些禾类植物的籽粒。很多考古学家和农业专家都认定，这是我国粟作农业文明的先声。另外，在太行山北侧的河北武安县磁山遗址中发现了储藏粮食的88个窖穴，经鉴定，窖穴中的灰烬遗存为粟，大约有13多万斤。磁山遗址的年代在8000年前至7600年前之间。这些发现说明神农氏炎帝不是中华农业文明的始祖，而是中华农业文明的发扬光大者和集大成者。用“发扬光大者和集大成者”对神农氏为中国农业文明所做的贡献定位，我觉得可能更科学一些。

另外，第一集直接从神农氏说起，我觉得显得有点唐突。毕竟神农氏不是横空出世，他有传承的先驱，这个先驱就是伏羲和女娲。伏羲在中原，在山西留下了很多遗迹，比方说人祖山狮子滩上的万年岩画、洪洞县的女娲陵、万荣县的后土祠，尤其是和高平炎帝陵咫尺之遥的阳城析成山，那里有更多的关于伏羲、女娲的民间传说和创世神话的原始物象。我曾经专程三次前往那里考察，我从民俗学、神话学、天文学、地理学、社会学和考古学等角度综合考证分析，得出结论，王屋山和析成山就是远古传说里伏羲的帝都昆仑（山）。当然，不只是我，像中国科学院东北地理研究所的华润葵教授、台湾中国文化大学的金华荣教授、中国社会科学院的吴晓东研究员、四川职业技术学院的伏元杰教授，以及原《山西晚报》的总编姚剑先生等，都持相同的观点。所以，我建议，在第一集前面适当地加上一些伏羲、女娲在晋南、晋东南地区活动遗迹的资料，可使这一集显得更有逻辑、更为完整，也能让神农氏炎帝的形象显得更为丰满、更为真实。

策划案中的第二集是《以德配天》。这一集主要是讴歌尧舜的德政思想，这种说法当然是不错的，这是一种传统的观点。但这种观点是表象的，没有触及背后的实质问题。千百年来，人们只是大声赞美尧舜禹如何如何伟大，如何如何圣明，但我要问一句，尧舜禹为什么就会那么伟大，为什么就会那么圣明呢？其他人，譬如说像共工、朱丹、鲧等怎么就不行呢？我问过很多人，包括当代一些名流，他们要么是张口结舌顾左右而言他，要么就是传统的陈词滥调："圣人就是天生的。"这显然是胡扯嘛。"民主禅让制"在历史上确有其事，但我们只注意到了这个词语前面的修饰词"民主禅让"，而把主词"制"给丢掉了。其实，德治和法制并举才是尧文化的精髓。尧舜禹所处的时代正是考古学家王振中先生所说的"邦国"联盟时代，也就是史书所称的"万邦"时代。尧、舜、禹都是各自的"邦国"首领，同时也先后担任了"邦国"联盟的首领，后人因此把他们称为"帝"。那时的"邦国"联盟盟主对"邦国"联盟中各"邦国"、部落并没有绝对的统治权，更大意义上是靠赢得人心的威望来发号施令。这有点类似于今天的联合国这个组织结构。虽然每个"邦国"、部落，都是一个世袭的独立王国，都有绝对独立的人事任免权和财富支配权，但这种联盟盟主即"帝"是必须经过民主协商，得到大家的公认后才能上任的。尧的重大历史功绩在于他能够顺势而为，完善原有规则，最后创立了符合历史潮流的"民主禅让制"——这种制度有着一整套遴选、推荐、考察和任用等竞争上位的具体规则，譬如，盟主在位时，要通过任用贤能来治理天下，并需在后期挑选帝位继承人选，予以考察；譬如，盟主之位不是终身制，在其年老力衰时，要主动退居二线，把国事交给继承人行使盟主职能，而盟主则变成"太上皇"，行使监管职能；譬如，盟主的位置即帝位不是法定世袭，必须传给包括盟主长子在内的联盟内部有德望的"邦国"首领，等等。正是这些具体规则才保证了尧舜禹时代帝位的传承交接能在和风细雨中顺利完成，也由此成就了尧舜禹三代"圣王"光耀千秋的美名。但恰恰也是由于这些规则存在不可避免的缺漏性，才导致了《荀子》《韩非子》和古本《竹书纪年》所说的"舜逼尧，禹逼舜"，尧、舜晚年皆死于非命的悲剧性结局，从而给这个美好的传说抹上了一丝悲壮的色彩。这种缺漏性，一是表现在“民主禅让制”设定了“太上皇”和“帝”的并存，且各自职责划分不清，这是导致两“帝”斗争的根本原因；二是表现在这个规则对于“帝”所在的“邦国”可能会一支独大这个问题，没有相应的规范条例或应对措施。这是导致启最后能破坏这个制度建立夏王朝的主要原因。中国最早的国别史著作《国语·鲁语上》说，和其他“四帝”相比较，尧治天下的特色是“尧能单均刑法以仪民”，《尚书·尧典》也专门论及尧的法制思想，这说明尧是非常重视“依法治国”的。由此可见，只把德治看作是尧文化的核心内容是不完整，也是不符合历史事实的，德治和法制并举才是我们应该吸取的尧文化的精华——这恰恰也是现代文明治国理政的核心要点。

这里补充一下，关于《荀子》《韩非子》和古本《竹书纪年》所说到的尧舜晚年皆死于舜禹所逼的史实，在陶寺遗址的发掘中也得到了证实。考古发现，陶寺晚期，四面城墙、中期大墓、中型墓，还有宫殿、观象台等，都被人为地破坏掉了，那些灰坑中还遗留有被残杀的人骨和建筑垃圾、手工业垃圾和生活垃圾等，用陶寺考古队负责人何驽先生的话说就是“带有明显的政治报复色彩”。譬如在宫殿区里就出土了6层人头骨总计30多个。人骨明显被肢解，好多颅骨都有钝器劈啄痕迹。经考古人员现场鉴定，这些人骨以青壮年男性为多。其中还有一具35岁左右的女性完整骨架，她被折颈残害致死，并在阴道部位插入一件牛角。何驽先生认为，陶寺早期王族后裔在陶寺中期便沦为平民即被统治阶级，饱受中期王族的欺压，陶寺晚期时早期王族后裔带领全体被统治阶级揭竿而起，推翻了中期政权在陶寺的统治，采取了极端的政治报复行为。

由此可见，尧舜禹时期的“民主禅让制”绝不像后人传诵的那样美好，其中也充斥着一些见不得阳光的东西，但是因此而否认“民主禅让制”的光辉，甚至否认“民主禅让制”的存在，也有失偏颇，是只见树木不见森林的另一个极端。

袁：您说的这两点都非常重要。文献记载和民间传说最终还是要落实到考古上，考古成果才是最终的试金石。关于“民主禅让制”和尧舜最后的悲剧性命运，您的分析非常到位，有理有据，而且最关键的是还有陶寺遗址的考古证明。我觉得按照您这个理论，从“德政”和“法治”这个角度去拍，就突破了传统的说教，有了新意，对当前的治国理政也具有重要的借鉴意义。这个问题，我回去以后，再和其他主创人员好好商量一下，看看怎么做会更好一些。

李：最后补充一点就是，我发现你们的策划案中没有提到运城盐池。其实，运城盐池在华夏早期文明中占有非常重要的地位。钱穆老先生就说过，这个盐池是古代中国中原各部族共同争夺的一个目标。占到盐池的，便表示他拥有做各部族共同领袖的资格。为什么呢？因为盐是人体中不可或缺的元素，运城盐池出产的正是自然存在、无须加工的盐。所以，在远古时代，占到盐池就意味着占到了生命的资源。黄帝与炎帝、蚩尤等部落之间进行的涿鹿之战和阪泉之战，以及以后在这一带发生的连绵不断的大小战争，其实质都是为了争夺对运城盐池的控制权。史籍记载在那场著名的涿鹿之战中，蚩尤被抓住后肢解于今运城解州，解州一名就由此而来。运城盐池所处地理位置也比较特殊，传说是伏羲帝都的析成山、女娲造人处的后土祠、尧都平阳陶寺遗址、舜都蒲坂、禹都安邑等，都环绕在她的周围。另外，4000多万年前“世纪曙猿”的发现地垣曲县寨里文化遗址、180万年前人类“第一把火”的发现地芮城县西侯渡文化遗址等，也都距她仅仅几十公里。

袁：您说的这点很重要。我们下周就要去晋南，一定会去盐池拍些资料回来。将来在拍摄中，是在遗址现场请您解读，还是我们再来您家采访，具体确定下来，我再告诉您。

李：好的。谢谢！

照亮历史幽暗之处的无影灯（代跋）

王国伟

李琳之的历史文化大散文一出手，就以其卓然不群的姿态引起了文学界，乃至学术界、文化界的广泛关注。之所以说其卓然不群，是因为如果以文学的视角来看，他的作品显然与一般概念上的散文有所不同。而以学术的视角看，又明显不是普通学术论文的格调。其内在的文化情怀、思想格局、历史观照、学术见识显然比一些所谓的文化散文又超拔许多。因而有人称其作品为历史大散文，或学术大散文。但我觉得都不足以完整命名他的散文。可见，李琳之首先在文体表达上，显示了他倔强的、独树一帜的探索精神。在这里，我暂且称其为历史文化（大）散文。

李琳之近年来专注于历史文化方面的研究和著述，特别是对晋南故乡的远古文化、晋商文化、家族历史，以及人类文明演变、人类文化遗迹等的考证研究上，成果斐然。这部《祖先，祖先》是他继《中华祖脉》《家国往事》《一生的突围》等历史文化系列专著之后又一部重要的著述成果。与前几部作品相比，《祖先，祖先》将他对历史文化追索的触角更深入地探触到历史时空的幽微之处，更敏锐地感知虽然缥缈却血脉相连的文化传承，让远逝的鸿影显现出朦胧的真相，使冰冷荒漠的历史有了人性的温度。他将华夏祖先的图腾放置在人类文明进步的历史大背景中予以观照，在历史与现实之间辗转反侧、深切思考、大胆质疑、抒发见解，从而带给我们心灵的震撼和精神的慰藉。

李琳之的历史文化散文，犹如三江源湿地，居高天辽远之处，雄阔而浑厚，犹如华夏文化的博大精深。他学养深厚、思想超拔、思维敏锐、视野宏阔，因而能在浩瀚的历史星空中敏锐地发现蛛丝马迹，在深入的考察、考证和研判中提出鲜明的观点和独到的见解，在对历史的拷问、回顾和述说中，展示人性的黑暗与光辉。这在本书的《祖先的背影》《中华文明的原点和析城山》《"民主禅让制"和尧舜的悲剧性命运》《女娲的前世今生和大宁芝麻滩》等等诸多篇什中展现得尤为突出。历史是由人创造、记录和书写的，李琳之的历史文化散文，将历史、文化和人性紧密地结构在一起发掘、梳理和叙述，我认为这是抓住了历史文化散文的根本之道。

科学的发展和进步往往肇始于科学假说，科学理论发展的历史就是假说的形成、发展和假说之间的竞争、更迭的历史。面对空茫的人类历史的源头，面对吉光片羽、虚虚实实的人类文明历史遗存，科学假说同样至关重要。科学的假说需要真知的线索，惊人的观点源于博大的见识。李琳之历史文化散文最大的价值正是在此展示出了他让人惊叹的、敏锐的光芒。他提出的"中华文明不是5000年而是8000年""'三皇五帝'都不是具体的人""中华文明的原点在析城山""析城山就是众多史籍记载的古昆仑""'女娲补天'是补男以造人"等惊世骇俗而又特立独到的观点，或者说是人文历史的科学假说，对中华文明史的研究和发展具有重要的学术价值。而他这些重要观点的提出，并不是信口开河、空穴来风以哗众取宠，而是有其充分的论据、独立的考证，特别是他独辟蹊径地将历史的、文化的、人性的、地理环境的等等视角的"聚光灯"汇集在一起形成了属于他的一盏硕大的无影灯，并以这样的视角和光亮照射幽暗的历史深处，从而让他观照和解析出了一般历史学者难以发现的朦胧的真相。

工欲善其事，必先利其器。正因为李琳之掌握了属于他的无影灯，他也就有了思接千载、心游万仞、通灵探幽的法力，使他的原本应该是枯燥艰涩、推导论证的学术论文展现出了另类的、熠熠生辉的活力，因而也使他的文章具有了别样的文学作品的绚烂姿态。悠远的历史人物、历史故事，乃至湮没于历史时空中的历史真相，在他历史与现实的往返游弋中，在他纵横开阖、自由驰骋的描述中生动、真实、鲜活了起来，让读者在懵懂和迷惑中顿悟、明慧了起来。

文以载道。从某种意义上来讲，历史文化散文最根本的价值就在于文章本身蕴涵并呈现出的思想、观点、学识与智慧，让人在阅读中增长知识，提升自信，以史为镜，明心见性。李琳之以他的卓越才情，澄明心境，将历史与现实的病症在他的无影灯下互观互照、解剖缕析，形成了他特立独行的历史文化大散文的格调和风韵，为我们提供了这样可资学习与借鉴的优秀读本。

2017年4月10日

（王国伟，1971年生，山西代县人。中国作家协会会员。现任山西省作家协会诗歌委员会副主任、《黄河》杂志副主编。已出版诗集《相思树》《神话》，文集《云心乃水》等作品。曾获黄河诗歌奖、纪实文学奖、赵树理文学奖、国家广电总局优秀电视剧剧本奖等奖项）

后 记

本书应该说是我近五年以来对中国上古文化研究的一个“成果”汇展。“妆罢低声问夫婿,画眉深浅入时无?”我虽然是忐忑不安，但丑媳妇总是要见公婆的，见仁见智，由读者诸君去评判吧。

需要说明的是，由于每篇文章写作时间不同，且都是单独成篇，单独面对读者和听众，所以有些地方有重复在所难免，关键是这些重复部分对其文而言都还是不可或缺、无法删除的内容。另外，下编“薪传有自”中除《飘荡在云丘山上空的“酸曲儿”》外，其他四篇文章都是写于四年前。四年时间不算长，但对于我的研究而言，却发生了翻天覆地的变化，我对这段历史的史识、史观已经由当初的稚嫩和浅薄逐渐走向了成熟和深刻，并由此形成了属于我自己的一个认知、思维体系。我在《答央视〈华夏之源〉执行总导演袁静女士的几个问题》一文中就对袁静导演说，我专门研究这段历史都好几年了，直到最近两年，才逐渐理清一些头绪。我送她的那本《中华祖脉》是2014年1月出版的，现在回头来看，其中有些观点和说法就显得比较幼稚了。但是，这次之所以把这几篇旧文一并收录进来，一是全书主题和体例的需要，二是想保留我对这一段历史研究的脉络痕迹，我觉得这种安排有助于读者更好地理清、认识这一段众说纷纭、云遮雾绕的历史。

关于本书的文体，我仍然采用了历史大散文的写作方式，我还是希望我的书有质、有理，更有味，希望更多的人能够喜欢。但文学创作和学术研究毕竟属于两个截然不同的领域，有些必须是要经过辨析才能成文的研究课题，文学鞭长莫及，也只有望洋兴叹的份儿。我又不想把文章写成枯燥晦涩的学术论文，让人望而却步。所以，再三斟酌后，我就利用一些大学和学术研讨会邀请我去讲学的机会，把它们变成了学术演讲文稿。这就是本书中编“慎终追远”八篇学术演讲报告的来龙去脉。

生活中，我追求做一个谦谦君子。我热爱我们的祖先，尊重我的师长，也尊重我所有的文友，但在学术研究领域，我的眼里是没有权威，也没有长幼之分的，我的眼里只有真相和真理。我不想重蹈前人覆辙，用权威、用尊者、用正统来作茧自缚，以至于戴着一副有色的眼睛来看待我们的历史。从这个意义上来说，本书就是一本探究之书，是一本质疑之书，是一本辨析之书，当然更是一本求真之书。（乔忠延语）这点正是本书上编“叩问祖先”标题来由所在。

囿于种种主客观条件的限制，本书的史料、观点等，肯定有不尽如人意之处，疏漏、缺陷，乃至错误都在所难免，我愿洗耳恭听，诚心请教于各位专家学者。

本书的写作，曾经得到很多人的帮助，写出哪一个都有挂一漏万之虞，所以，我在此一并鞠躬致谢而不再一一列出姓名。还望诸君海涵。

李琳之

2017年5月9日于太原